CHINA ECONOMIC RESEARCH REPORT

中国经济研究报告
2011~2012

中国社会科学院经济学部●编

经济管理出版社

ECONOMY & MANAGEMENT PUBLISHING HOUSE

U0610624

图书在版编目（CIP）数据

中国经济研究报告（2011~2012）/中国社会科学院经济学部编. —北京：经济管理出版社，2012.4
ISBN 978-7-5096-1846-2

Ⅰ. ①中… Ⅱ. ①中… Ⅲ. ①中国经济—研究报告—2011~2012 Ⅳ. ①F12

中国版本图书馆 CIP 数据核字（2012）第 049252 号

出版发行：**经济管理出版社**

北京市海淀区北蜂窝 8 号中雅大厦 11 层

电话：(010)51915602　　　　邮编：100038

印刷：三河市延凤印装厂　　　　　　　经销：新华书店

责任编辑：张丽生

技术编辑：杨国强

责任校对：超　凡

880mm×1230mm/16　　　　　16.5 印张　　　238 千字

2012 年 4 月第 1 版　　　　　2012 年 4 月第 1 次印刷

定价：48.00 元

书号：ISBN 978-7-5096-1846-2

目　录

加入世界贸易组织十年：中国对外贸易的回顾与展望（2001~2020）

经济研究所　裴长洪　王宏淼

　　加入世界贸易组织（WTO），不仅为中国对外开放和持续高速增长提供了强劲动力，同时也为各国投资者提供了广阔而稳定的市场，为全球消费者源源不断地提供物美价廉的商品，为世界经济的繁荣和发展注入了活力。2009 年和 2010 年，中国对全球经济增长的拉动作用超过了 50%。可以预见，一个更加开放的中国将对未来全球经济产生积极而深远的影响。

　　本文将重点回顾中国加入世界贸易组织十年来中国对外贸易发生的变化，并对这种变化进行分析和评估；对未来十年中国对外贸易的发展趋势进行展望，并分析这个趋势中的关键问题和需要做出的努力。

一、加入世界贸易组织十年中国对外贸易的发展成就

　　中国加入世界贸易组织十年来，积极顺应全球产业分工不断深化的大趋势，充分发挥比较优势、承接国际产业转移，大力发展对外贸易并积极促进双向投资，开放型经济实现了跨越式发展。对外贸易规模不断扩大，贸易质量不断提高，外贸依存度（商品和服务进出口总额占 GDP 的比重）从 2001 年的 44%，增至 2010 年末的 57%。[①]

---

① 外贸依存度 1978 年不足 10%（9.8%），1990 年为 35%，2006 年达到历史最高点 72%。

1. 全球货物贸易大国的兴起

"入世"十年是中国的货物贸易迅猛发展的黄金时期。2001年中国加入世界贸易组织之际，中国贸易额约为5100亿美元，其中出口2661亿美元、进口2436亿美元，占GDP的比重分别为20%和18%，占世界总贸易额的4.4%，是世界上第六大出口国。在此后的十年间，中国出口和进口分别以年均18.3%和17.6%的速度增长，远高于同期世界8.9%和9.0%的年平均增长速度，也远远快于中国GDP的增长速度。

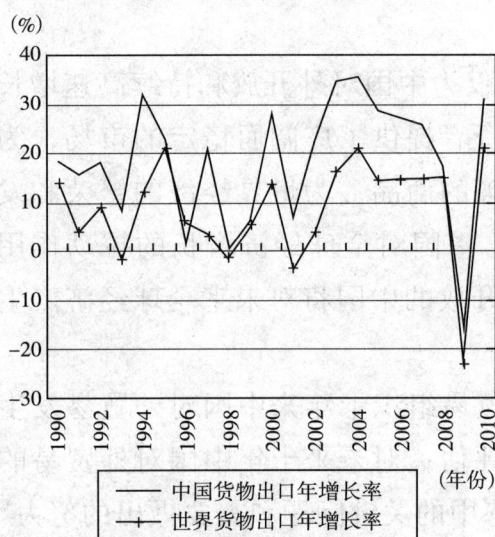

图1　货物出口增长速度——中国与世界
资料来源：中国商务部、海关；世界银行数据库。

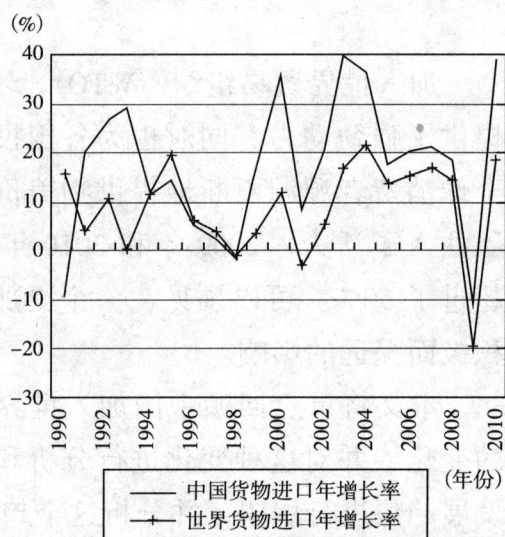

图2　货物进口增长速度——中国与世界
资料来源：中国商务部、海关；世界银行数据库。

十年来，中国GDP增长了3.4倍，货物出口额比"入世"之初增长了4.9倍，货物进口额增长了4.7倍，是新中国成立以来特别是改革开放以来增长最快的时期，出口对国内经济增长的年均贡献率达20%。如今中国已经跃居成为全球GDP第二大国，第一大出口国，第二大进口国。2010年中国GDP约为5.88万亿美元，占全球的9.3%；货物出口约为1.58万亿美元，约占全球的11%；货物进口接近1.4万亿美元，占全球的9.2%。合计来看，十年间货物贸易进出口规模从2001年的5098亿美元增至2010年的近3万亿美元，增长4.8倍，在全球进出口贸易中的份额上升了约5.5个百分点，不仅是美国、欧盟第二大贸易伙伴，而且是日本、韩国、东盟、澳大利亚、南非等国家和地区的第一大贸易伙伴，也是最不发达国家最大的出口目的地（占其出口总额的 23%）。中国作为一个全球货物贸易大国兴起于世界舞台，在为全球消费者提供物美价廉商品的同时，[1] 自身经济实力也与日俱增。

图3　中国商品贸易占 GDP 的比重
资料来源：中国国家统计局；世界银行数据库。

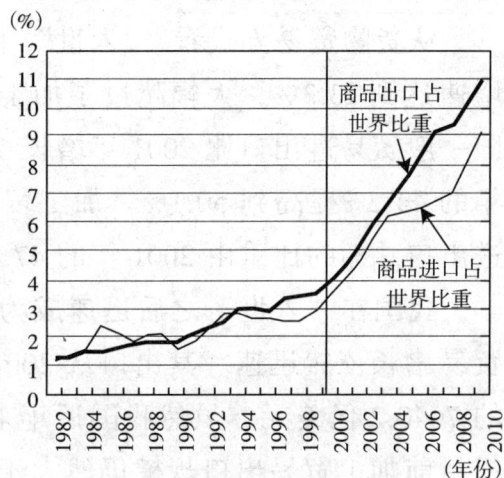

图4　中国占世界商品贸易的比重
资料来源：中国国家统计局；世界银行数据库。

"入世"十年来，中国的商品贸易结构得到了优化。从出口商品看，2001 年工业制成品在总货物出口的比重为 90.1%，2007 年达到约 94.8%，并在最近四年维持了这一高水平，相应地，初级品在货物出口中的比重则在 2001~2010 年间从 10% 下降至 5.2%。在近年中国政府推动的结构转型和外贸增长方式转变中，汽车、船舶、飞机、铁路装备、通讯产品等大型机电产品和成套设备的出口均有所突破，高能耗、高物耗，"两高"产品的出口也得到了有效的控制。十年来，机电产品出口增长了近八倍，机电产品比重由十年前的 44.6% 提高到 59.2%，包括电子产品、纺织服装等在内的数百种产品的国际市场份额居全球首位，汽车、船舶、铁路机车、飞机、卫星等技术含量和附加值较高的产品成为新的增长主体。值得关注的是，"入世"十年来，高技术产品出口呈现出较快势头，其占货物总出口的比重由 2001 年的 17.5%，达

---

① Sara Bongiorni, "A year without" made in China: one family's true life adventure in the global economy, John Wiley & Sons, Inc (Hoboken, New Jersey).

到2007年的1/4，2010年的31.2%。从进口方面看，先进技术、设备、关键零部件的进口增长和大宗资源产品进口规模不断扩大。机电产品进口在十年间增长10.9倍，原材料进口额由2001年的20.3%提高到2010年的28.7%。进口结构的变化满足了国内经济发展的需要，同时也对缓解世界金融危机影响做出了巨大贡献。

从货物贸易方式看，"入世"十年来，中国一般贸易进出口额平均增速达到23.3%，大幅超过了加工贸易19.3%的平均增速。2010年中国一般贸易进出口比2001年增长5.6倍，占进出口总额的比重由2001年的44.2%提高到50.1%。加工贸易的出口比2001年增长3.9倍，占进出口总额的比重由2001年的47.4%下降到39.7%。

我国在"入世"之后迅速成为全球重要的产业转移目的地，加工贸易增长依然迅速。其出口从2001年的1474.3亿美元增长到2010年的7640.2亿美元。虽然我国近年来一般贸易出口增长快于加工贸易，但目前加工贸易出口规模仍然大于一般贸易出口。在加工贸易中，外资企业占据主导地位，从2001年开始，外资企业在中国出口及进口中所占比重超过了内资企业。2001~2010年，外商投资企业加工贸易进出口额占全国的平均比重为81.57%。2010年，中国外商投资企业以加工贸易方式进出口9709亿美元，占同期全国加工贸易进出口总值的84%，占全国货物进出口总量的1/3。从出口看，2001年以来外资企业出口额始终占据我国总出口规模的50%以上，2006年曾接近60%，之后虽有所降低，但2010年外资企业出口额仍然占我国总出口规模的54.7%。即使属于高新技术产业中的加工贸易也是从事劳动密集型加工组装环节，附加价值不高，国内采购率较低，利用进口原材料、零部件加工生产后出口。随着进料加工方式逐渐在加工贸易中占主体地位，并且产成品国内配套比例的提高，它与国内经济的联系已经日益直接。

2. 服务贸易的稳步提升

"入世"以来，我国服务贸易规模迅速扩大。2001~2010年，中国服务贸易总额从719亿美元增加到3624亿美元，增加了4倍多。其中，服务贸易出口额从2001年的333.4亿美元，增至2010年的1933

亿美元，年均增长 18.38%；服务贸易进口额从 2001 年的进口额 392.7 亿美元，增至 2010 年的 1712 亿美元，年均增长 19%。中国服务贸易出口及进口在世界的排位，从 2001 年的第十二位及第九位，快速提升至 2010 年的第四位和第三位。服务贸易的较快发展，深化了与贸易伙伴的经贸关系，也引进了国外先进的技术、管理方法与经验，对我国的经济发展起到一定的推动作用。

新兴服务贸易部门出口增速加快，服务贸易结构实现优化，服务贸易竞争力逐步提高。我国传统服务贸易额比重下降，通讯、保险、金融、专有权利使用费和特许费、计算机和信息服务、咨询、广告等服务进出口迅速发展。2001 年，运输、旅游和其他商业服务的出口及进口占我国服务贸易出口及进口的比重分别为 88.6% 及 82.4%，2009 年则分别降至 76% 及 70%。虽然商业存在形式的服务贸易仍为我国服务贸易的主要内容，但 2009 年我国金融服务及计算机和信息服务进出口额占比已提高到 42%。2010 年，旅游、运输和建筑服务出口额占服务出口总额的比重为 55.5%。高附加值服务贸易出口增势强劲，2010 年计算机和信息服务、专有权利使用费和特许费、咨询和广告宣传出口占服务出口总额的比重为 21%，比 2001 年上升 15 个百分点。2009 年，我国服务贸易领域利用外资 378.7 亿美元，占同期利用外资总量的 42%；服务业对外投资 236.4 亿美元，占当年中国对外直接投资总额的 67%。

主要服务贸易伙伴相对集中。截止到 2010 年，我国前五大服务贸易伙伴依次为中国香港地区、美国、欧盟、日本和东盟，与该五大伙伴之间的服务贸易额占服务贸易总额的 68%。从主要领域的进出口情况来看，中国香港和美国分别为我国运输第一大第二大出口市场，所占比重约为 50%；旅游出口市场集中于中国香港、台湾地区和韩国、日本等亚洲国家和地区，上述四地占有近六成的份额；美国为我国计算机和信息服务最大的出口市场，其次是东盟，2010 年我国对该两大市场计算机和信息服务出口额合计占该行业出口总额的一半；香港地区是我国咨询第一大出口市场，其次是欧盟和美国，占比均超过 20%。

服务外包成为新增长点。"入世"以来，我国服务贸易的一个重要亮点就是服务外包的迅猛发展。尤其是近五年来，随着服务外包成为全球经济的新增长点和新引擎，我国的服务外包也在世界经济的版图中逐渐崛起。近五年来，中国服务外包产业年复合增长率超过 25%，截至 2010 年底，全国服务外包企业超过 1 万家，国际外包合同执行金额 403.3 亿美元，离岸服务外包合同执行金额 156.8 亿美元；经认定的技术先进型服务企业近 800 家，服务外包从业人员达到 232.8 万人，已涌现出一批营业额超亿美元、人数超万人的服务外包领军企业，"中国服务"正逐渐迈向世界。虽然与欧美等服务贸易大国还有一定的差距，但在国际服务贸易中的地位已不容忽视。

3. 贸易顺差从激增转向回落和平稳

在对外贸易迅速发展的同时，贸易顺差也出现了从扩大到逐步平衡的发展过程。2004 年外贸顺差出现激增，并带来了外汇储备及货币供应量的被动增长，在 2007 年前后达到顺差的历史高位。为此，中国主动积极地推进"贸易平衡战略"，在全球有效需求不足的情况下，承担了向全球输出总需求的重要角色，为全球经济增长提供了重要支撑。作为其结果，近年来由于进口增速快于出口增速，进出口开始趋向于平衡。2010 年贸易顺差 1831.0 亿美元，比 2009 年下降 6.4%，比 2008 年下降 38.6%。这是继 2008 年外贸顺差达到历史高点后连续第二年下降，外贸顺差过大的矛盾得到进一步缓解。受国际金融危机影响，2009 年世界总需求下降了 0.6%，而中国实现内需增长 13%，为全球经济增长贡献了 1.6 个百分点，中国靠自身结构的转变正成为推动全球再平衡的重要力量。

值得关注的是，近三年来服务贸易逆差明显减少，国际竞争力逐步增强。"入世"以来，由于运输、旅游、金融、专利使用和特许等行业一直呈现逆差状况，我国服务贸易整体仍处于逆差格局。但随着商业服务、建筑服务、计算机和信息服务及咨询等领域出口的强劲增长，逆差状况明显收窄。"十一五"期间，我国建筑服务出口增长了 4.6 倍，顺差增长了 8.7 倍；计算机和信息服务、咨询出口分别增长了 4 倍和 3.3 倍，年均分别增长38%和34%。2010 年，商业服务、建筑服务、计算机和信息服务及咨询四项顺差分别为 184 亿、94 亿、63 亿和 77

亿美元，分别增长 2.1 倍、1.6 倍、92% 和 47%。此外，文化、广播影视、教育、中医药服务等具有中国特色的服务出口迅速增加也是造成逆差收窄的主要原因。

4. 吸收外资：稳居发展中国家首位

"入世"以来，中国在利用外资规模和质量上得到了全面提升。2001~2010 年，中国利用外商直接投资从 468 亿美元增加到 1057 亿美元，连续 19 年居发展中国家首位。十年间外商直接投资累计达到 6531.4 亿美元，平均每年增长 9.5%。全球排名由十年前的第四位上升到现在的第二位。即使在世界金融危机冲击最为严重的 2009 年，外商投资仍然超过 900 亿美元。越来越多的跨国公司将中国作为其全球投资战略的重要区域，来华投资的全球 500 强企业超过 480 家。截至 2010 年底，外资企业在华设立研发中心累计超过 1400 家，比 2001 年底增加近一倍。目前，中国已成为全球第二大承接离岸服务外包市场，外资在促进国内产业升级、区域协调发展等方面的作用明显增强。

5. "走出去"迈出新步伐

在对外贸易和利用外资取得重要成果的同时，中国企业"走出去"迈出了新的步伐，对外经济合作也进入良性发展轨道。越来越多的中国企业，由单一的绿地投资向跨国并购、境外上市等多种方式扩展，投资领域不断拓宽、合作水平不断提升。截至 2010 年 12 月，国家外汇管理局共批准 88 家合格境内机构投资者（QDII），境外投资额度共计 684 亿美元。这一制度拓宽了境内机构和个人的境外投资渠道，使之在全球范围内配置资产和管理风险。对外投资国别现在已经覆盖了 170 多个国家和地区。2001~2010 年中国对外直接投资（非金融类直接投资流量）连续九年保持增长势头，年均增速达到 50% 左右，从不足 10 亿美元增加到 590 亿美元，10 年累计对外直接投资存量超过 3000 亿美元。根据联合国贸发会议"2011 年世界投资报告"，2010 年中国对外直接投资占全球当年流量的 5.2%，居全球第五位，首次超过日本、英国的传统对外投资大国。中国对外投资正在为许多国家的经济复苏和发展起到促进作用。2010 年，中国企业对外承包工程营业额达到 922 亿美元，有 54 家中国企业进入世界 225 家国际承包商行列，在世界工程建设领域的地位进一步提升。2001年，中国的对外经济合作完成营业额只有121.39亿美元，到了2010年已超过1000亿美元，达到1010.5亿美元，这是10年前的8.3倍。在援助世界上最贫苦国家方面，中国也发挥着越来越重要的作用。

二、加入世界贸易组织十年来中国对外贸易领域的体制改革和政策调整

十年来，中国在坚定不移地推进对外开放，与世界贸易组织成员共赢互利的同时，还在清理法律法规、市场准入、保护知识产权等方面信守"入世"承诺，逐步扩大了农业、制造业和服务业的市场准入，开放外贸经营权、降低关税并取消非关税限制。通过"入世"，中国不仅建立起符合世界贸易组织规则的涉外经贸体制，更重要的是促进了国内经济体制的改革，并逐步发展成为制定"国际游戏规则"的参与者和推动者。[①]

1. 世界贸易组织框架下外经贸等体制的进一步改革

透明度与政策的可预见性是世界贸易组织的基本原则之一，并通过贸易政策审议机制对各国贸易政策进行定期监督。这不仅要求成员国的贸易政策是透明的，而且要求经贸政策符合国际规范。中国"入世"成为世界贸易组织的一员，意味着中国要信守一系列重要承诺，公开其经济体制，改革其经济体制。[②] 以世界贸易组织规则为新的基础和准则，十年来与中国外贸相关的法规和体制调整主要包括：①在非歧视原则、自由贸易原则和公平竞争原则下调整和修改不符合世界贸易组织规定的政策法规，从中央级的法律到30个政府部门的3000多个法规规章、19万个地方的规章制度得到了清理和调整，开展了大规

[①] 国内外专家学者都肯定了"入世"以来中国在贸易发展及国内制度改革方面的成绩，参见孙振宇（2011）、姚景源（2011）、李仲周（2011）、裴长洪、彭磊和郑文（2011）、张汉林（2011）等文献。也可参考崇泉（2011）：《入世十年：中国开放型经济的发展、挑战与未来》（6月18日在"中国留美经济学会2011年中国年会"上的演讲）。崇泉时任中国商务部副部长、国际贸易谈判副代表。

[②] 2006年、2008年和2010年，世界贸易组织曾先后三次审议中国贸易及相关政策。

模的法律法规清理修订工作，通过将世界贸易组织所倡导的统一性、透明度和公平贸易等基本原则转化为国内法律，提高了经济活动的平等与开放，促进了政府行为的公开、公正与透明，保障了经济体制改革的进一步深化和市场经济体系的完善。②转变外贸主管部门职能，从以行政领导为主转变为以服务为主，逐步公开国际贸易和国家投资体制。③加快外贸主体多元化步伐，允许私营外贸企业迅速发展。2004 年 7 月 1 日国家实行《对外贸易法》允许居民个人及企业经备案登记后可自由开展对外贸易。④由地域的全方位开放走向产业的全方位开放。特别是对一般具备竞争性的行业实行全面的开放，允许外国商品和资本在一定的条件下进入，开放了 100 多个服务的部门，提高了中国市场化程度，更多的企业在竞争中生存和发展，生产和资本国际化程度不断提高。⑤减少各类出口补贴，降低进口税率，消除非关税壁垒。

2. 出口等外经贸政策的调整

十年来，中国也比较大幅度地按世界贸易组织规则对出口税收和相关外经贸政策进行了调整，总体趋向是降低出口生产者补贴。

出口退税政策。[①] 出口退税是将出口企业产品价格中所含的流转税（即增值税）或称间接税按规定税率退返出口企业，因此可以明显降低企业成本、使中国的出口产品具有价格优势，从而起到鼓励出口作用。虽然出口退税政策为不少世界贸易组织成员以不同退税方式所通用，并且不被世界贸易组织所限制，但这一政策随着中国"入世"处于不断下调之中。①"入世"之初，中国延续了 1998 年以来的提高出口退税率政策，在促进了外贸出口的同时，也累积了中央财政的较大负担，2002 年底形成了财政对出口企业 2477 亿元的欠税。②2003 年起国家对出口退税政策进行重大调整，自 2004 年 1 月 1 日起实行新出口退税政策，依照"新账不欠，老账要还；完善机制，共同负担；推动改革，促进发展"的原则，改革出口退税机制。同时为平衡贸易顺差，抑制

---

① 出口退税（Export Rebates）是将出口企业产品价格中所含的流转税（即增值税）或称间接税按规定税率退返出口企业，这种仿效欧洲一些发达国家的做法使中国的出口产品具有价格优势。中国的出口退税政策始于 1985 年 4 月 1 日。其后在 1994 年 1 月 1 日起《中华人民共和国增值税暂行条例》得以进一步确定，当时规定对出口产品实行零税率（但并未完全实行）。

"两高一资"产品出口过快增长的势头，我国自 2004 年后全面下调出口退税，其后又进一步下调或取消部分产品出口退税，不过在出口促增长的"黄金期"2005~2007 年退税比率仍达到了 5.53%。③2008 年下半年以来随着美国次贷危机升级为国际金融危机，我国从 2008 年 8 月至 2009 年 7 月，已连续 7 次大规模上调纺织服装、机电、钢材、化工等产品的出口退税率。④随着出口恢复增长、经济复苏，从 2010 年 7 月 15 日起，取消部分钢材、有色金属加工材、农药、医药、化工产品、塑料及制品、橡胶及制品、玻璃及制品的出口退税，共涉及商品品种 406 个，共六大类商品。

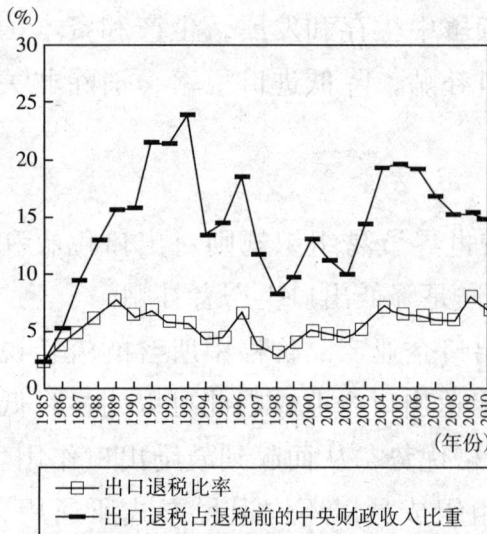

图 5　1985~2010 年出口退税比例

资料来源：《中国统计年鉴》；根据年度平均名义汇率折算。（出口退税比率＝出口退税额占中国商品出口额的比重）

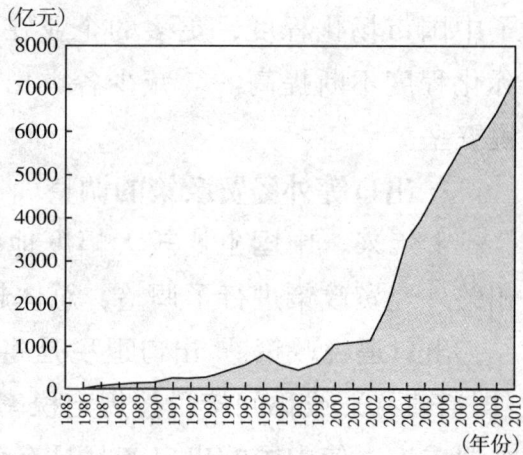

图 6　1985~2010 年出口退税额

资料来源：中国海关；《中国统计年鉴》。

　　随着货物出口的恢复增长，2010 年中国出口退税额仍高达 7327 亿元，比上年多退 841 亿元，增长 13%，不过占出口总额的比重从上年的 7.9%下降至 6.8%。累计来看，2001~2010 年，中央财政中的累计出口退税额达到 4.2 万亿元。无论从出口恢复，还是从税率及减轻财政压力的角度看，未来下调出口退税率都有较大空间。

出口信贷补贴。我国出口贴息主要体现在出口信贷上，这项业务主要由进出口银行作为官方出口信贷机构来承担，[①]并以人民币出口卖方信贷为主，以接受国家财政的利差补贴为主要特征，较商业贷款有较大的利率优惠，因此其补贴特征比较显性化。"入世"后，我国承诺遵守世界贸易组织规则，并在有关的文件上对政策性银行（包括进出口银行）的信贷业务做了相应的说明，即政策性银行贷款不接受国家的财政补贴，贷款基本上按商业贷款利率，而进出口银行的业务主要是以出口信贷担保为主，少部分采用直接贷款。2007 年 5 月 8 日，我国宣布取消由中国银行实施的出口贷款补贴。

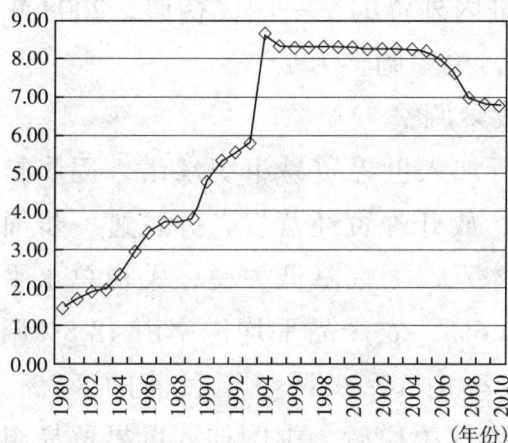

图7　年内平均官方汇率变化（1 美元兑人民币）
资料来源：世界银行数据库。

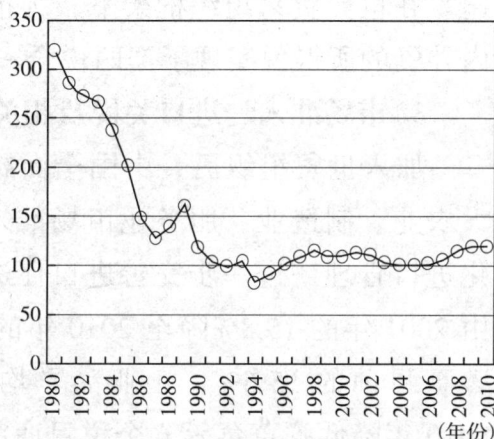

图8　人民币实际有效汇率指数变动
（2005＝100）

人民币汇率升值和汇率形成机制改革。1994 年，中国实行人民币汇率改革，实现了人民币汇率的单轨运行，有管理的浮动汇率成为人民币汇率形成机制的改革目标。2005 年 7 月 21 日，中国人民银行正式宣布开始实行以市场供求为基础、参考一篮子货币进行调节、有管理的浮动汇率制度。当天人民币对美元汇率由 8.2765 上调至 8.1100，上调 2.1%，从此人民币汇率不再盯住单一美元，逐渐形成更富有弹性的汇率机制。2008 年下半年至 2010 年 6 月，受到金融危机的影响，人民币停止了升值走势。2010 年 6 月 19 日，中国重启人民币汇率形成机制改

---

①　目前办理出口信贷融资业务的除官方的专门机构中国进出口银行外，还有中国银行等国有商业性银行。各家银行提供的出口信贷主要都是为促进我国资本性货物船舶、机电产品和高新技术产品的出口。

革，以增强人民币汇率弹性。2011 年 9 月 21 日美元对人民币汇率中间价冲破 6.7 关口，自 2005 年汇改以来人民币名义汇率已累计升值近 20%。

外资税收等优惠政策的调整。为了吸引外商直接投资，我国给予了外资企业众多的税收优惠（如外商投资企业征收 18% 甚至更低的企业所得税，并实行所得税"两免三减"的优惠等），一些地方政府从扶持本地企业和吸引外资的角度出发，也出台了不少税费减免政策（如省以下各级政府通常采用先征后返的方法实行优惠），为外商投资创造优惠条件，在土地、劳动力价格，在厂房、设备作价，在税收、资金等政策方面，在审批的手续、时间等程序方面的"外资优待"非常普遍。在世界贸易组织框架下，为推进内外资的统一国民待遇，2008 年内外资的所得税实现了"两税合一"，税率调整为 25%。

3. 市场准入、进口关税及相关政策调整

加入世贸组织后，中国全面履行加入世界贸易组织承诺，逐步扩大农业、制造业、服务业市场准入，放开外贸经营权，并且进一步简化进口管理，进一步完善进口促进体系，大幅降低关税，关税总水平由 2001 年的 15.3% 降至 2010 年的 9.6%，农产品平均税率由 18.8% 调整至目前的 15.6%，工业品平均税率由 14.7% 调整至目前的 8.7%。2010 年降低鲜草莓等 6 个税目商品进口关税后，中国加入世界贸易组织承诺的关税减让义务全部履行完毕。十年间，中国还不断削减非关税措施，取消了 424 个税号产品的进口配额、进口许可证和特定招标，分批取消了 800 多个税务商品的管理，贸易投资自由化、便利化程度显著提高，进口格局也发展到逐渐平衡。

根据中国政府在议定书中的承诺，① 中国在加入世界贸易组织后 1~6

---

① 在《中国加入 WTO 议定书》中，中国政府承诺全方位、有步骤地开放服务业市场。在列入服务贸易开放减让表的 33 项内容中，包括一般商品的批发、零售、进出口贸易和物流配送在内的商业分销服务，会计、审计、法律服务等专业服务，以及教育服务等领域的开放度较大；电信、售后服务、视听服务中的电影院建设和经营，燃气、热力、供排水等城市管网首次列为开放的领域；银行、保险、证券等领域行业也进一步放宽了限制。在分地域开放的领域，如金融、保险、电信增值等，经济比较发达的东南沿海地区和内陆中心城市都列入了开放名单，广州和上海成为第一批开放的城市之一；在不分地域开放的领域，如运输、文教等领域，对外资的市场准入程度也大大提高。总体看来，我国对服务贸易的开放承诺水平较高，关于跨境支付、境外消费几乎很少有限制，对几乎所有部门都作出了局部承诺，但在自然人移动、商业存在方面则有所限制。在服务贸易 12 个领域中，针对 9 个领域做了具体承诺。在 160 个细分领域中，针对 102 个做了具体承诺，明显高于一般发展中国家的承诺水平。

表1 中国的关税形式（2009）：关税概况与税率范围

概况		总计	农产品	非农产品	成为WTO成员的时间		2001年
简单平均的最终约束税率		10	15.7	9.2	约束范围	总计	100
简单平均的最惠国适用税率	2009年	9.6	15.6	8.7		非农产品	100
贸易加权平均进口税率	2008年	4.3	10.3	4.0	农产品：关税配额（占比%）		5
进口额（亿美元）	2008年	10357	536	9822	农产品：特别保障措施（占比%）		0

概率分布		免税	0≤5	5≤10	10≤15	15≤25	25≤50	50≤100	>100	非从价关税占比（%）
关税税目与进口值所占比例（%）										
农产品 最终约束税率		6.0	7.0	25.8	25.7	26.2	7.0	2.3	0	0
农产品 最惠国适用税率	2009年	5.9	8.1	26.3	24.6	25.2	7.2	2.6	0	0.5
农产品 进口值	2008年	0.7	46.1	31.2	6.7	4.3	10.7	0.4	0	2.0
非农产品 最终约束税率		6.5	18.4	47.1	14.5	12.0	1.4	0	0	0
非农产品 最惠国适用税率	2009年	7.8	19.9	46.5	14.3	10.5	1	0	0	0.5
非农产品 进口值	2008年	48.4	18.2	27.8	2.9	2.5	0.2	0	0	0.1

资料来源：WTO Tariff_Profiles 2010.

年内逐步开放服务业市场。2005年以来，中国服务贸易领域的开放进一步加快，对一些敏感行业，包括商业、通讯、建筑、分销、教育、环境、金融、旅游和运输等9个领域，约90多个分部门作出了开放承诺。过渡期结束后，中国全部的市场准入承诺的平均数为57.4%，平均比例为38%；在国民待遇方面的承诺的平均数和平均比例分别为57.4%和45%，皆高于其他国家。

为了使中国的服务贸易融入世界服务贸易之中，也为了使中国的服务贸易得到更好的发展，依据世界贸易组织的《服务贸易总协定》成为中国构建服务贸易制度的基础。国务院办公厅于2001年11月转发了国家计委关于《"十五"期间加快发展服务贸易若干政策措施的意见》，提出了加快服务贸易发展的政策措施。其后，中国政府在关于服务贸易的12大领域中，先后颁布实施了一些政策法规，开放服务贸易市场。截止到2010年，在按世界贸易组织规则分类的160多个服务贸易部门中，中国已经开放了100个，并承诺将进一步开放11个分部门，涉及银行、保险、电信、分销、会计、教育等重要服务部门，远高于发展中国家平均水平，为外国服务提供者提供了广阔的市场准入机会。

4. 不断深化多双边和区域经贸合作

十年来，中国不断拓展与发达国家、发展中国家的经贸关系，经贸合作日益成为双边关系中最具活力的部分。累计建立了 163 个双边经贸合作机制，签订 129 个双边投资协定，与美、欧、日、英、俄等均建立了经济高层对话。截至 2010 年底，中国正在商建的自贸区共 14 个，涉及 31 个国家和地区，双边贸易额达到 5213 亿美元，占外贸总额的 1/4。目前中国已成为日本、澳大利亚、巴西、南非的第一大出口市场，欧盟的第二大出口市场，美国的第三大出口市场。中国先后与东盟、巴基斯坦、智利、新西兰、新加坡、秘鲁、哥斯达黎加等国家或地区签署了自由贸易协议。中国内地与香港、澳门签署了《关于建立更紧密经贸关系的安排》，大陆与台湾签署了《海峡两岸经济合作框架协议》，促进了区域经济融合和经贸合作深入发展。中国对外贸易额的一半是同亚洲的贸易，去年达到 1.5 万亿美元，在十年间增长了 4.5 倍，年均递增 21%。中国前 10 大贸易伙伴中，亚洲国家和地区有 6 个。同时，中国是日本、韩国、朝鲜、蒙古、越南、马来西亚等国的最大贸易伙伴。中国与东盟建立了自贸区，实现了全面零关税，中国已成为东盟第一大出口目的地。中国协同亚洲各经济体发挥各自比较优势，共同参与并受益于全球产业分工深化。特别是随着 2003 年内地与香港和澳门的 CEPA、大陆与台湾的 ECFA 签署，以及 2010 年 1 月 1 日中国—东盟自贸区正式建成，中国与东南亚周边经济体经贸合作的制度障碍已经基本扫除。

5. 参与世界贸易组织谈判、政策审议与争端协调

加入世界贸易组织以后，中国全面享有了世界贸易组织成员的各项权利，为深度参与全球化提供了稳定、透明、可预见、非歧视的多边贸易体制保障，营造了更加开放的国际市场环境。"入世"伊始，中国就积极参加世界贸易组织举行的各种推动谈判的会议，提出议案。如 2003 年 9 月的坎昆贸易部长会议，2004 年 7 月的日内瓦小型部长会议，2008 年 7 月日内瓦世界贸易组织小型部长会议，2009 年 11 月世界贸易组织第七届贸易部长会议。此外，中国主办了世界贸易大连小型部长会议，2005 年 12 月香港承办第六届世界贸易组织部长会议。

中国以积极务实的态度参与多哈回合谈判，在农业、非农和服务贸易市场准入等谈判中，为推动谈判早日取得进展做出了建设性贡献。

十年来，中国坚持履行规则与享有权利相结合，维护和拓展经济发展空间。积极参加对华贸易政策审议活动，认真回答和澄清了成员提出的3500多个问题，使世贸组织成为让世界了解中国的窗口之一。中国参与WTO争端解决机制经历了三个阶段：规则学习（2001年底"入世"至2006年3月）、规则参与（2006年3月~2008年9月）、规则建议（2008年9月至今）。通过完善贸易救济相关制度，逐步积累了运用世界贸易组织争端解决机制解决国际经贸纠纷的宝贵经验，为产业发展提供了公平的竞争环境。

三、中国对外贸易发展面临的挑战及未来发展展望

"入世"十年，中国取得的成就是巨大的，但由于长期以来的非均衡发展，中国对外贸易也积累了较大的负面问题。地区差距扩大、污染严重、贸易摩擦加剧、国际收支顺差过大、人民币升值、货币供应量被动增长、投机性资本涌动及与之相关的国内资产价格及国际能源价格大幅波动等重大外部冲击，都在不断挑战中国长期以来以招商引资、加工出口导向为主要特征的开放型发展方式。2008年9月以后随着国际金融危机的升级和扩散，珠三角、长三角的进出口、就业和经济增长均遭重创，高度依赖国际市场的脆弱性在危机中已被人们认识。

从外部环境来看，世界经济在经历了国际金融危机的巨大冲击之后，尚未健康恢复，美、欧、日等发达经济体又全部陷入债务危机之中。随之而来的是贸易保护主义加剧，国际竞争更为激烈，大宗商品进入新一轮上涨周期，国际间实物供给者与货币供给者的分离，要求全球货币金融体系进行深刻调整。不过，在没有大的政治军事冲突前提下，国际相互依赖格局和经济全球化趋势不会发生根本逆转。伴随发达经济体缓慢复苏和新兴经济体的快速发展，贸易和投资将在2015年前后进入新一轮繁荣，区域一体化更加多元发展，从制造业到服务业整体产业链的全球

化和国际分工将进一步深化，跨国并购将出现新的高涨。总之，世界经济中的诸多挑战和不确定因素将不可避免地影响到中国对外开放的发展，但危机中也蕴含着重大机遇。在面临国内转变发展方式和国际环境压力不减的大背景下，随着推动中国持续高增长的"要素红利、市场化改革红利和全球化红利"逐步衰减，中国亟须谋变应对各种挑战。

1. 促使进口贸易更快增长，是未来中国对外贸易发展的重要政策目标

2011 年 3 月全国人大会议通过的中国"十二五"规划纲要提出，未来中国在全球分工中的定位是，在继续提高"世界工厂"地位的同时，要把中国市场规模培育为位居世界前列的大市场。这意味着中国将采取更多的政策措施促进进口便利化，采取更多的措施培育中国的消费市场。

表 2　1995~2011 年中国进口贸易结构变化

年　份	进口总值（亿美元）	资源品（%）	中间品(%)	资本品(%)	消费品(%)
1995	1320.8	16.2	34.9	39.9	6.3
2001	2436.1	18.3	30.4	43.9	6.2
2002	2952.0	16.0	29.7	46.4	6.7
2003	4128.4	16.8	27.3	46.7	8.0
2004	5614.2	20.0	24.9	45.0	8.9
2005	6601.2	21.7	24.1	44.0	9.2
2006	7916.1	23.0	22.0	45.1	9.0
2007	9558.2	24.5	22.0	43.2	9.2
2008	11330.9	30.9	20.0	39.0	8.6
2009	10055.6	27.8	21.9	40.0	8.5
2010	13948.3	30.2	20.1	39.4	8.1
2011.7	9731.7	33.5	19.3	36.4	7.3

资料来源：海关统计各年 12 月，2011 年第 7 月；进口结构分类根据海关统计中进出口商品构成，以 0 类、2 类和 3 类作为资源性产品；以 5 类和 6 类作为中间产品；以 7 类（机器设备）作为资本品；以 8 类作为消费品。

未来的贸易政策要高度重视进口对促进国民经济发展的重要作用，要优化进口结构，积极扩大先进技术、关键零部件、国内短缺资源和节能环保产品进口，适度扩大消费品进口，发挥进口对宏观经济平衡和结构调整的重要作用。

从以上可以看出，中国的进口结构基本上还是生产型的，消费品在进口中的比重一直不高，但十多年来，无论是比重，还是绝对值，都是有所变化的。特别是进入 21 世纪以来，随着中国居民富裕程度的提高，消费品进口有很大幅度增长，对比 1995 年，2010 年中国消费品进口增长了 12.7 倍；对比 2001 年，增长了 6.5 倍，已经成为具有千亿美元以上规模的进口大市场。2005~2007 年，消费品进口比重曾达到 9% 以上，显示了中国消费品市场的潜力。

中国进口结构的生产型特征，表现为为生产服务的进口商品比重始终占压倒地位。资源性产品、中间产品和资本品这三大类商品一直是中国进口商品的主要品种，但是其内部结构也有变化。在 2004 年以前，资源性产品的进口比重还不是很高，2005 年以后有较大幅度提高，这说明中国经济对外部资源的依赖逐渐加深，特别是 2008 年以来，随着美元汇率不断呈现弱势走向，以石油、矿物原料和粮食为代表的国际大宗商品价格不断上涨，从而相应不断地推高了中国资源品进口的价值量，导致资源品进口比重的显著上升；中间品的比重一直呈现下降趋势，说明随着中国工业生产国际化水平的提高，工业配套能力逐渐增强，对外部工业产品的配套需求在下降；资本品进口的比重从上升转向下降，说明中国工业生产结构已经从加工制造为主向加工制造与装备制造并存的方向扩展，对从外部进口机器设备的需求下降了。其趋势是，中国的生产型进口结构正在经历着从制成品为主向资源品和制成品并重的方向转变。随着中国工业经济的发展，中国的进口结构中，资源品和机器设备将始终成为重要的进口品种。

以生产型为主要特征的中国进口结构何时能够转变为生产型与消费型并重的结构？这恐怕要到中国人均收入进入高收入阶段才能达到。但可以肯定，未来十年中国的消费品进口仍然将保持持续增长的态势，即便其比重仍然只能达到 10% 左右，但其绝对值规模也将达到 2000 亿美元以上。

2. 促进国际收支平衡的努力方向将从贸易转向资本领域

"入世"以来我国贸易规模不断扩大，同时贸易顺差也逐年扩大，2005 年开始超过 1000 亿美元，2008 年达到创纪录的 2981.3 亿美元。虽然中国进口增长很快，2001~2010 年累计增长达 473%，但出口增长更快，2001~2010 年累计增长达 492%。近年来，由于中国外贸顺差不断扩大，外汇储备不断累积，对人民币升值的压力不断加大。虽然外汇储备的增加还有包括热钱流入在内的很多其他渠道，但外贸顺差的持续增长无疑起了基础性的作用。2001 年到 2010 年，累计外贸顺差已经达到 13309 亿美元，占同期外汇储备增量的 49.6%。未来十年，中国在货物贸易领域仍将保持顺差状态，但顺差的规模不可能再有大幅度上升的趋势，特别是自 2010 年以来，中国国际收支的顺差已经预示从贸易型向资本型转变；2011 年前 7 个月中国货物贸易顺差只有 760 亿美元，但前 7 个月外汇占款新增 2 万亿人民币，即新增外汇收入 3000 亿美元，这说明，未来中国的国际收支平衡，包括经常项目的收支平衡，已经很大程度上不取决于货物贸易的收支平衡，而取决于资本项目和非货物贸易的收支平衡。这预示着未来中国促进国际收支平衡的努力方向将从贸易领域转向资本领域，即一方面要通过政策扶持和外汇管理体制改革的措施继续推动企业"走出去"，另一方面要通过资本项目管理的改革，在继续推动资本项目开放的同时防范国际资本违规流入。

3. 通过产业技术升级，提升国际分工地位以提高贸易收益

产品大进大出、出口导向的经济发展模式，主要特点就是从国际上获取我国紧缺的资源，利用我国丰富的劳动力资源，加工形成产品后再出口到国外。这种传统的经济发展方式在很大程度上依赖于我国廉价资源和廉价劳动力。中国人均资源本来就少，资源利用率又低，再输出一部分资源，还通过产品加工造成更大的环境污染，这种状况必然不可持续。十年来，这种方式不仅没有改善，反而有所强化。由于中国出口产品中很大一部分属于资源密集型的初级产品和低附加值、低技术含量的工业制成品，这一方面导致出口商品对资源的过度依赖，资源利用率很低，另一方面也导致了对资源的掠夺性开采和对环境的破坏，造成了严重的资源浪费、环境污染以及发展后劲的削弱。而且，这种方式在出口中获取的贸易利益却很少。通过对中国贸易条件的测算表明（王宏淼，2008），2006 年之后，汇率升值并未能抵消进口价格上涨压力，价格贸易条件与收入贸易条件均出现恶化，尽管出口数量上升，但相对收入却下降了。高敬峰（2011）通过计算世界平均出

口收入指数和各国在其中的相对份额也证实，中国外贸出口的相对贸易利益虽然在 2001~2009 年期间呈现出一定的上升趋势，但与发达国家相比仍存在着很大的差距。2009 年，中国外贸出口规模居世界首位，但出口收入份额仅排名第 37 位。以美国为例，中国出口收入份额在 2009 年时仍比美国低 4.51 个百分点。对中国制造业分行业出口收入份额的分析显示，中国能够获得较高贸易利益的行业，集中在世界平均出口收入指数相对较低的行业，依靠的是在世界市场中较高的出口份额，这在一定程度上反映了中国主要在低技术行业依靠出口规模而获取贸易利益的现实情况。中国制造业出口型企业技术提升的速度缓慢，虽然外贸出口额高速增长，但出口产品的技术含量并没有得到大幅度提高。在高技术行业，中国获得的市场份额和贸易利益都很少。与世界其他国家相比，中国出口产品在世界市场上仍处于低端地位，向全球价值链高端攀升还面临着较大的挑战。

我国经济、贸易发展的诸多不平衡问题归根结底是因为制造能力与创造、服务能力的不平衡。在国际贸易领域，我国服务贸易相对于货物贸易仍较落后，进出口额仅为货物贸易的 13%，远低于全球平均水平（29%）。而"服务立国"是发达国家经济发展的重要特征之一。在全球近 200 个国家和地区中，服务贸易居前 20 名的国家和地区主要是发达国家，美国、英国、德国、法国、意大利、比利时、日本等国的服务贸易出口额已占各自国家 GDP 的 10% 以上。多年来，以欧美发达国家为主的跨国公司主导了"微笑曲线"两端的服务环节，攫取了较多附加值，在与以发展中国家为主的制造业企业之间的博弈中处于优势地位，使"微笑曲线"的曲率越来越大，中国处于国际分工的低端，不得不面临被剥削的境地。这表现在服务贸易逆差主要集中于运输服务、保险服务、专有权利使用和特许费及旅游等服务类别。随着主要大国的逐步复苏，经济贸易领域的国际竞争焦点更为激烈，国家间的实力竞争更突出地体现为知识和服务领域的竞争，以低碳经济、电子信息、航天科技、生命科学、环境科学、物流商贸、人文产品、智能化服务等新技术、新服务为主要内容的国际服务贸易将成为经济全球化的新载体。国际金融危机造成的贸易暂时收缩和停顿，给我们带来了压力，同时也为调整贸易发展方式提供了机遇。在制造业与货物贸易已为服务经济发展奠定一定基础的情况下，通过巩固劳动密集型制造优势，进一步延伸产业链条，加快发展服务业和服务贸易发展，是中国提升产品和贸易的附加值、在全球产业链上占据有利位置的必然途径。特别是在危机压力下跨国公司急于寻找相对便宜的服务供应，这为我国服务型企业打开国际市场，通过承接服务外包等方式进入高端产业提供了契机。在国内服务业发展仍较缓慢的情况下，通过财税等政策的结构性倾斜，通过优先培育服务贸易的出口国际竞争力，同时兼顾进口以促进国内经济转型升级，或许可以取得以服务贸易开放促进服务业发展，实现产业结构升级的效果。

4. 应对国际贸易保护主义，宜通过对世界贸易组织规则的合理运用和市场转移来削减不利影响

世界贸易组织的数据显示，中国已连续 15 年成为遭受反倾销和反补贴调查最多的世界贸易组织成员国，全球约 35% 的反倾销、71% 的反补贴涉及中国，[①] 中国作为最终产地承受了美国、欧洲及一些发展中国家的巨大压力。尤其在 2008 年国际金融危机以来，各国政府都对贸易政策进行调整，陆续出台了贸易促进和具有明显的贸易保护倾向的政策，这成为后危机时代世界经济的重要"遗产"，[②] 而经济大国对全球贸易政策的演化具有举足轻重的影响力，其贸易保护倾向对全球贸易保护主义加强的影响更大，特别是 G20 成员中的多数使用贸易防护措施，其采取的具有贸易限制和扭曲性质的政策措施要高于其他国家。[③] 如果债务危机背景下各国失业率进一步增加，贸易保护主义压力和国

---

① 我国商务部公平贸易局有关统计表明，截至 2010 年 7 月，美国已裁决正在实施的累计对华贸易救济措施多达 104 起，涉及产品 80 多种；欧盟对华已裁决正在执行的贸易救济措施产品达 59 种。2010 年全年中国遭遇贸易摩擦 64 起，涉案金额约 70 亿美元，涉及领域包括制鞋、五金、日杂、罐头、家具、造纸、陶瓷、化工、纺织等多个领域。《2010 全球贸易摩擦研究报告》显示，53% 以上的反倾销调查涉及化工、轻工和纺织产品；50% 以上的反补贴调查涉及冶金、化工和机械产品。

② 英国伦敦的经济政策研究中心（CEPR）发布的"全球贸易预警"（Global Trade Alert）报告统计表明，自 2008 年 11 月华盛顿 20 国集团（G20）峰会到 2009 年 11 月的一年中，各国政府出台的贸易保护措施累计达 297 项，平均每个工作日就有一项以上的措施被提出。自 2010 年 11 月 20 国集团首尔峰会以来，世界各国总共采取了 194 项贸易保护主义措施，其中 4/5 由 G20 国家发起，并且近一半直接损害中国利益。

③ 如 2009 年 10 月 14 日，世界贸易组织总干事拉米在华盛顿全球服务峰会演讲中指出，尽管 G20 保证不采取贸易抵制措施，但它们实际采取的贸易限制措施是贸易促进措施的 2 倍。

际摩擦可能会随之扩大，而一旦贸易保护主义融入国家政策主体就可能形成路径依赖，要扭转可能需要数十年时间。在贸易保护主义潮流中，由于受到贸易保护影响的主要还是传统上受保护的行业和产品，如农产品、钢铁、汽车、消费类电子产品、纺织服装及鞋类产品、化学制品和塑料等，而产业转型非一日之功，中国在今后相当长的时期内仍不得不继续面临贸易摩擦与争端的挑战。更值得关注的是，美欧等发达经济体不仅以市场经济地位、特保条款、出口限制、知识产权保护等作为手段保护本国产业、扼制中国发展，而且长期利用贸易顺差和人民币汇率对我国施压，人为制造"汇率战"，使日益严重的贸易保护主义呈现出明显的政治化倾向，不仅对我国相关产业安全构成威胁，而且也间接影响了我国宏观经济政策的稳定性和可持续性。

不过与20世纪30年代大幅度、全面提高关税的"高强度"贸易保护主义做法相比，当前更多的仍是在符合世界贸易组织规则前提下提高贸易壁垒。比如，在约束关税范围内提高适用关税水平（或称在法定限制范围内提高关税水平）、更多地发起贸易救济调查、提供出口补贴、增加使用非关税壁垒（如采取非自动的进口许可证、增加进口的烦琐的行政程序、实施更为严厉的动植物检验检疫和技术性贸易壁垒）等。因此，中国从政府到企业，都应当加快学习和熟悉国际游戏规则，学会合理运用国际规则保护自己权益；同时要加强质量管理，强化环保意识和知识产权保护。实施市场多元化战略，在巩固美国、欧盟和日本等传统市场的同时，大力开拓南亚、中亚、中东、非洲、拉美、中东欧等新兴市场，以及开辟国内市场，逐步摆脱劳动密集型产品对发达国家市场的严重依赖。通过转移生产或和国外企业进行合作的方式，改变原产地、绕开配额限制来参与国际竞争。通过这种压力逼迫下的"走出去"，可以有效缓解贸易摩擦，也可以转移低端生产，转移贸易顺差。

四、总结性评论及对未来十年的贸易预测

贸易打造了今日的世界，贸易也改变了中国。在关贸总协定

（GATT）和世界贸易组织（WTO）门前，从"等待"到"进入"，中国的"复关"和"入世"谈判"从黑发人谈到白发人"，经历了漫长的15年，山重水复，一路曲折。"入世"十年来，中国获得了更加广阔的对外贸易成长空间，走出了一条以开放促改革、以开放促发展的道路，逐渐完成了从世界贸易组织的新成员、参与者到推动者的角色转变，站在新高度的中国以自己的努力重塑了世界的关系。回顾十年来的发展历程，可以得出的结论是：①中国加入世界贸易组织，这是近代史以来我国从闭关自守走向全面对外开放的里程碑。十年来，中国以"入世"为新起点，开放型经济格局不断完善，对外贸易高速发展，迅速崛起为全球货物贸易大国和引资大国，为进一步提升在全球分工中的地位奠定了坚实的物质技术基础。②更重要的是，加入世界贸易组织后，中国信守其规则和"入世"承诺，大范围修订了法律法规，构建了开放经济的体制机制，有力地推进了国内经济体制改革。同时，树立了规则意识，为中国进一步扩大开放和长期发展提供了思想、观念、人才和体制基础。③近十年的对外贸易发展总体上是成功的，但它仍然是粗放的、不平衡的，在国际摩擦增大、外需不稳以及内部改革等因素的制约下，加快外贸发展方式转变需要注入更丰富的内涵。

展望未来，中国还将在对外开放的道路上继续前行。根据我们的预测，到2020年，中国的商品和服务的进出口总额将达到16.7万亿美元，占世界比重为19.5%。其中，商品出口将达到7.58万亿美元，占世界比重为22.3%；商品进口将达到7.3万亿美元，占世界比重为20.3%。到那时，中国既是出口贸易大国，也将实现中国市场规模位居世界前列。服务贸易进出口总额将占世界11.5%，其中，服务贸易进出口额占中国商品服务进出口总额的比重也将接近11%，中国服务将为转变外贸和经济发展方式做出更大的贡献。不仅如此，我们也有理由相信在下一个十年，随着中国经济的持续改革和稳定增长，随着海峡两岸、沿海到内陆、大中华经济圈以及太平洋贸易圈的经济合作的深入，中国还将在世界贸易组织以及全球经济的舞台上，通过中国制造和中国服务"量"和"质"的提升，给世界带来更多的欣喜和和谐。

表3　未来十年中国贸易量及占世界贸易份额预测

		2010年	2011年	2012年	2013年	2014年	2015年	2016年	2017年	2018年	2019年	2020年
世界商品和服务进出口总计		370529	403000	438323	476747	518547	564019	613485	667299	725842	789530	858818
出口	商品和服务	182926	198940	216358	235302	255906	278317	302692	329204	358041	389407	423522
	商品	144878	157772	171814	187105	203758	221892	241640	263146	286566	312071	339845
	服务	38048	41168	44544	48197	52149	56425	61052	66058	71475	77336	83677
进口	商品和服务	187603	204060	221965	241445	262149	285701	310793	338094	367800	400123	435295
	商品	152017	165698	180611	196866	214584	233896	254947	277892	302903	330164	359879
	服务	35586	38362	41354	44579	48057	51805	55846	60202	64898	69960	75416
中国商品和服务进出口总计		33372	39204	46056	54107	63566	74680	87739	103083	121113	142299	167195
出口	商品和服务	17491	20464	23943	28014	32776	38348	44867	52495	61419	71860	84076
	商品	15779	18461	21600	25272	29568	34595	40476	47357	55407	64826	75847
	服务	1712	2003	2344	2742	3208	3753	4392	5138	6012	7034	8229
进口	商品和服务	15881	18740	22113	26093	30790	36332	42872	50589	59694	70439	83119
	商品	13948	16459	19421	22917	27042	31910	37653	44431	52429	61866	73002
	服务	1933	2281	2692	3176	3748	4422	5218	6158	7266	8574	10117
中国贸易差额（亿美元）	商品和服务	1610	1725	1831	1921	1986	2016	1996	1906	1724	1421	958
	商品	1831	2003	2179	2355	2526	2685	2822	2926	2979	2961	2845
	服务	-221	-278	-348	-434	-540	-669	-827	-1019	-1254	-1540	-1888
中国占世界贸易比重（%）	中国商品和服务进出口总计	9.0	9.7	10.5	11.3	12.3	13.2	14.3	15.4	16.7	18.0	19.5
	商品进出口	10.0	10.8	11.6	12.6	13.5	14.6	15.7	17.0	18.3	19.7	21.3
	服务进出口	5.0	5.4	5.9	6.4	6.9	7.6	8.2	8.9	9.7	10.6	11.5
出口	商品和服务	9.6	10.3	11.1	11.9	12.8	13.8	14.8	15.9	17.2	18.5	19.9
	商品	10.9	11.7	12.6	13.5	14.5	15.6	16.8	18.0	19.3	20.8	22.3
	服务	4.5	4.9	5.3	5.7	6.2	6.7	7.2	7.8	8.4	9.1	9.8
进口	商品和服务	8.5	9.2	10.0	10.8	11.7	12.7	13.8	15.0	16.2	17.6	19.1
	商品	9.2	9.9	10.8	11.6	12.6	13.6	14.8	16.0	17.3	18.7	20.3
	服务	5.4	5.9	6.5	7.1	7.8	8.5	9.3	10.2	11.2	12.3	13.4

（亿美元）

说明：1. 根据世界银行数据计算得到2001~2010年世界数据。按上述增长率率分别计算2011~2020年世界贸易各相关数据。

2. 中国"入世"以来（2001~2010年）的商品出口、服务出口、商品进口、服务进口的年均增长率分别为18.3%、16.4%、17.7%、17.8%，考虑到未来发展趋势以及中国国外贸平衡的紧约束，适当调低未来十年中国的出口增长速度，调高进口增长速度，以商品出口增长速度18%、商品进口17%、服务出口18%的年均增长率预测2011~2020年的中国贸易各相关值。

3. 预测结果：2020年中国贸易占世界贸易的比重为：商品出口22.3%，服务出口19.9%，商品进口20.3%，服务进口13.4%。按目前趋势发展，2020年中国商品和服务出口19.1%；商品进口19.9%，服务进口11.5%；商品和服务进出口21.3%，商品和服务进出口总出口19.5%。

4. 未来十年中国商品和服务进出口顺差基本上控制在2000亿美元左右，2020年为2845亿美元；服务贸易逆差略有上升，2020年为1888亿美元，由此2020年中国总贸易商品和服务进出口13.4%，商品进口19.9%，服务进口13.4%。顺差降至1000亿美元以下，为958亿美元，则2020年后顺差不会逐年下降）。

资料来源：本文作者的预测。

参考文献

1. Bongiorni，Sara. A year without "made in China"：one family's true life adventure in the global economy，John Wiley & Sons，Inc.（Hoboken，New Jersey），2007.

2. Branstetter，Lee and Nicholas Lardy，"China's Embrace of Globalization"，in Loren Brandt and Thomas G.RAWSKI eds.，China's Great Economic Transformation，Cambridge University Press（New York），2008：633-682.

3. 高敬峰：《中国出口贸易利益测算与行业差异分析——基于出口收入指数的方法》，《经济评论》2011年第4期，第124~132页。

4. 李仲周：《入世十年回眸》，《WTO经济导刊》2011年第8期，第84~87页。

5. 裴长洪、彭磊、郑文：《转变外贸发展方式的经验与理论分析——中国应对国际金融危机冲击的一种总结》，《中国社会科学》2011年第1期，第77~87页。

6. 孙振宇：《中国入世十周年之际的回顾与展望》，《国际经济评论》2011年第4期，第114~123页。

7. 王宏淼：《经济开放与可持续增长：中国对外开放30年的经验、路径及其转型》，载于《宏观经济蓝皮书——中国经济增长2009~2010》，社会科学文献出版社，2008年版，第282~306页。

8. 姚景源：《入世10年：成就、问题及展望》，《红旗文稿》2011年第15期，第19~22页。

9. 张汉林：《入世十年看中国经济发展》，《武汉理工大学学报》（社会科学版）2011年第1期，第1~9页。

中国金融体系结构跟踪研究*

中国社会科学院金融研究所课题组

一、我国金融体系结构的总体发展变化

总体上看，伴随着我国市场化改革的推进，经济货币化程度在不断加深，反映金融深化的指标明显改善。

(一) 金融深化程度分析

金融相关比率是衡量一国金融深化和金融改革程度的主要指标，它的定义是全部金融资产价值与实物资产（即同期 GNP）之比。影响金融相关比率的因素很多，诸如经济货币比率、资本形成率、企业外部融资率、金融机构新发行工具比率等与金融相关比率呈正向关系；而通货膨胀率、资本内部积累率等与金融相关比率则呈反向关系。一般说来，金融相关比率数值越大，经济中储蓄与投资的分流程度越大，外源融资和间接融资的比重越大，金融活动的规模与能力相应越强。广义的金融相关比率（FIR）中的金融资产既包括金融机构拥有的各类贷款（即非金融机构的负债），也包括各项金融负债（企业、居民拥有的各项存款和流通中现金），以及有价证券（政府债券、企业债券、金融债券、保险费以及股票市值等）。因此，金融相关比率 FIR 不仅包含了广义货币 M2，也包含了各类贷款（L）和有价证券（S）。

中国 2001~2010 年金融相关比率及其构成分别见表 1 和表 2。

---

* 本子课题由中国社科院金融研究所王国刚、董裕平负责，报告执笔：董裕平、姚云。

表1　2002~2010年中国金融相关比率（FIR）

年 份	金融资产		国民总收入（GNP）		金融相关比率
	总额（亿元）	增长率(%)	总额(亿元)	增长率(%)	（FIR）
2002	393037.2	34.39	119095.7	10.20	330.02
2003	471073.2	19.85	135174.0	13.50	348.49
2004	523963.5	11.23	159578.3	18.06	328.33
2005	591514.2	12.89	183217.4	15.35	321.32
2006	736196.3	24.46	211923.5	15.78	345.42
2007	1098559.8	49.22	257305.6	21.64	424.73
2008	1022891.0	-6.89	302853.4	16.82	338.75
2009	1410231.8	37.87	337313.4	11.38	418.08
2010	1742714.5	17.14	395483.4	17.25	440.65

资料来源：《中国金融年鉴》各卷和WIND资讯。

表2　2001~2010年中国金融相关比率（FIR）的构成

单位：%

年 份	广义货币 M2/GNP	各类贷款 L/GNP	有价证券 S/GNP	金融相关率（FIR）
2001	146.48 (53.93)	104.93 (38.63)	21.21 (7.44)	271.61
2002	155.34 (47.07)	117.39 (35.57)	58.29 (17.36)	330.02
2003	164.66 (47.25)	126.59 (36.33)	58.24 (16.42)	348.49
2004	159.23 (48.47)	118.16 (35.99)	51.94 (15.54)	328.33
2005	162.29 (50.51)	112.36 (34.97)	47.67 (14.52)	321.32
2006	162.15 (46.94)	112.80 (32.66)	71.46 (20.40)	345.42
2007	156.61 (36.73)	107.13 (25.22)	161.99 (38.05)	424.73
2008	157.90 (46.61)	106.68 (31.49)	75.18 (21.90)	338.75
2009	180.91 (43.27)	126.17 (30.18)	111.00 (26.55)	418.08
2010	183.54 (41.65)	128.99 (29.27)	128.13 (29.08)	440.65
平均	162.69 (45.57)	115.82 (32.54)	84.43 (21.88)	362.94

注：各类贷款包括非金融机构的负债（金融机构的贷款）和金融负债（企业、居民拥有的各项存款和流通中现金）；有价证券包括政府债券、企业债券、金融债券、保险费以及股票等；括号中表示各部分在金融相关率中的比重。

资料来源：历年《中国金融年鉴》。

以上数据说明我国金融深化具有以下基本特征：①我国金融资产总量近年来迅速增长。2002~2009年，除了2004年、2005年和2008年外，我国金融资产的增长速度都明显地超过了国民总收入的增长速度。在国际金融危机影响下，2008年金融资产规模萎缩了6.89个百分点。8年间，我国金融资产总量的年平均增长率为22%，比国民总收入的年平均增长率（15.2%）高6.8个百分点。金融资产总量的大幅增长从某种程度上说明，在经济发展到一定阶段，金融资产的增长从趋势上势必会超过实物形式的国民财富的增长，同时也体现出全社会金融意识的增强和金融在经济生活中地位的深刻变化。②金融相关比率值逐渐上升。金融相关比率从 2001 年的 271.61% 提高到 2007 年的 424.73%，增长超过了 50%。由金融资产快速增长带来的金融相关比率的提高，反映出我国经济货币化和金融深化的程度不断增长。③从金融相关比率 FIR 的构成变化看，金融市场（直接融资）对于中国经济的货币化和金融深化的贡献度在增加。表 2 括号中的数值表示 FIR 各构成部分的比重，即各部分对 FIR 的贡献份额。我们发现，整体上 M2 和 L 在最近的 10 年间贡献了主要份额，平均占 FIR 比重为 45.23% 和 32.02%。这主要是因为近 10 年间出口快速增长，央行通过强制结售汇制度购汇等因素导致货币总量增加。但从动态变化的角度看，M2 和 L 的份额从 2001 年到 2009 年分别减少了 10.66 个百分点和 8.45 个百分点，这说明我国金融增长主要依靠银行金融资产单方面扩张的情况正在逐渐改变。另外，S 对 FIR 的贡献度从 2001 年的 7.44% 增长到 2009 年的 26.55%，在 10 年间的平均贡献达到 22.75%，基本处于升高的趋势（2008 年除外），尤其是在 2005 年股权分置改革之后的增长更为明显，S 相对份额的提高反映出我国有价证券市场的规模扩大，这也意味着金融市场在我国金融体系中发挥越来越重要的作用。值得注意的是，2008 年金融危机对于资本市场冲击较大，使得其对 FIR 的贡献率陡降了 17.35%。

（二）经济货币化程度分析

货币化比率反映一国经济的货币化水平，也被广泛用于测量发展中国家的金融结构水平。货币交易的产出量（包括商品和劳动力）与全部的社会产出量之比值即为经济货币化程度的衡量指标，该比值越大，说明经济货币化的程度越高。由于在技术上难以准确统计，在实际分析中，经济货币化比率大都用货币存量与名义国民收入（或 GDP）之间的比值。我们采用 M2/GDP 来反映和衡量中国金融结构的变化和经济货币化的进展状况。表 3 给出 2001~2010 年中国货币结构及与 GDP 比重的货币化进程。

表3　2001~2010 年中国货币结构与 GDP 比重

单位：亿元，%

年份	流通现金(M0)	货币(M1)	准货币	货币和准货币(M2)	GDP	M1/M2	准货币/M2	货币化比率(M2/GDP)
2001	15688.8	59871.6	98430.3	158301.9	109655.2	37.82	62.18	144.36
2002	17278.0	70881.8	114125.2	185007.0	120332.7	38.31	61.69	153.75
2003	19745.9	84118.6	137104.2	221222.8	135822.8	38.02	61.98	162.88
2004	21467.3	95969.7	158137.3	254107.0	159578.3	37.77	62.23	159.24
2005	24031.7	107278.8	191476.9	298755.7	183217.4	35.91	64.09	163.06
2006	27072.6	126035.1	219568.5	345603.6	211923.5	36.47	63.53	163.08
2007	30375.2	152560.1	250882.1	403442.2	257305.6	37.81	62.19	156.80
2008	34219.0	166217.1	308949.5	475166.6	314045.4	34.98	65.02	158.04
2009	38247.0	221445.8	388778.7	610224.5	340506.9	36.29	63.71	179.21
2010	44628.2	266621.5	459230.3	725851.8	397983.0	36.73	63.27	182.38

资料来源：历年《中国金融年鉴》和 WIND 资讯。

以上数据表明，我国金融结构在经济货币化过程中具有以下基本特征：第一，经济货币化比率（M2/GDP）处于波动中的上升状态。经过两次微幅波动后，M2/GDP 从 2001 年的 144.36% 提高到 2008 年的 158.04%，但在 2009 年宽松宏观政策下，该比率快速增加到了 179.21%，2010 年又增加了 3 个百分点。从整体变化趋势看，货币化指数基本呈增长态势。这一方面说明我国货币性金融资产的增加，经济货币化日益扩大和深化；另一方面，也反映出我国货币在短期内可能存在超发导致流动性过剩的现实。第二，从货币结构看，货币化进程快速。从 2001 年到 2010 年，M0、M1 和 M2 分别增长了 2.84 倍、4.45 倍和 4.59 倍，年平均增长率分别达 12.34%、18.23% 和 18.49%，而准货币（M2-M1）则增长了 4.67 倍，年平均增长率高达 18.73%。这说明准货币（除活期存款以外的各种存款）增加速度可能偏快。第三，从货币化指数的构成看，各种货币对货币化指数的贡献未发生较大变化。M1 中的现金 M0 占广义货币 M2 的比率从 9.91% 下降到 6.15%，说明我国货币交换范围的扩大和货币功能的增强。

（三）融资结构分析

从融资渠道分为金融中介与金融市场二者来看，融资结构可以大致表示为间接融资与直接融资之间的比例关系。表 4 显示了我国 2001

年到 2010 年间的银行贷款与证券融资的结构比率变化情况，需要说明的是，该比率中包括了金融部门的融资。

表 4   2001~2010 年融资结构比率

单位：亿元，%

年份	各类贷款（L）	有价证券（S）	融资结构比率（L/S）
2001	112314.7	38326.3	293.05
2002	139802.7	45259.5	308.89
2003	169772.9	58137.5	292.02
2004	188570.3	70313.7	268.18
2005	207018.9	94719.4	218.56
2006	238550.4	185969.0	128.27
2007	278223.1	477705.2	148.49
2008	320325.1	294048.2	108.94
2009	425635.8	451825.8	94.20
2010	510147.8	506714.9	100.68

注：金融机构金融资产包括金融机构各类贷款；非金融机构的金融资产包括企业、居民拥有的各项存款和流通中现金；有价证券包括政府债券、企业债券、金融债券、基金、期货、股票及保险费等。

资料来源：历年《中国金融年鉴》和 WIND 资讯。

表 4 反映出我国金融体系融资结构比率（贷款与有价证券的规模之比）在过去 10 年间基本朝市场化趋势发展。贷款融资与有价证券融资之比由 2001 年的 514.33% 下降到 2010 年的 100.68%。

从国内非金融机构部门（包括住户、非金融企业和政府部门）融资的角度来看，表 5 和图 1 表明了各融资工具的融资额在 2007~2010 年融资总额中的比重。通过图 1，我们可以直观地发现贷款融资仍然占据绝对优势，其在各年平均融资额比重达到 79.45%，而股票、国债和企业债券的融资额在各年总融资额中的比重平均值分别为 6.90%、5.01% 和 8.64%。

从不同融资工具所占份额的变化来看，贷款融资的比重从 2007 年的 78.7% 下降到 2010 年的 75.2%，这表明虽然危机救助措施使其在 2008 年和 2009 年比重明显提升，但在通货膨胀压力下，较为容易通过银行信贷渠道实施紧缩性货币政策，这必然导致间接融资主导地位相对有所下降。股票融资比重在 2007 年达到峰值（13.11%）后，也显著下降至 6% 左右的稳定水平。相比之下，国债和企业债券融资的占比有明显上升，企业债券融资增加较快，国债融资的力度也不减，这说

表5 2007~2010年国内非金融机构融资情况

年份	贷款	股票	国债	企业债券	年融资总量
2007	39205亿元 (78.70%)	6532亿元 (13.11%)	1790亿元 (3.59%)	2290亿元 (4.60%)	49817亿元
2008	49854亿元 (82.42%)	3527亿元 (5.83%)	1027亿元 (1.70%)	6078亿元 (10.05%)	60486亿元
2009	105225亿元 (80.48%)	5020亿元 (3.84%)	8182亿元 (6.26%)	12320亿元 (9.42%)	130747亿元
2010	83572亿元 (75.20%)	6116亿元 (5.50%)	9735亿元 (8.74%)	11713亿元 (10.56%)	111136亿元
总计	277856亿元	21195亿元	20734亿元	32401亿元	352186亿元

注：贷款融资为本外币贷款融资；股票融资包括可转债融资，不包括资产型定向增发融资和金融机构融资；国债包含财政部代理发行的地方政府债；企业债券包括企业债、公司债券、可分离债、集合票据、短期融资券和中期票据。括号中是各融资工具融资额在各年融资总额中的比重。
资料来源：中国人民银行。

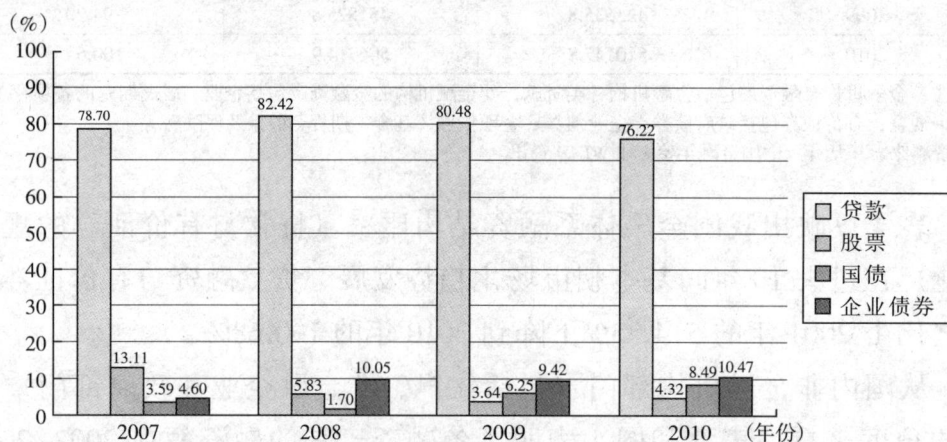

图1 各融资工具融资额在各年融资总额中的比重
资料来源：中国人民银行。

明直接融资渠道在配置资金方面的作用得到进一步提高，总体上也有利于我国非金融机构融资结构的优化。

近年来，我国总体上融资结构正趋向市场化的发展态势。在金融总量快速扩张的同时，金融结构呈现多元化发展，金融产品和融资工具不断创新，证券、保险类机构对实体经济的资金支持力度加大，商业银行创新表外业务对贷款表现出明显的替代效应。据人民银行统计，2010年新增人民币贷款以外的融资达6.33万亿元，为同期新增人民币贷款的79.7%，这一比例较2002年的8.7%有显著增加。人民币贷款以外融资快速增长主要有三方面原因：一是直接融资快速发展。2010

年企业债和非金融企业股票筹资分别达 1.2 万亿元和 5787 亿元，分别是 2002 年的 36.8 倍和 9.5 倍。二是非银行金融机构作用明显增强。2010 年证券、保险类金融机构对实体经济的资金运用合计约 1.68 万亿元，是 2002 年的 8 倍。2010 年小额贷款公司新增贷款 1022 亿元，比上年增长 33.4%，相当于一家中小型股份制商业银行一年的新增贷款规模。三是银行金融机构表外业务大量增加。2010 年实体经济通过银行承兑汇票、委托贷款、信托贷款从金融体系融资分别达 2.33 万亿元、1.13 万亿元和 3865 亿元，而在 2002 年这些金融工具的融资量还非常小。我国 2002~2010 年社会融资总量结构如表 6 所示。

表 6　我国 2002~2010 年社会融资总量结构情况

单位：%

项目 \ 年份	2002	2003	2004	2005	2006	2007	2008	2009	2010
社会融资总量	100	100	100	100	100	100	100	100	100
人民币贷款	92.0	81.0	78.8	82.1	79.3	61.3	71.5	68.1	55.6
外币贷款	3.7	6.7	4.8	3.7	2.5	4.9	0.9	6.6	2.9
委托贷款	0.9	1.8	11.1	3.4	4.7	5.7	6.2	4.8	7.9
信托贷款	—	—	—	—	2.1	2.9	4.6	3.1	2.7
银行承兑汇票	−3.5	5.9	−1.0	0.1	3.8	11.3	1.6	3.3	16.3
企业债券	1.6	1.6	1.8	7.0	2.1	3.9	8.1	9.2	8.4
非金融企业股票	3.0	1.6	2.3	1.2	3.4	8.1	4.9	3.2	4.1
保险公司赔偿	2.1	1.5	2.1	2.5	2.1	1.8	2.2	1.2	1.3
保险公司投资性房地产	—	—	—	—	0.1	0.1	0.1	0.1	0.1
其他								0.5	0.7

资料来源：中国人民银行。

如图 2 显示，我国社会融资总量快速扩张，金融对实体经济的支持力度明显加大。从 2002 年到 2010 年，我国社会融资总量从 2 万亿元扩大到 14.27 万亿元，年均增长 27.8%，比同期人民币各项贷款年均增速高 9.4 个百分点。2010 年社会融资总量与 GDP 之比为 35.9%，比 2002 年提高 19.2 个百分点。未来随着我国金融市场发展和金融创新深化，实体经济还会增加新的融资渠道，如私募股权基金、对冲基金等。根据条件和融资规模，这些不断创新的融资渠道也应计入社会融资总量。

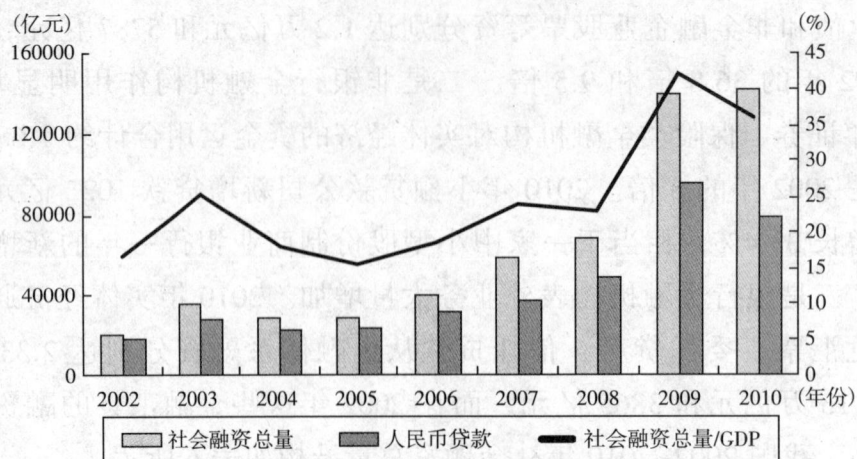

图 2 中国社会融资总量及与 GDP 的比率

资料来源：中国人民银行。

（四）金融结构的国际比较

1. 货币化国际比较

从 2000 年到 2010 年，我国的 M2 平均增速约为 18%，截至 2010 年 12 月末，我国的 M2 达到 72.59 万亿元。美国 2010 年 9 月末的 M2 为 8.6 万亿美元，折合人民币约为 58 万亿，这与各自相对于其 GDP 的规模来看，差异较大。在过去的 10 年中，美国 M2 的增长（5.79%）基本与其 GDP 增长（6%）相一致。由于经济增长的放缓，M2 以个位数增长在发达国家是普遍现象。韩国、新加坡和我国台湾等新兴工业国家和地区的 M2 也都是个位数增长，这些国家和地区也都曾经度过了经济高速增长阶段。值得注意的是，日本、韩国在经济高速增长阶段 M2 年均增速曾分别为 20%（1967~1973 年）和 34%（1966~1988 年），高于我国目前的平均增速水平。同为经济快速增长的印度和巴西，与我国目前所处的经济发展阶段较为相近，两者 M2 增长率均低于我国，分别为 14.51% 和 12.69%。

我国 M2 约 18% 的年均增长速度明显超出了近 10 年来 GDP 的增长速度。图 3 显示了我国与美国货币化指数（M2/GDP）的比较情况。从 2001 年到 2008 年，我国的货币化指数平均达到 157.65%，而美国的平均值则为 53.49%。为应对经济危机 "一揽子" 刺激计划出台后，2009 年和 2010 年前 9 个月我国的 M2 与 GDP 比值则骤增至 179.21% 和

表7　2000~2010年M2增长率国际比较

单位：%

年份	中国	美国	俄罗斯	巴西	印度	韩国	新加坡	中国台湾
2000	15.40	6.13	58.94	-18.54	10.53	3.77	-2.05	6.50
2001	14.42	10.51	37.77	13.33	10.12	8.33	5.86	4.44
2002	19.86	6.30	34.17	23.60	12.49	14.13	-0.33	2.58
2003	19.63	4.93	45.88	3.87	15.91	3.02	8.05	5.82
2004	14.40	5.63	38.51	19.52	15.48	5.87	6.24	7.35
2005	18.04	4.05	38.02	18.03	21.08	7.00	6.19	6.55
2006	16.73	5.96	47.42	13.57	17.25	11.42	19.37	5.27
2007	16.73	6.04	51.77	18.11	18.08	11.53	13.41	0.93
2008	17.79	9.85	8.74	37.34	10.02	13.14	12.05	7.00
2009	28.42	3.42	7.54	8.80	17.98	9.31	11.34	5.74
2010	14.68	0.86	18.21	1.93	10.67	4.97	3.04	1.44
平均	17.83	5.79	35.18	12.69	14.51	8.41	7.56	4.87

注：同期数据截至2010年9月。
资料来源：WIND资讯。

260.47%，而同样出台经济刺激计划的美国该比值较其危机前（2007年以前）水平只增长了近7个百分点。当然，比值悬殊与两国的经济总量不同以及金融结构差异可能有很大关系，鉴于美国受危机冲击的程度更为严重，我国实施经济刺激的"相对剂量"（占GDP的13%）显然偏大。

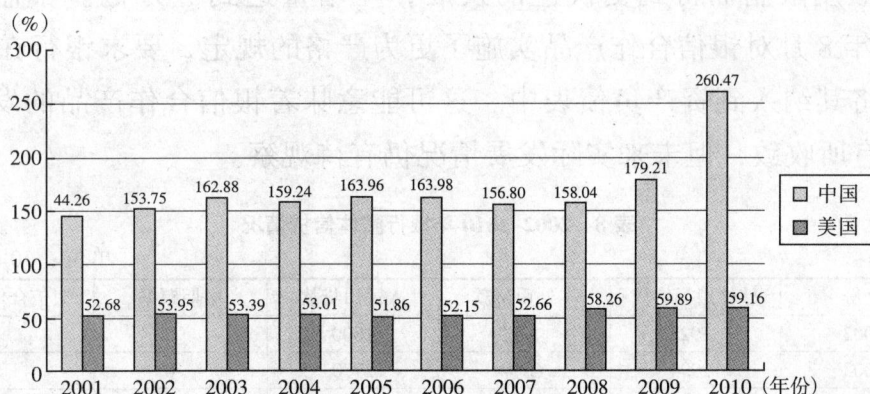

图3　中国与美国2001~2010年M2/GDP比较

注：数据截至2010年9月。
资料来源：WIND资讯。

就我国M2迅速增长的来源来看，主要来自于信贷增长和外汇占款压力。图4反映的是我国2002年到2010年的信贷变化情况。据测算，2010年M2增长了将近20%，超过了年初设定的17%的目标。

月度新增贷款（人民币 10 亿元，经季节调整）　　　　　　　　　　　　指数

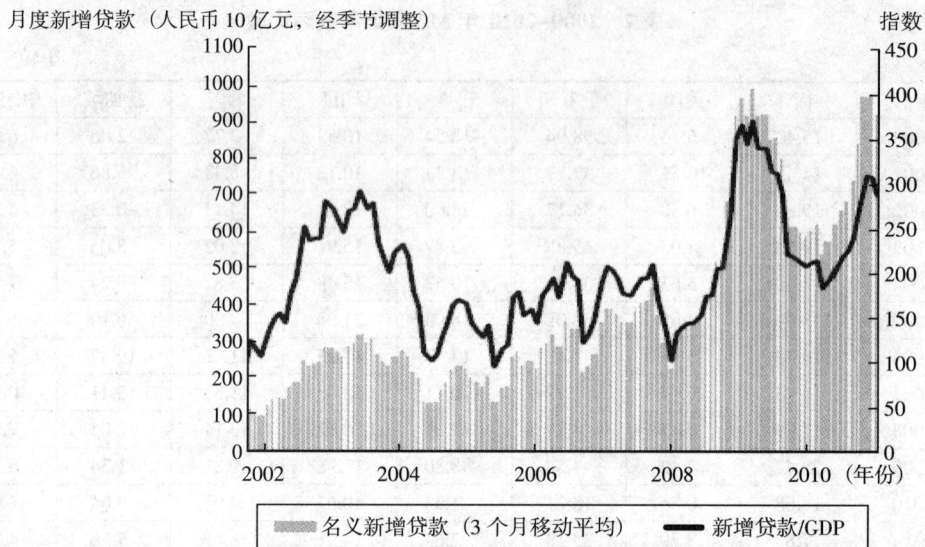

图 4　2002~2010 年货币信贷变化

资料来源：CEIC，瑞银估算。

　　信贷增加也体现在近几年我国"影子银行"体系（主要指银信产品融资等）的发展上。表 8 给出银行整体信贷的年度数据，其中包括银信合作产品的融资估算数据。2007 年底由于信贷紧缩政策的出台，银信合作产品开始快速发展，并且在 2010 年由于银行试图规避严格的信贷额度限制而得到更快速的发展，年增量达到 2 万亿。银监会在 2010 年 8 月对银信合作产品实施了更为严格的规定，要求银行在 2011 年底将其纳入到资产负债表中。这可能意味着银信合作产品的发展势头会有所收敛，但未来实际发展情况仍有待观察。

表 8　2002~2010 年银行整体信贷情况

单位：10 亿元

年份	整体银行信贷	本外币贷款	人民币贷款	中期票据	银信合作产品
2002	1923	1923	1800	0	0
2003	2994	2994	2770	0	0
2004	2407	2407	2260	0	0
2005	2462	2462	2350	0	0
2006	3269	3269	3180	0	0
2007	4121	3921	3630	0	200
2008	5559	4985	4911	174	400
2009	11614	10523	9590	691	400
2010	10914	8360	7950	494	2060

注：此处银信合作产品包括融资类银信理财合作产品和融资类信托产品。

资料来源：CEIC，惠誉，WIND，瑞银估算。

表9 我国 2001~2010 年外汇占款情况

年份	外汇储备 (亿美元)	外储增加 (亿美元)	平均汇率 ($/¥)	外汇占款增加 (亿元)	M2 (亿元)	外汇占款/M2 (%)
2001	2121.65	465.91	8.2770	3856.34	158301.9	2.44
2002	2864.07	742.42	8.2770	6145.01	185007.00	3.32
2003	4032.51	1168.44	8.2770	9671.18	221222.80	4.37
2004	6099.32	2066.81	8.2768	17106.57	254107.00	6.73
2005	8188.72	2089.4	8.1917	17115.74	298755.70	5.73
2006	10663.44	2474.72	7.9718	19727.97	345603.60	5.71
2007	15282.49	4619.05	7.5215	34742.18	403442.20	8.61
2008	19460.30	4177.81	6.9444	29012.38	475166.60	6.11
2009	23991.52	4531.22	6.8310	30952.76	610224.50	5.07
2010	28473.38	4481.86	6.8267	30596.31	725851.80	4.22

资料来源：国家外汇管理局和历年《中国金融年鉴》。

另外两种类型的融资工具也出现了快速增长：中期票据和外币贷款。中期票据是银行为其企业在银行间市场上发行的 3~5 年期的企业票据，对银行的中期贷款起到替代作用。其市场规模从 2008 年的 1670 亿元增加到 2009 年的 8650 亿元和 2010 年的 1.4 万亿元。2009 年外币贷款同比增长了 56%（达到 2.6 万亿元人民币左右），2010 年上半年增幅超过了 38%，其快速增长背后的原因是信贷额度控制、此类贷款利率较低以及预期人民币升值。2010 年下半年，监管部门出台了更加严格的规定，从而使外币贷款增长明显放缓。

造成 M2 过快增长的另一因素是外汇占款累积规模越来越大。我国的银行结售汇市场上存在管制刚性。中央银行在银行间外汇市场购汇，形成基础货币投放，而银行柜台结售汇则形成社会资金投放。表9 反映了各年的外汇占款的情况，尽管 2007 年后金融危机外汇占款对 M2 的比例有明显下降（汇率升值对此也有影响），但外汇的累积规模仍然在继续增大，从而导致了 M2 的增长。

2. 金融资产结构的国际比较

世界各国往往根据国情不同或资本市场的发展水平，选择不同的金融发展模式，从而形成了不同的金融体系结构。从融资工具的角度看，在不同的金融体系结构中，金融工具或资产的结构会有差别。

从表 10 中 2007 年各国金融资产构成来看，美国和英国是市场主

表10　2007年金融资产结构国际对照表

	美国	日本	英国	韩国	中国
总资产	3879623亿元	1644996亿元	749992亿元	192750亿元	803815亿元
银行资产	698332亿元 （18%）	625098亿元 （38%）	217498亿元 （29%）	48187亿元 （25%）	506403亿元 （63%）
股票	1319072亿元 （34%）	361899亿元 （22%）	296397亿元 （38%）	61680亿元 （32%）	249183亿元 （31%）
政府债	465555亿元 （12%）	509949亿元 （31%）	59999亿元 （8%）	34695亿元 （18%）	40191亿元 （5%）
公司债券	1396664亿元 （36%）	148050亿元 （9%）	194998亿元 （25%）	48187亿元 （25%）	8038亿元 （1%）

资料来源：吴晓求等：《全球金融变革中的中国金融与资本市场》，载于《2010年中国资本市场研究报告》，中国人民大学出版社，2010年版。

导金融体系的典型代表，其金融市场发达，金融机构种类繁多，资本市场的直接融资资产在金融总资产的比重较大（82%和71%）。在这类金融体系，企业更多地依赖金融市场而不是银行金融中介进行融资。日本是较为典型的银行主导型金融体系，其间接融资在金融总资产中的比重达到38%。相比之下，股票市场和公司债券市场的融资比例要低一些，金融机构的种类也相对较少，储蓄主要通过银行类金融中介机构贷款给资金使用者。

与美英等国家相比，我国金融资产结构表现出银行融资占比过高的特征。银行等金融中介的资产规模庞大，尽管2007年股票市场出现大膨胀，但这一占比仍高达63%，相对而言，资本市场的整体规模偏小，直接融资比例较低。2001年到2008年我国境内直接融资（股票）筹资额与同期银行贷款增加额之比仍一直处于低位，分别为9.50%、4.11%、2.97%、4.49%、2.05%、8.38%、21.95%和8.48%。我国债券市场尤其是公司债券市场发展也相对滞后。2007年末，我国债券市场资产总量为6.02万亿元，仅相当于当年GDP的28.7%，远低于成熟市场水平。就资本市场结构而言，债券市场规模仅相当于股票市场规模的26.7%，亦远低于美英等成熟市场，也低于韩国、印度等新兴市场国家。这些数据清楚地表明，我国金融资产结构可能存在一定的失衡问题。值得注意的是，2007年我国流动性充裕，股票市场发展异常迅猛，在危机影响下2008年我国股票市值缩水2/3，虽然近两年股市趋于正常，但经济刺激计划使得信贷猛增，这些巨大波动对于资本市场结构和整个金融资产结构产生了明显影响。

二、我国金融中介与金融市场的结构分析

我国的金融体系属于银行主导型或称中介主导型，商业银行等金融中介居于金融体系主导地位，是金融体系中推动经济增长的主要动力。金融市场发展相对滞后，但作用必不可少，而且其重要性在继续增长。

按照我国金融监管部门的划分，金融中介可以分为银行金融机构和非银行金融机构两大类。银行金融机构主要是指国有和股份制商业银行、政策性银行、城市商业银行、农村合作金融机构、邮政储蓄银行、金融资产管理公司和外资银行。而非银行金融机构是指经批准成立、本质尚不具备信用创造功能、从事金融性业务的企业组织，主要分为契约型储蓄机构和投资性金融中介机构，具体包括：金融租赁公司、汽车金融公司、信托投资公司、企业集团财务公司以及货币经纪公司等。我国的金融市场主要包括货币市场、资本市场、保险市场、外汇市场、黄金市场等。

（一）金融中介

1. 银行业金融机构

截至 2009 年 12 月末，我国银行业金融机构（法人）数量为：政策性银行及国家开发银行 3 家，大型商业银行 5 家，股份制商业银行 12 家，城市商业银行 143 家，城市信用社 11 家，农村商业银行 43 家，农村合作银行 196 家，农村信用社 3056 家，邮政储蓄银行 1 家，金融资产管理公司 4 家，外资法人金融机构 37 家，信托公司 58 家，企业集团财务公司 91 家，金融租赁公司 12 家，货币经纪公司 3 家，汽车金融公司 10 家，村镇银行 148 家，贷款公司 8 家，农村资金互助社 16 家。

（1）银行业市场份额。银行业金融资产不断增长。截至 2010 年

末，我国银行业金融机构本外币资产总额为 95.3 万亿元，比上年同期增长 19.9%；负债总额 89.5 万亿元，比上年同期增长 19.2%。资产在各类银行业金融机构的分布如图 5 所示。

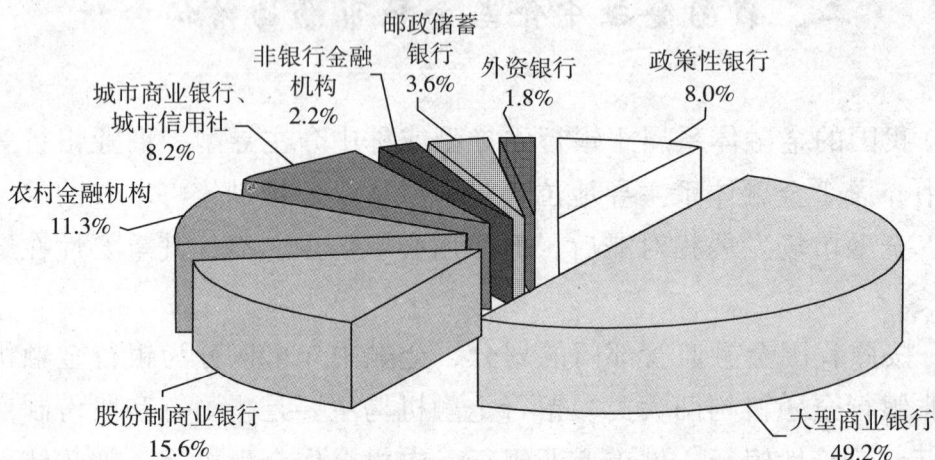

图 5　中国银行业 2010 年 12 月末资产结构分布

资料来源：银行业监督管理委员会。

从机构类型看，2010 年资产规模较大的依次为：大型商业银行、股份制商业银行、农村中小金融机构和邮政储蓄银行，占银行业金融机构资产的份额分别为 49.2%、15.6%、14.9%。城市商业银行和城市信用社、股份制商业银行、农村中小金融机构和邮政储蓄银行、非银行金融机构、外资银行资产份额比上年分别上升 1.06、0.78、0.60、0.24、0.13 个百分点，大型商业银行、政策性银行及国家开发银行资产份额分别下降 2.11、0.71 个百分点。虽然我国大型商业银行仍在市场中占有半壁江山，但其高度垄断格局在逐步被打破，其他银行业金融机构尤其是股份制商业银行在快速发展并拥有一定的竞争实力。

（2）银行业存贷款结构。根据银行业监督管理委员会和人民银行的统计数据，由于金融危机的影响，2009 年银行业存贷款规模上升速度明显加快，到 2010 年由于通货膨胀等因素而增速有所放缓。截至 2010 年底，各项存款余额 73.3 万亿元，比年初增加 12.1 万亿元，同比增长 19.8%，增速较去年降低了近 8 个百分点。其中，居民储蓄存款余额 30.7 万亿元，比年初增加 4.2 万亿元，同比增长 16.0%；企事业单位存款余额 25.3 万亿元，比年初增加 2.9 万亿元，同比增长

12.7%。同期各项贷款余额为 50.9 万亿元，比年初增加 8.4 万亿元，同比增长 19.6%。其中，按贷款期限分，短期贷款余额 17.1 万亿元，比年初增加 2.0 万亿元，同比增长 13.1%；中长期贷款余额 30.5 万亿元，比年初增加 7.0 万亿元，同比增长 29.5%。票据融资余额 1.5 万亿元，比年初减少 9034 亿元，同比减少 37.8%；委托及信托贷款余额 6355 亿元。

表 11　贝恩的市场结构分类

市场结构	CR4 指数
寡占 I 型：极高寡占型	75%以上
寡占 II 型：高集中寡占型	65%~75%
寡占 III 型：中（上）集中寡占型	50%~65%
寡占 IV 型：中（下）集中寡占型	35%~50%
寡占 V 型：低集中寡占型	30%~35%
竞争型	30%以下

资料来源：杨公仆、夏大慰主编：《产业经济学教程》，上海财经大学出版社，2002 年版。

（3）银行业集中度结构。最常见的衡量银行业结构的指标是银行集中度，它反映的是大银行与小银行的相对规模，银行集中度高意味着大银行在经济中的相对份额高；反之，意味着分散的中小银行相对份额高。本文使用 CRn 指数来衡量银行业集中度。CRn 指数是某特定市场中规模最大的前 n 位企业的产值、产量、销售量、销售额、资产总额等指标累计值占整个市场相应指标总值的比重。CRn 能较好地反映市场集中程度，即在 n 值一定的状况下，其值越大表示市场集中程度越高，市场支配势力越大，竞争程度越低。依据 CRn 指数，一些学者对垄断竞争程度不同的市场结构进行了分类。其中，贝恩的市场结构分类最具代表性。

由表 12 我们发现，我国银行业在 2005~2009 年间的存款集中度和贷款集中度总体上都呈较为明显的下降趋势，说明我国原来的国有商业银行高度垄断格局在逐步有所改变，其他银行业金融机构尤其是股份制商业银行在快速发展并拥有一定的竞争实力。

根据贝恩的市场结构分类标准，我国银行业 2005~2010 年间的存款集中度和贷款集中度出现了等级变化，2009 年两个集中度分别属于

表 12　我国银行业的 2005~2010 年存款集中度和贷款集中度

年份	存款 (亿元)	贷款 (亿元)	银行业总存款 (亿元)	银行业总贷款 (亿元)	存款集中度 CR4 (%)	贷款集中度 CR4 (%)
2005	167073.3	102303.9	300208.6	206838.5	55.65	49.46
2006	190478.3	114575.1	348015.6	238279.8	54.73	48.08
2007	211438.1	129510.1	401051.4	277746.5	52.72	46.63
2008	248985.9	140310.8	478444.2	320128.5	52.04	43.83
2009	319552.7	193434.3	612006.4	425596.6	52.21	45.45
2010	366479.8	226423.1	733382.0	509226.0	49.97	44.46

注：存款集中度和贷款集中度的分母数据的统计口径包括政策性银行、国有商业银行、邮政储蓄机构、其他商业银行、城市合作银行、农村信用社、城市信用社、外资银行、信托投资公司、租赁公司、财务公司等金融机构；四家国有商业（中国工商银行、中国银行、中国建设银行及中国农业银行）银行各年度的存款和贷款总额由其资产负债表整理得到。

资料来源：中国银行业监督管理委员会和历年《中国金融年鉴》。

贝恩市场结构分类里的寡占 III 型和寡占 IV 型；截至 2010 年两个集中度都有所下降，皆为寡占 IV 型。而在 1989 年时，我国银行业存款集中度和贷款集中度分别高达 93.7% 和 89.0%，目前我国银行业结构总体上已从最初的"大一统"的寡占 I 型（极高寡占型）市场结构转变为垄断层级稍低的市场结构，总的趋势在向着更有竞争性的市场方向发展。

2. 非银行金融机构

（1）非银行金融机构的发展。在西方国家，非银行金融机构主要指契约型储蓄机构和投资性金融中介机构，其中，契约型储蓄机构包括保险公司（人寿保险、财产和灾害保险）和养老基金（私人养老基金、公共养老基金），投资性金融中介机构包括互助基金（股票债券互助基金和货币市场互助基金）和金融公司（Mishkin，2000）。非银行金融机构在过去 30 年间获得了快速发展，这使得各国金融体系客观上呈现出"再中介化"趋势（Allen and Gale，2000；Allen and Santomero，2001；Schmidi et al.，1999）。从 20 世纪 60 年代以来，各国金融系统出现了所谓"非中介化"（即"脱媒"）趋势，大量的原先以银行为基础、带有浓厚关系型色彩的金融活动转向"保持距离型"（arm's length）交易，但在金融创新日益活跃、金融市场参与成本日趋提高的背景下，以投资基金、养老基金和保险基金等为代表的非银行金融机构发展快速，增强了金融中介在金融运行中的作用。

就我国而言，目前的非银行金融机构包括信托投资公司、融资租赁公司、财务公司、证券公司、保险公司以及共同基金公司等。截至2010年底，我国已有63家信托公司，107家企业集团财务公司，4家消费金融公司，17家金融租赁公司，4家货币经纪公司，13家汽车金融公司，9家贷款公司以及37家农村资金互助社。截至2010年年末，由中国银监会监管的非银行金融机构总资产达到20896亿元，较2003年和2009年分别增长了56.5%和34.8%，2010年其占银行业金融机构总资产的2.2%，较上年提高了0.3个百分点。

（2）影子银行体系。影子银行体系（The Shadow Banking System），又称为影子银行或影子金融体系，一般是指那些行使着银行功能却不受监管或少受监管的非银行金融机构，包括其开发的金融工具、产品与交易市场。影子银行的产生使得传统上由银行系统承担的融资功能逐渐由金融衍生工具的投资功能所替代，属于银行业务的证券化活动。就国际市场而言，构成影子银行体系的主要机构包括投资银行、对冲基金、私募股权投资、结构性投资工具（Structured Investment Vehicle）、货币市场基金，工具和产品包括担保债务凭证（CDO）、信用违约互换（CDS）、资产支持商业票据（ABS）和再回购协议（RP或Repo）等。

在我国金融市场中，虽然当前并未形成类似于发达国家那样的影子银行体系，但也在某些方面初现端倪，其在金融结构中的潜在影响也不容小视。主要以影子银行产品为主，如（阳光）私募股权基金、证券投资基金、券商集合理财产品、信托产品、保险产品和银行理财产品等。据统计，仅就银行理财产品的信贷类和组合管理产品这两类影子银行产品而言，2010年前10个月投放规模的保守估计量和乐观估计量分别为2.38万亿元和4.26万亿元，分别约占计划新增投放信贷规模7.5万亿元的32%和56%，这对央行货币政策目标的制定和实现会产生重要影响。我们也要看到，目前我国的这些产品与国际上的影子银行体系概念有所不同，基本上处于受监管状态，只是存在监管分散，缺乏统一协调的问题，尚待从系统性风险视角来改善对影子银行产品进行宏观监管的效能。

（二）金融市场

金融市场可以根据所交易的金融产品差异进行细分，也可以根据金融产品期限分为货币市场和资本市场两大类，一般的，被视为经济晴雨表的资本市场更容易受到关注。

1. 股票市场

（1）股票市场发展现状。以 2005 年的股权分置改革为起点，我国股票市场发展速度明显加快。截至 2011 年 3 月，我国股票市场共有境内上市公司（A 股、B 股）2151 家，其中 B 股上市公司 108 家。总市值由 2005 年的 3.2 万亿元猛增至 2010 年的 26.54 万亿元，大约增长了 8.3 倍；流通市值已达 19.3 万亿元，比 2001 年和 2005 年增加 13.1 倍和 17.9 倍；投资者开户数也达到 1.87 亿户。

表 13 股票市值与 GDP 比率

年 份	GDP（亿元）	市价总值（亿元）	流通市值（亿元）	总市值/GDP（%）	流通/GDP（%）
2001	95933	43522.19	14463.16	45.37	15.08
2002	102398	38329.12	12484.55	37.43	12.19
2003	116694	42457.72	13178.52	36.38	8.56
2004	159587	37055.57	11688.64	23.22	5.78
2005	183957	32430.28	10630.51	17.63	11.94
2006	209407	89403.89	25003.64	42.69	37.74
2007	246619	327140.89	93064.35	132.65	15.04
2008	300670	121366.44	45213.9	40.37	45.10
2009	335353	243939.12	151258.65	72.74	65.50
2010	397983	265422.59	193110.41	66.69	48.52

资料来源：《中国金融年鉴》（2009），中国证监会，国家统计局。

从表 13 所反映的股票市值与 GDP 的发展变化情况来看，2005 年后股票市场发展开始加速，股票市值在 2007 年达到峰值，而后在 2008 年受金融危机影响降至峰值的 37%，在最近两年一直处于恢复期。股权分置改革后 5 年间，上海和深圳两个交易所也取得了显著发展。上交所日均交易量由 2005 年的 86 亿元猛增至 2010 年的 1420 亿元，增幅更高达 17 倍。深交所先后推出了中小板和创业板，上市公司增加到 1150 多家。值得一提的是，2009 年在深圳证券市场 IPO 家数居全球第一位，2010 年上半年，深圳证券市场 IPO 家数和融资额均位居全球资本市场首位。国际金融危机后的 2009 年和 2010 年，沪深两市筹资总额分别达 4609.5 亿元和 10275.2 亿元，其中 A 股首次发行筹资分别为 1879 亿元和 4882.6 亿元，A 股通过公开或定向增发、配股、权证行权再筹资分别为 2015.5 亿元和 4072.4 亿元。由此可见，在遭受金融危机严重冲击的全球证券市场中，沪深两市的筹资能力表现相当优异。

（2）股票（证券）市场结构变化。整体上，在进一步发展和整合主板市场和中小企业板块的同时，随着 2009 年创业板的起航，我国多层次的资本市场体系初步形成。这有助于改善企业的融资结构，也有助于满足投资者的多样化投资需求。从证券市场的供给和需求方面看，其主要特征表现为：

1）上市公司的结构体现出动态优化的过程。2006 年以来，伴随着新一轮牛市的风起云涌，国有大型企业的上市加快，一系列国内各行业中的佼佼者纷纷登录国内主板市场，成为国内外机构投资者青睐的投资对象。这些大型国企的上市，为国内证券市场提供了业绩稳定优异的蓝筹股群体，强化了市场基础。正是由于这种资本市场和实体经济的相互推进作用，上市公司结构对当前我国经济中公司结构的代表性有所加强。截至 2010 年 11 月，在 2026 家上市公司中，各行业在总市值的构成中占比由高到低如下：制造业（35.42%）、金融和保险业（25.44%）、采掘业（15.65%）、交通运输和仓储业（4.39%）、信息技术业（3.74%）、房地产业（3.57%）、批发和零售业（2.74%）、电力煤炭和水生产与供应业（2.69%）、建筑业（2.17%）、社会服务业（1.45%）、综合类（1.36%）、农林牧渔业（0.9%），以及传播与文化产业（0.47%）。

2）发行规模的区域分布。2010 年前 11 个月证券发行总规模由高到低的区域分布是：华北（27767.87 亿元）、华东（6004.77 亿元）、华南（3062.63 亿元）、华中（1466.81 亿元）、西南（1342.22 亿元）、西北（1188.21 亿元）、东北（984.48 亿元）。

细分到省和直辖市的话，发行额最高的是北京，达到全国总发行额的 62.66%；广东和上海以很大差距位列其后，分别为 2294.87 亿元和 2084.51 亿元；发行额最少的 5 个省份中，西北就占了三席，分别是宁夏回族自治区（33.75 亿元）、青海（81.70 亿元）和甘肃（119.28 亿元）。

3）证券市场的品种结构得到改善。证券市场中各券种的市值和成交额在近 10 年间的变化如表 14 所示。不论从市值还是成交额的角度，股票在证券市场中一直处于主导地位，但 2005 年后其他证券的市值增长达到 18.8 倍，超过了股票市值增长速度。从各年累计成交额来看，股票和基金都因 2008 年金融危机而减少，债券成交量则在 2006 年之后呈逐年上升趋势。

表 14　证券市场证券市值和券种交易构成

单位：亿元

年份	股票总市值	其他证券规模	A 股累计成交额	B 股累计成交额	基金累计成交额	债券累计成交额
2001	43522.20	21679.13	33242.04	5063.14	2561.87	20417.75
2002	38329.13	29691.45	27142.04	848.41	1166.61	33275.53
2003	42457.71	41060.17	31269.97	845.30	682.64	62136.13
2004	37209.23	54291.07	41576.20	757.76	480.53	50323.49
2005	32430.15	75151.18	31099.38	565.40	773.13	28367.87
2006	89403.52	93541.35	89217.09	1251.80	2002.65	18279.35
2007	327140.02	145479.99	454771.30	5784.95	8620.09	20667.25
2008	121366.44	163154.29	265890.42	1222.23	5831.04	28601.47
2009	243939.12	197405.76	533889.40	2097.37	10340.02	40181.67
2010	265422.59	226914.78	543465.92	2167.63	8996.44	72066.23

注：其他证券包括：基金、债券与期货。
资料来源：WIND 资讯。

随着股指期货的推出，资本市场已经形成了现货市场和期货市场并存的市场层次结构，以及股票、债券、基金、权证等多元化并存的市场品种结构。这不仅为投资者提供了多样化的投资工具，同时也为金融现货产品和衍生产品的发展创新打下基础。

4）证券市场中机构投资者力量继续上升。我国以证券投资基金为代表的机构投资者迅速成长，尤其是 2006~2007 年间，各类机构投资者争相入市，目前已经形成包括基金、券商、三类企业（即国有企业、国有资产控股企业和上市公司）、社保基金、保险资金、QFII 等各类机构投资者多元并存，竞相发展的格局。截至 2010 年底，机构投资者持股市值占比已经达到 41%。

（3）股票市场结构存在的问题。

1）实质性多层次市场结构仍然存在缺陷。创业板市场的设立，为中小型创业企业提供了公开发股上市的重要通道，是完善中国多层次资本市场的重要步骤。但现行的创业板在发行审核程序、监管规则和市场交易规则等方面，仍然基本沿用了主板市场基础性制度架构，并没有出现太大突破。从本质上讲，创业板市场仍是以 A 股为基础的交易所集中竞价市场的组成部分，还没有成为交易规则具有实质性差异的另类股票发行上市交易的市场。与海外成熟的资本市场相比，其在基础性制度方面仍然需要进一步完善。

2）新股发行制度过于行政化。一级市场新股发行制度过于行政化，以及不尽合理的申购机制，是我国股票市场上新股溢价上市的重要原因。在我国总体储蓄仍然不断攀升的格局下，只要一级市场的无风险收益继续存在，大量资金参与新股发行的局面就很难在短期内改变。而新股发行的总量控制，仅仅依靠内部分配结构的调整不能满足广大中小投资者的申购愿望，而且容易导致二级市场的市盈率偏高，给二级市场投资者带来更大风险，并导致市场投机行为过多以博取价格波动利得。

3）市场化约束机制不健全，市场供求难以合理平衡。在国外成熟市场，当市场低迷时，资本约束会发生作用，市场主体通常会根据市场运行变化来自行调整发行规模和节奏。但我国资本市场是一个"新兴加转轨"的市场，市场化约束机制尚不健全。企业融资的愿望仍然强烈，很多公司希望发行上市；同时，市场对新股的投资意愿也很强烈，不断有大量的资金追逐新股。因此，合理平衡市场供求关系和有序调节融资节奏，将继续成为我国股票市场发展完善的政策出发点。

4）上市公司质量与治理有待提高。上市公司是资本市场的基石。由于最初绝大多数上市公司是由国有企业剥离优质资产组成的，我国资本市场中的上市公司具有国有股占多数的特殊股权结构，而许多民营背景的上市公司又多脱胎于传统家族企业。因此，受体制性、机制性因素和惯性思维等多方面的制约，上市公司造假、大股东挪用上市公司资金、治理不规范、违规信息披露等行为时有发生，这些仍是目前困扰资本市场健康发展的一个突出问题。

5）市场短期行为普遍存在。虽然机构投资者力量在增长，但我国个人投资者数量巨大，且风险识别和承受能力较差，容易靠所谓的"内部消息"来被动"跟风"。而市场中机构投资者仍在成长初期，相互竞争压力大，也缺乏长期性的投资策略，短期投机行为增大了市场的波动性。甚至有些市场机构投资者操纵股票的交易价格和交易量，制造内幕交易与各种假象，误导其他投资者盲目跟风，追涨杀跌，使市场失去公平与公正，不仅破坏了证券市场的良性运行，也给社会增加了不稳定因素。

6）内幕交易问题不断出现。内幕交易是我国证券市场监管面临的一个难题。作为"新兴加转轨"的市场，由于制度不健全、市场主体法制意识淡薄、利益驱动强、形式隐蔽，以及信息传递和决策链条长等因素，导致我国证券市场主体对内幕交易的违法和违纪后果重视不够，有的甚至成为隐性贿赂的方式。另外，一些投资者投机意识相对较重，经常主动打探内幕信息，也导致了不健康股市文化的形成，客观上又加重了内幕交易造成的影响。

7）证券市场产品结构与种类需要丰富。从欧美等金融市场看，金融创新过度与监管不力是这次金融危机的一个直接诱因。危机之后，欧美发达国家都在进行金融改革和制度修正，试图在保护市场发展、增强市场活力与强化市场监管、降低系统风险之间寻求平衡。就中国这样的直接融资还不发达的新兴市场整体而言，面对的主要问题仍是创新能力相对不足、缺乏核心竞争力和持续发展能力。我国的资本市场还需要不断探索以市场为导向的创新机制，稳步发展符合经济发展内在需要的产品和服务，增强创新活动对经济发展的支持力度。

2. 债券市场

（1）债券市场结构现状。目前我国债券市场体系包括银行间市场、交易所市场和柜台市场，其中银行间市场在债券市场结构中占据绝对主导地位。

截至 2010 年 11 月末，中央国债登记结算公司最新统计数据显示，中国债券市场 11 月末本币债券托管量为 20.18 万亿元，托管债券 2305 只，总市值 20.23 万亿元。其中银行间债市托管金额 18.89 万亿元，交易所债市托管金额 0.28 万亿元，柜台市场托管金额 0.17 万亿元，其他 0.83 万亿元。从图 6 可看出，银行间债券市场在债券总托管量中占比高达 93.61%，交易所市场的债券托管量仅占 1.39%，柜台市场占 0.84%，其他方式托管的债券占 4.16%（见图 6）。

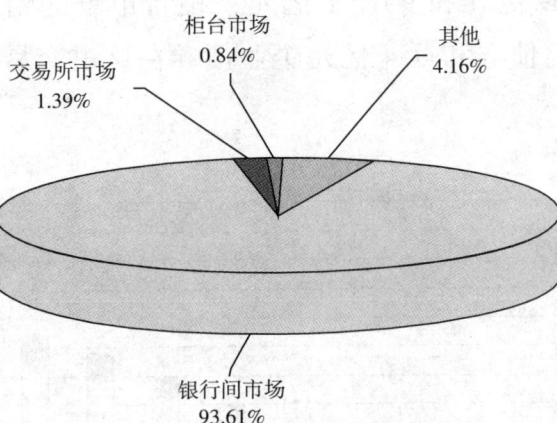

图 6　中国债券市场债券托管量占比
资料来源：中央国债登记结算公司，数据截至 2010 年 11 月。

表 15 是 2009 年末各个债券种类托管量在各市场的分布，银行间市场集中主要券种的绝大部分债券。从图 7 呈现的银行间债券组成发展趋势来看，央行票据、金融债券、短期融资券、资产支持证券、中期票据和次级债等近年来出现的新券种，均在银行间市场交易，而且增长迅速。

表 15　2010 年末债券各市场分券种托管量

单位：亿元

	银行间	交易所	柜台	其他	合计
政府债券	61573.06	1977.09	1712.84	1365.31	66628.30
央行票据	37099.72	0.00	0.00	3809.11	40908.83
金融债券	56889.94	0.00	0.00	2466.00	59355.94
企业债券	12897.42	901.41	4.03	708.24	14511.10
短期融资券	6530.35	0.00	0.00	0.00	6530.35
资产支持证券	169.89	0.00	0.00	12.42	182.31
中期票据	13536.00	0.00	0.00	0.00	13536.00
集合债券	55.12	0.00	0.00	0.00	55.12

	银行间	交易所	柜台	其他	合计
外国债券	40.00	0.00	0.00	0.00	40.00
合计	188791.50	2878.50	1716.87	8361.08	201748.00

资料来源：中央国债登记结算公司。

交易所市场和柜台市场券种单一的状况没有发生大的改变，其中交易所市场的券种以政府债券和非金融企业债务融资工具为主，2010年分别为1977.09亿元和901.41亿元；柜台市场的情况类似，分别有1712.84亿元政府债券和近4亿元企业债券在这里交易。

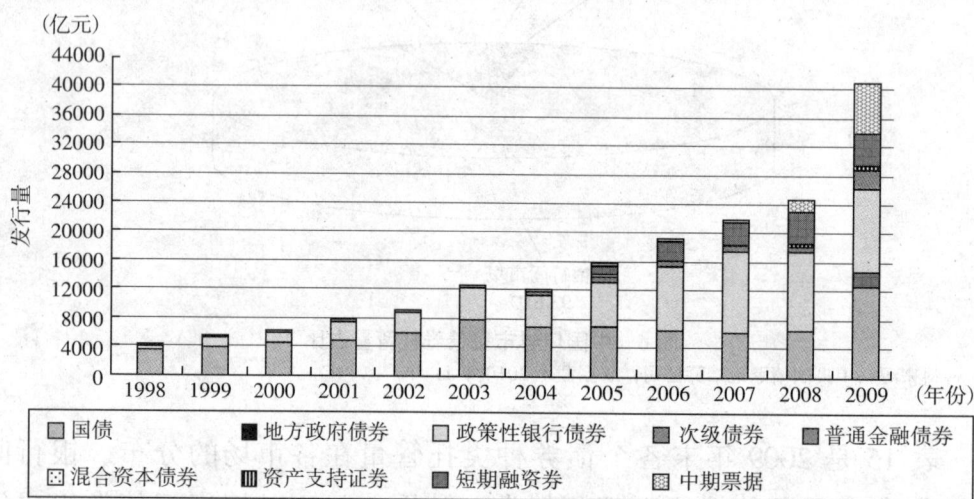

图7　1998~2009年银行间债券市场主要债券品种发行量变化情况

资料来源：中央国债登记结算有限责任公司。

2009年11月中国银行间市场交易商协会《银行间债券市场中小非金融企业集合票据业务指引》的发布和首批中小非金融企业集合票据的推出，标志着非金融类中小企业的直接债务融资取得了进展。这是破解中小企业融资难题的一次有效探索，通过精心的制度设计，既缓解了中小型单一企业发债规模小、信用等级低、价格高、流动性差的问题，又为投资者提供了较为有效的保护机制。

（2）债券市场体系存在的主要问题。

1）非金融类企业债券发展滞后。目前我国非金融企业在国内债券市场的融资并不顺利，企业债券市场与经济发展的规模相比较小，这种数量结构与国外成熟市场有明显差距。原因主要有以下几个方面：

首先，市场监管部门对企业债券发行主体实行严格限制，因而发债主体以大型国有企业为主，而在间接融资处于不利局面的民营企业在发企业债券的方面受到进一步制约。其次，我国企业债券市场上发行的大部分债券本质上类似于中央政府机构债券和地方政府的市政债券，这被称为企业债券在发行上的"非企业化"现象。受我国现有有关政策的影响，目前企业债券市场的发行主体大多集中分布在交通、能源等垄断性较高的基础性行业。另外，就企业债券本身而言，债券期限过短，能够在二级市场流通的时间过短，造成短期内大量兑付需要，从而弱化了投资者的交易动机，也不利于债券的转手流通。而且，企业债券在二级市场的表现不仅无法与股票市场相比，在换手率等方面也不如其他债券品种。最后，市场监管分别涉及发改委、证监会和人民银行等部门，这在一定程度上也造成了低效率行政影响，多头或重叠监管并不利于企业债券整体市场的长远发展。

2）场外市场参与主体类别过于狭小。债券市场包括场内和场外两种市场形态。发达国家债券市场的特点是尽管市场形态分为场内和场外，而且后者规模更大，但并不禁止特定发行人和投资群体的进入。场外市场交易为主的发展模式是债券市场发展的国际经验。但我国的场外债券市场的主体——银行间债券市场（实质上也是一种场内市场），最初是由人民银行组建并且主要为商业银行和非银行金融机构间进行债券交易服务的，商业银行机构至今仍然是这一市场的投资主体。债券发行人最初仅包括政府、中央银行和金融机构，后来才逐渐增加非金融企业债券融资工具。

3）场内市场出现萎缩趋势。尽管从世界范围来看交易所市场不是债券市场的主要组成部分，但由于我国拥有广大的债券投资群体，在非金融企业和个人投资者被限制进入银行间债券市场的情况下，交易所市场就成为社会投资者进行债券投资的一个设施和机制均相对完备的交易场所。图8揭示了我国交易所市场发展的实际情况，就绝对量角度而言，近年来我国交易所市场的债券存管量和交易量则出现了萎缩的趋势。主要原因还在于体制性问题。第一，金融债、央行票据、多种企业债务融资工具不在交易所市场发行和上市，限制了交易所市场券种和债券存量的增加，投资者缺少足够的可投资债券。第二，债券交易的交易量主要来自大宗交易，而商业银行等大宗交易主体不进入交易所市场，极大地限制了交易所市场的活跃程度。第三，自 1997年商业银行退出交易所市场后，交易所和银行间债券市场形成相对分割的局面，导致我国债券市场缺乏统一互联和监管。第四，多头监管、发行、上市审核相分离，也使得交易所债券市场缺乏统一的发展规划。

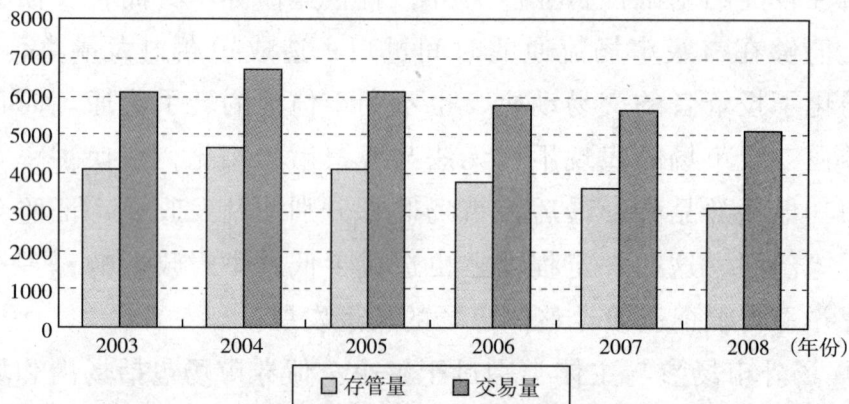

图 8 交易所债券市场的债券存管量和交易量
资料来源：中国证券登记结算公司，上海证券交易所，深圳证券交易所。

4）债券市场分割，跨市场交易效率偏低。我国债券市场中跨市场发行和交易的国债和企业债券数量逐渐增加，为投资者提供了跨市场交易的机会。由于银行间市场、交易所市场和柜台市场受到不同部门的监管，采用的是不同的交易机制，投资者群体也有很大差异，因此同一证券在不同市场间很可能出现价格差异，这为债券投资者进行跨市场套利提供了机会，但由于银行间市场和交易所市场分别采用不同的托管和结算系统，使得债券的跨市场交易效率受到严重影响。

3. 货币市场

我国对货币市场的定义是：到期期限在 1 年以内的短期资金市场。这是基于我国货币市场与资本市场金融工具在期限上的区别而定的。在金融实践中，各国对货币市场的界定会根据金融产品发展的实际状况而有所不同。美国的货币市场包括短期国债、商业票据、大额可转让存单以及货币市场基金等货币市场工具的发行和流通市场。英国通常将货币市场定义为拆借期限为 1 到 7 天、3 个月或 1 年内的借贷活动市场。加拿大对货币市场定义则更为宽泛，其货币市场还包括 3 年以内到期的所有联邦政府债券和联邦政府担保偿还的债券市场。

（1）我国货币市场发展概况。近年来我国货币市场在规模和结构上都取得了很大提升。从规模上讲，货币市场交易量从 1998 年的 1.56 万亿元上升到 2009 年前三季度的 135.48 万亿元。我国货币市场的相对规模（交易量与 GDP 比值）已经增长了 34 倍（见图 9）。

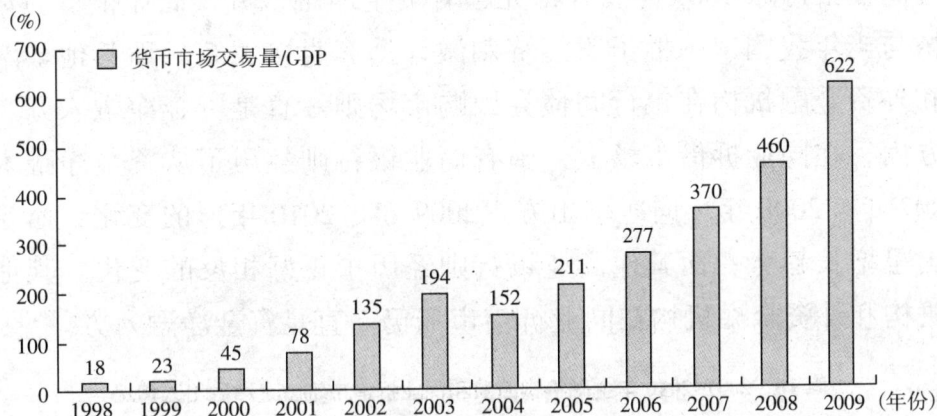

图 9　我国货币市场的相对规模

注：2009 年数据截至第三季度。
资料来源：中国经济信息网（http://www.cei.gov.cn）统计数据库。

从结构的角度，货币市场各子市场的格局在近 10 年间发生了显著的变化。1998 年银行间债券市场和票据市场规模相当，交易量均占我国货币市场的 47%，而同业拆借市场占比却是 6%。到 2009 年第三季度，银行间债券市场已经成为我国货币市场最重要的子市场，交易量占比达到 71%，票据市场规模相对减少，交易量占比降为 19%，同业拆借市场占比为 10%。银行交易商市场的不断壮大为央行的公开市场业务提供了市场基础，成为货币政策传导的重要载体。在同业拆借市场上，基于银行间同业拆借市场形成的基准利率 SHIBOR，作为货币市场基准利率的地位得到不断发展和巩固，推进了利率市场化建设。

（2）回购协议市场和同业拆借市场。货币市场回购交易量平稳增长，拆借交易大幅增加。2010 年前三季度，银行间市场回购累计成交 65 万亿元，日均成交 3458 亿元，日均成交同比增长 22.4%；拆借累计成交 20.3 万亿元，日均成交 1077 亿元，日均成交同比增长 48.4%。从期限结构看，市场交易短期化趋势较为明显，回购和拆借隔夜品种的交易份额分别为 80.0%和 87.7%，分别比上年同期上升 3.0 个和 4.9 个百分点。交易所市场国债回购累计成交 4.5 万亿元，日均成交同比增长 82.6%。

表 16 显示了货币市场融资结构动态变化。一方面，2007~2010 年第三季度，国有商业银行一直是银行间债券回购市场的资金净融出方。其他商业银行除 2009 年以外都充当着资金净融入方，商业银行的资金充裕与当年我国"一揽子"经济刺激计划有直接关系。而其他金融机构和外资金融机构在银行间债券回购市场则一直是资金净融入方。另一方面，在同业拆借市场上，国有商业银行则经历了从资金净融入方（2007 年、2008 年）向净融出方（2009 年、2010 年）的变化，而且净融出呈增长趋势；而其他商业银行则经历了正好相反的变化。其他金融机构和外资金融机构在同业拆借市场仍一直是资金净融入方。

表 16　2007~2010 年金融机构回购和同业拆借市场资金净融出入情况

单位：亿元

金融机构	回购市场				同业拆借			
	2007 年	2008年	2009年	2010年	2007年	2008年	2009年	2010年
国有商业银行	−132639	−136684	−254127	−182021	11031	24597	−17539	−22842
其他商业银行	9899	12690	−8636	70866	−28619	−35809	4367	6791
其他金融机构	88364	92373	232790	84319	10868	2540	7030	13313
证券及基金公司	15175	33836	94468	57981	7670	2916	1739	2274
保险公司	31055	26538	40327	10414	—	—	—	—
外资金融机构	34376	31621	29973	26835	6720	8672	6142	2738

注：本表其他金融机构包括政策性银行、农信社联社、财务公司、信托投资公司、保险公司、证券公司、基金公司及其他机构。负号表示净融出，正号表示净融入。2010 年的数据截至第三季度。

资料来源：中国人民银行。

这些变化说明了宏观政策调整过程中具有结构性效应。在适度宽松的流动性格局下，2010 年第三季度的市场融资结构呈现以下特点：①国有商业银行同业净拆出资金规模大幅增加。随着国际金融危机对我国金融市场的影响逐步减弱，银行间市场信用拆借交易日趋活跃，2010 年前三季度国有商业银行同业净拆出资金规模同比增长 35.4%。②其他商业银行由上年同期净融出转为净融入。受加强资产负债管理以及资产持续扩张较快等多因素影响，前三季度其他商业银行净融入资金为 7.8 万亿元，同比增加 8.0 万亿元。③非银行金融机构的资金需求明显减少。受国内股票市场波动加剧以及各方面不确定因素增多等影响，非银行金融机构的交易行为趋于谨慎，融资需求同比下降较多，证券及基金公司、保险公司前三季度净融入资金同比分别下降 23.4% 和 67.5%，保险公司资金需求下降与其保费收入增长较快也有很大关系。

（3）票据市场。从表 17 可看出，近年来我国票据业务发展迅速，市场规模不断壮大，具体呈现以下特点：①商业汇票成为企业重要的信用工具和短期直接融资方式。②票据业务已成为商业银行资产匹配、主动性负债管理工具。在我国，票据承兑属于贷款业务，票据融资余额也被央行纳入了信贷规模控制范围，因此，银行可以通过调整票据业务来调整贷款总量和结构。③金融机构对央行资金依赖明显减少，再贴现工具基本淡出了票据市场。

表 17　2000~2010 年我国票据市场发展情况

单位：亿元

年　份	贴现		商业汇票		再贴现	
	累计发生额	期末余额	累计发生额	期末余额	累计发生额	期末余额
2000	7442	3675	6447	1535	2667.00	1256.00
2001	12843	5111	15548	2795	2778.00	655.00
2002	13914	6950	19597	4909	246.00	8.00
2003	27797	12776	45394	8168	1057.00	766.00
2004	34177	14840	47058	10247	227.00	33.00
2005	44481	19574	67508	13837	25.00	2.00
2006	54263	22075	84918	15327	40.00	18.00
2007	58700	24363	101100	10913	138.00	57.43
2008	71000	32000	135000	19000	109.70	—
2009	78000	43000	181000	28000	101.70	87.70
2010	260000	15000	122000	56000	1712.00	—

资料来源：历年《中国金融年鉴》和《中国货币政策执行报告》。

（4）货币市场存在的问题。

1）货币市场交易主体有限。货币市场交易主体较为集中。虽然我国货币市场的参与主体在不断丰富，但从交易量和债券持有的份额上看，市场交易仍然集中在少数商业银行尤其是国有商业银行。由于银行间债券市场中交易和债券持有主要集中于少数大型机构，而且机构投资者存在买卖行为趋同的情况，导致我国货币市场缺乏应有的弹性和缓冲空间，主要商业银行会对货币市场具有较大影响力，不利于市场竞争。货币市场专业中介机构数量也不足。随着参与主体多元化、投资需求多样化，原有的交易模式和信息收集模式已经不能满足参与者的需求，而市场上专门从事信息服务的专业机构（如货币经纪公司）数量不足。目前，大部分国内金融机构对市场上不多的如货币经纪公司一类的专业机构的认可程度也不高。

2）货币市场的交易品种少。货币市场信用工具品种单一。我国货币市场信用工具虽然在品种和结构上有较大发展，但相比于成熟市场，产品工具种类较少，发展层次较低，与市场参与者的需求结构不对称。在债券市场中，企业债、公司债等以企业商业信用为基础的债券品种相对缺乏。尽管近年推出了短期融资券和中期票据等新品种，但以商业信用为基础的债券发行量仅占总发行量的 18.23%。票据市场的业务发展主要依赖银行信用支撑，银行承兑汇票发行量占票据总发行量的95%以上，商业承兑汇票由于资金回收率低、风险性大，难以被交易对手接受，在票据市场上处于被排斥的地位。单一的银行承兑汇票格局，既不利于商业银行规避票据风险，引导企业扩大票据融资，也不利于票据市场的发展和深化。现有的货币市场工具的流动性也相对较差。

3）货币市场运行机制不畅。各子市场发展不平衡，且彼此缺乏联系。在发达市场经济中，货币市场基本上是由各子市场组成的多层次市场体系，而且每个子市场专门经营一种类型的货币市场工具，并为各自的市场主体提供服务；各子市场规模相当，并且均衡而协调地发展。由于我国货币市场发展时间短，除同业拆借市场、回购市场和票据市场以外的大部分市场都处于相对滞后状态，而且每个子市场的二级市场都不发达。各子市场多围绕其一级市场形成一个个相对独立的、基本封闭的市场，资金在各子市场间难以自由流动，形不成一个统一的货币市场体系。市场也缺乏作为统一定价基准的利率机制，目前的SHIBOR 机制还不健全，作用很有限。

4. 基金市场

中国基金业从 1998 年开始起步，经过了 12 年的发展，证券投资基金在中国经济、金融生活中的地位不断上升。

（1）证券投资基金行业发展状况。近年来，中国证券投资基金行业不断发展壮大。表18说明了2010年度各类型基金的情况，截至2010年末，全国基金管理公司61家（其中合资公司33家），管理证券投资基金833只（其中封闭式基金61只，开放式基金772只），基金规模达24302亿份，基金资产总净值为23622亿元。

表18　2010年基金概况

基金类型	基金家数	数量占比 （%）	份额合计 （亿份）	份额占比 （%）	资产净值 （亿元）	占净值比 （%）
股票型	391	46.94	12401.64	51.03	11809.81	50.00
配置型	170	20.41	6602.89	27.17	6565.21	27.79
债券型	121	14.53	1341.61	5.52	1423.47	6.03
现金型	49	5.88	1181.32	4.86	1181.32	5.00
保本型	18	2.16	423.24	1.74	490.32	2.08
封闭式	61	7.32	1410.30	5.80	1526.38	6.46
QDII基金	44	5.28	940.29	3.87	735.68	3.11

资料来源：WIND资讯。

图10呈现的是2010年度各类型基金的资产净值及在整个基金业总净值的比重。股票型基金仍是主要基金类型，但其主导地位较2009年同期（62%）降低了约12个百分点。现金型基金（货币型基金）、配置型基金以及保本型基金较上年同期的比重略有变化（不足1%）。

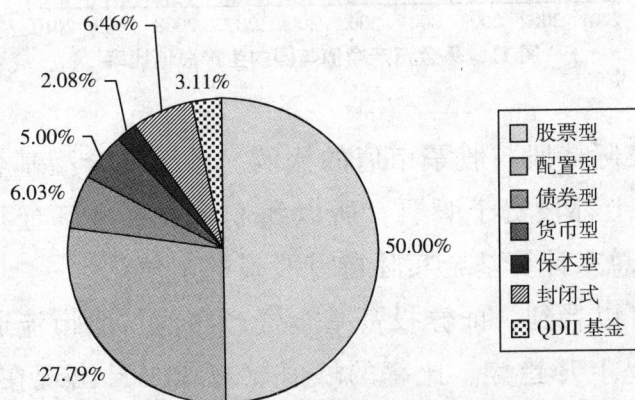

图10　2010年度各类型基金净值占比

资料来源：WIND资讯。

（2）基金市场深度。近年来，我国基金市场的深度在不断扩大。

1）基金净值规模与 GDP 的比例。中国基金资产净值与国民总收入比率在近 10 年间总体呈上升趋势（见图 11）。从 2000 年到 2005 年，这个比率处于平缓逐渐上升的状态；在 2006 年由于股权分置改革等利好的作用，基金业开始发展较快；2007 年资本市场更是蓬勃发展，使得该比率达到峰值 12.73%；而 2008 年金融危机的加剧导致该比率骤降至 6.17%；进入 2009 年，在宏观经济逐渐回暖、股票市场持续反弹的机遇下，基金行业资产管理规模重回 2 万亿元，该比率有所回升。截至 2010 年末，各类型基金的总净值相对 GDP 比例又下降至 6.27%。可以预计，未来随着中国经济的持续稳定增长，基金市场作为财富管理的重要手段，其规模将会进一步扩张。

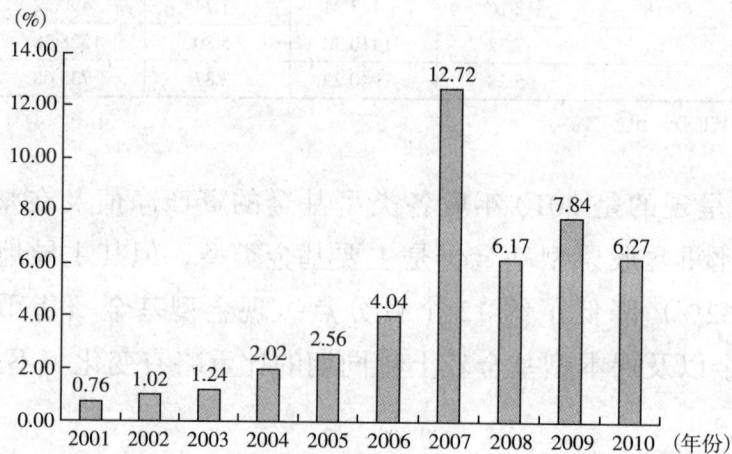

图 11　基金资产净值与国内生产总值比率

资料来源：WIND 资讯。

2）基金实际持股与股票市值的比例。由于混合型基金（配置型基金）有 9 成以上都投资于股票，所以我们将股票型基金和混合型基金的资产净值加总来计算基金实际持有股票的市值。

从图 12 可以看到，证券投资基金资产净值占股市流通市值的比率在 10 年间也呈上升趋势。比率的峰值（26.50%）出现在 2007 年，而 2008 年受到全球金融危机和大小非解禁的影响，比值下滑到 20.37%，到 2010 年末该比值进一步下降为 9.39%。

3）基金资产配置。基金的资产配置情况（见表 19）是考察基金

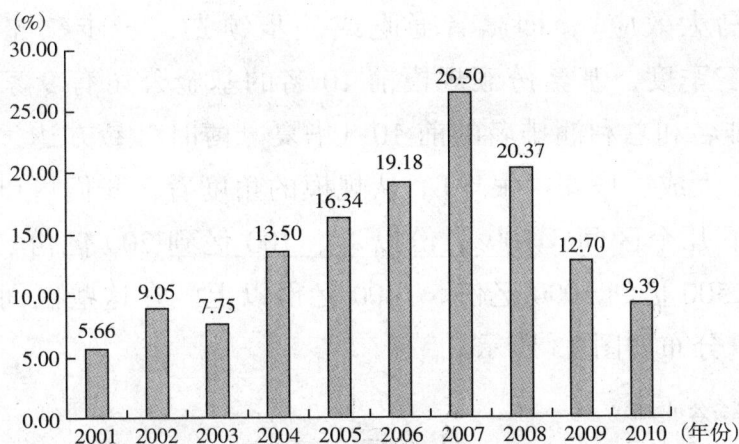

图 12 基金实际持股与股市流通市值比率

资料来源：WIND 资讯。

对金融结构影响的重要方面。2003~2010 年，基金的资产配置并不均衡，基金主要将资产配置在股票和债券，其中 2005 年债券的配置甚至超过了股票，但股权分置改革之后（除了 2008 年，总资产的 46.16%）股票一直是基金最主要的配置品种。2010 年基金在股票的资产配置达到基金资产总值的 70.52%，较上年有所降低；债券在基金总资产的占比达到 12.39%，较上年增加了 1.52 个百分点；现金、基金及其他资产的占比达到 7.46%、3.97% 和 1.26%，分别较上年增加了 2.32 个、0.6 个和 1 个百分点。

表 19 2003~2010 年基金资产配置情况

单位：亿元

年份	股票	债券	基金	权证	现金	其他资产	资产净值	资产总值
2003	1020.71	151.83			24.70		1563.71	1563.71
2004	1596.75	1411.23			177.41	196.11	3111.92	3381.77
2005	1737.10	2164.33		0.15	633.34	321.40	4518.52	4856.10
2006	4796.26	1630.95		33.42	674.55	243.94	8538.67	8909.87
2007	24661.46	3431.82	192.28	84.24	3597.66	1254.79	32755.90	33228.40
2008	9208.19	7042.77	73.50	2.36	2544.05	803.17	19388.67	19947.53
2009	19345.39	2975.44	180.21	2.44	2678.12	1354.46	26760.80	27371.09
2010	18128.46	3184.61	324.89	0.03	1918.33	1021.27	25194.49	25706.22

资料来源：WIND 资讯。

（3）基金市场存在的问题。

1）基金公司分化有所减轻，"马太效应"仍然明显。基金行业一直存在"马太效应"，即赢者通吃或一步领先，步步领先。如截至 2010 年第三季度，基金份额规模前 10 名的基金公司有 9 家分别位列资产净值排名和总利润排名的前 10（华夏、博时、易方达、嘉实、广发、南方、大成、华安、银华）。从规模的角度看，我们可以将基金份额分为以下几个区间：100 亿份以下、100 亿到 200 亿份、200 亿到 500 亿份、500 亿到 1000 亿份、1000 亿份以上。在这些区间上，基金公司的数量分布如图 13 所示。

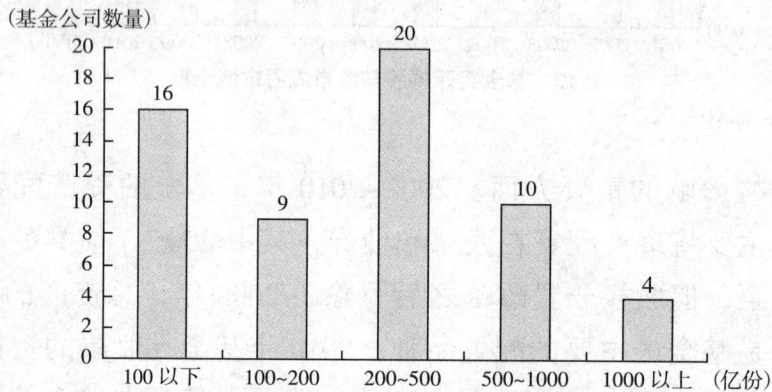

图13 2010 年第三季度基金份额对应公司数目

资料来源：证券时报网，http://fund.stcn.com/。

基金公司的数量在近两年基本没有变化，但从图 13 我们发现，分布在 100 以下和 200~500 两个区间的公司数目较 2009 年第三季度分别增加了 1 家和 5 家公司，而其他三个区间分别减少了 2 家、2 家和 3 家公司。这些变化说明中等规模的基金发展加快，基金业的竞争有所增强。表 20 反映了按基金公司资产净值排名的公司资产规模分布情况，其中，前 10 大公司管理资产规模占全行业资产管理总规模的近一半，反映出我国基金市场的集中度与欧美国家相当。后 20 家的公司资产净值约占总净值规模的 6.33%，较 2009 年 5% 的水平有所上升。但总的来看，目前我国基金业已形成资产规模相对集中，"马太效应"虽有所减弱，但仍明显存在，而且竞争需要进一步加强。

表20 2010 年第三季度基金净值百分比分布

	前 10 名	前 20 名	前 30 名	后 20 名	后 10 名
占资产净值的比重（%）	49.63	71.54	87.10	6.33	1.63

资料来源：证券时报网，http://fund.stcn.com/。

2) 基金持有者以散户为主，资金来源具有较高流动性和不稳定性。中国基金持有者以个人投资者为主。最近 3 年中，个人投资者在账户总数及有效账户总数的比例均达到 99% 以上，个人投资者是绝对主力，而机构投资者账户占比较低，其有效账户不到开户数总额的 1%。这种投资者的结构决定了中国开放式基金的资金来源具有高流动性和不稳定性，不利于为基金管理人实施投资提供持续性保障，基金也被迫过多追逐短期行为。这与国际发达市场有很大的差距。

3) 开放式基金公司具有同质性，加大了市场波动风险。对证券投资基金持仓比例与股票指数涨跌幅度进行相关性分析，说明了中国证券投资基金对股市的影响程度。在我国，股票型基金的仓位常常和大盘指数的走势高度一致，两者的相关系数为正且较大，这说明基金的市场行为加大了股市的波动性，不仅难以起到稳定股市的作用，反而可能产生了推波助澜和降低风险抵御能力的负作用。

5. 保险市场

（1）保险市场的主体。截至 2009 年末，全国共有保险机构 120 家，其中，保险集团公司 8 家，财产险公司 47 家，人身险公司 56 家，再保险公司 9 家，保险资产管理公司 10 家。从保险公司资本结构属性看，中资保险公司 64 家，外资保险公司 48 家，其中，中资产险公司 3 家，中资寿险公司 30 家，中资再保险公司 3 家；外资产险公司 16 家，外资寿险公司 26 家，外资再保险公司 6 家。2009 年新增保险公司 10 家。全国共有省级（一级）分公司 1172 家，比 2008 年增加 232 家。中支及中支以下营业性机构 62653 家。全国共有专业保险中介机构 2445 家，比 2008 年增加 114 家。其中保险代理机构 1822 家，保险经纪机构 350 家，保险公估机构 273 家。

（2）各类市场主体资产分布。从各类机构的资产规模角度来看，2009 年末，全国保险公司总资产共计 33418.44 亿元，比年初增加 4414.52 亿元，其中产险公司总资产 4687.03 亿元，寿险公司总资产 27138.05 亿元，再保险公司总资产 994.45 亿元，资产管理公司总资产 68.46 亿元。各类机构的资产分布如图 14 所示。

从资产的增量变化看，2009 年资产增加速度由快到慢依次是：产

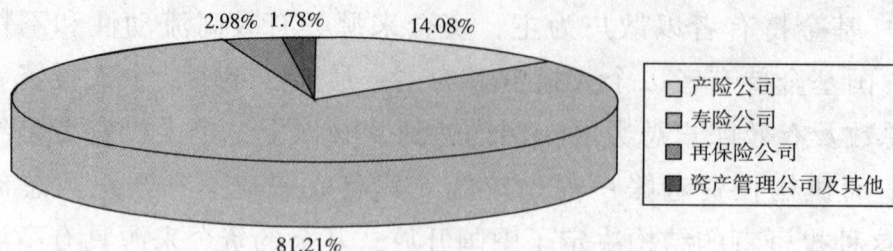

2.98% 1.78% 14.08%

产险公司
寿险公司
再保险公司
资产管理公司及其他

81.21%

图14 2009年末各类保险机构资产分布

资料来源:《中国金融年鉴》(2009)。

险公司(20.78%)→资产管理公司(17.36%)→寿险公司(16.73%)→再保险公司(13.36%)。

截至2010年末,全国保险公司总资产共计50481.00亿元,比年初增加9846.25亿元,是2002年的8倍多,2005年的3倍多,资本金超过4000亿元,是2002年的12倍。

(3)保险资金运用结构。从保险资金运用来看,截至2009年末,保险资金运用余额30552.77亿元,较年初增长了14.34%。其中,银行存款8087.55亿元,占资金运用余额的26.47%;债券17684.17亿元,占比57.88%;证券投资基金1646.46亿元,占比5.39%;股票(股权)2425.36亿元,占比7.94%;投资性房地产86.55亿元,占比0.28%。从增量变化的角度来看,以上保险资金运用领域在2009年增加速度由快到慢依次是:债券(50.47%)→投资性房地产(24.91%)→银行存款(24.11%)→证券投资基金(-34.93%)→股票(-48.57%)。

2009年保险资金的运用主要受到我国宏观政策和其他金融市场发展的影响。例如,在2009年的产险中,农业保险在国家政策支持下同比增长了110%,健康险同比增长了160%。相比之下,车险虽然仍占1/3强,但增势趋缓,占比较2008年下降了1.54%。面对全球金融危机中货币市场和资本市场的急剧变化,多数寿险公司降低了投资型产品的投资规模,使得寿险产品结构进一步优化。同时,中小寿险公司的良好发展也使得市场集中度进一步下降,市场竞争性也得到了明显增强。

2010年前三季度,保险业累计实现保费收入1.1万亿元,已超过2009年全年,同比增长32.0%。保险业总资产也保持较快增长势头,

表 21　2010 年 9 月末主要保险资金运用余额及占比情况

	余额（亿元）		占资产比重（%）	
	2010 年 9 月末	2009 年 9 月末	2010 年 9 月末	2009 年 9 月末
资产总额	47995	37880	100.0	100.0
其中：银行存款	13070	10058	27.2	26.6
投资	31253	24232	65.1	64.0

资料来源：中国保险监督管理委员会。

2010 年 9 月末，保险业总资产达 4.8 万亿元，同比增长 26.7%。表 21 反映的是 9 月末保险资金运用情况，投资类资产和银行存款增长速度呈"一升一降"特点，投资类资产增长 29.0%，增幅同比上升 17.4 个百分点；银行存款增长 29.9%，增幅同比下降 13.0 个百分点。

2010 年，低利率、高通胀导致的负利率对以保险资金为代表的稳健型投资者构成严峻挑战，但我国保险业还是取得了不错的成绩。截至 2010 年末，保险资金运用余额达到 4.7 万亿元，近 6 年保险业年均投资收益率超过了 5%。

（4）区域保险市场。从地区存量市场规模来看，我国保险市场具有区域发展不平衡的明显特征。截至 2009 年末，东部地区保险市场规模超过中西部地区之和，东部 16 省市原保险保费收入 5749.76 亿元，占全国原保险总保费的 58.77%；而中部八省市原保险保费收入 2287.46 亿元，占比 23.38%；西部 12 省市原保险保费收入 1731.89 亿元，占比 17.7%。从区域保费增速来看，中部地区发展最快，增速达到 53.82%，高于西部地区的 45.17% 和东部地区的 32.44%。这说明三大区域的保险市场发展有追赶聚敛的趋势。

从各省份保险收入规模来看，全年保费收入过百亿的省份已达 28 个，比 2009 年增加了 4 个。其中：广东省（不含深圳）实现保费收入 884.16 亿元，江苏省以 775.41 亿元紧随其后，上海、北京、山东、河南、四川、浙江、河北、辽宁、湖北、湖南十省保费收入超过 300 亿元，依次居第三至第十二位；除甘肃、宁波、贵州、厦门、宁夏、海南、青海和西藏外，其他省市保费收入均超过 100 亿元。从各省份保费收入的增长速度来看，最快的地区增长了 63.71%，最低的不足 17%。

三、我国金融体系结构的调整与优化

从以上对我国金融体系结构的总体状况及其主要构成部分的发展变化来看，近年来随着我国经济的快速增长和社会主义市场经济体制改革的继续深化，金融体系的各种资产规模大幅增长，经济货币化与金融深化的程度在不断增加，市场化机制明显增强，这不仅表现在直接融资的金融市场发展较快，多元化、多层次的市场体系逐步建立完善，而且占主导地位的各银行金融机构本身受到市场纪律的约束也愈益强化，金融体系的风险管理水平与创新竞争能力稳步提高，金融服务实体经济的综合能力与效率显著提升。然而，当前我国金融体系仍然存在多种结构性弱点或缺陷，需要进一步调整和优化。

总体而言，一是尽管金融市场有所发展，但银行融资占绝对主导的模式尚未发生根本性变化，金融风险相对集中于银行系统。二是银行系统的结构不合理，全国性银行机构所占的存贷款市场份额一直明显偏高，而主要为中小企业服务的地方中小银行金融机构数量过少，所占的市场份额相对较小，更为严重的是，有些农村地区的金融需求几乎完全被正规的银行金融体系排斥在外。三是金融市场总体发展滞后，创新能力较弱，不同市场之间发展不协调，企业债券市场规模偏小，具有实质性差别的多层次股票市场体系尚不完善。四是在传统的正规金融体系之外，由民间资本主导的非正规金融（也可称之为草根金融或民间金融）也有迅速发展，但监管部门对此类内生性的市场化金融机制不仅缺乏规范引导，而且予以严厉约束甚至打击，使其常游走于规则许可边缘或灰色地带，成为交易成本较为高昂的地下金融活动，最终阻碍了金融体系结构依据市场发展变化的适应性调整。五是金融体系的分业监管结构面临挑战。国际金融危机并未改变全球金融业综合化经营的竞争格局，我国一些金融机构也在尝试转向综合化经营模式，原来垂直集中的、相对严格的分业经营、分业监管结构出现了不适应性，监管真空和重复监管并存，而且与地方金融发展的客观需求状况也存在脱节问题。

　　导致上述金融体系结构性问题的原因是多方面的，既有历史条件的路径依赖与经济发展阶段的客观约束，也有转轨过程中体制机制方面的不健全。要而言之：①政府对金融命脉实行严格控制，强化了全国性大银行，特别是几家国有大银行天然的垄断地位，也决定了我国现有金融体系的基本结构。②金融体系在转轨时期延续了其与国有企业之间的历史联系，承担了支持国有企业改革的主要任务，其自身的改革发展始终未能脱离这一框架，即使在市场纪律约束日益强化的情况下，金融体系仍然偏好将资源过多地配置到国有企业或各级政府主导的项目领域。③政府及金融监管部门对金融稳定的过度追求抑制了地方中小金融和金融市场的发育创新。一些农信社、城信社等地方中小金融机构的经营管理能力偏弱，倒闭破产的风险较大，可能给地方金融、经济与社会稳定带来严重影响；有些地方个别金融机构或市场局部出现危机事件，更增加了金融管理部门对金融稳定的顾虑；尽管我国市场化的金融产品发展非常不足，但国际金融危机则从外部加剧了各界对衍生金融产品的普遍担忧。这些因素导致了相当严厉的金融约束政策，在一定程度上可以说是为了满足短期的安全性而牺牲长期战略性发展，例如，对民间资本采取非常严格的市场准入，对金融业务创新采取严格审批，甚至不惜关闭某些市场等。另外，宏观政策调整也对金融体系的结构状况有明显影响。例如，在国际金融危机的前后阶段，先是为应对金融危机冲击采取超宽松的银行信贷刺激政策，有利于强化银行间接融资的结构；后来为应对通货膨胀采取偏紧的政策，又导致了为规避信贷规模约束的影子银行体系迅速成长。

　　国际金融危机以来，各国金融体系受到深刻的冲击与影响，通过对危机的反思，一些主要国家开始实施大规模的金融立法与监管改革，在立法层面达成共识的基础上，金融监管部门再进一步研究细化各种规则制度，这必将导致其金融体系结构的调整。在积极跟踪和把握全球金融变革的大趋势下，我国更应结合本国经济与金融发展的阶段和结构特征，抓住战略性机遇，稳步推进金融体制的改革深化，积极引导和促进金融体系结构的调整与优化，使其能够更加有效地实现资源配置、管理风险并适应国际竞争。在"十二五"期间，做好我国金融结构的调整与优化应把握以下原则：①金融业在总量规模上保持适度增长，服务于实体经济，而不应脱离实体经济发展的客观需求形成金融经济的自我繁荣。②坚持市场化改革的基本方向，进一步完善市场运行的制度与基础设施，包括建设利率与汇率等核心金融参数的市场化形成机制，促进市场内生性金融服务供给的培育发展。③形成多元、多层、适度分散的金融资源布局，既避免金融机构的高度同质化与风险的过度集中，更有利于提供差别化的金融服务，而且可以较好地发挥地方管理与发展金融业的积极性与本地优势。④金融体系结构要有利于协调市场基础与宏观调控，在经济发展的不同阶段，金融机构与金融市场在贯彻市场原则的同时，能够对国家发展战略、产业政策、财政货币政策等作出适度的反应，与实体经济良性互动。⑤继续拓展金融业对外开放的深度与广度，大型金融机构要具有较强的国际竞争力，主要市场也要具有与国家经济规模相称的国际影响力，金融体系能对"走出去"战略提供更为强劲的支持。

为此，在"十二五"期间，宜从以下方面推进我国金融结构的调整与优化：

（1）继续改革和完善市场制度，场内和场外市场多层次协调发展，显著提高直接融资比重。加快建设一个高效、健全的多层次资本市场体系，不断推进我国资本市场发展的广度和深度，扩大直接融资规模与比重，是资本市场监管部门和各级市场参与者未来发展所面临的迫切任务和挑战。我国多层次资本市场的建设真正起步是从 2004 年中小板开始，2006 年 1 月开始试点"新三板"，2009 年推出创业板市场。多层次资本市场在落实自主创新国家战略，促进经济发展方式转变方面的作用已经初步显现。但是，与广大创新型、成长型中小企业的现实需求相比，与当前加快实施自主创新国家战略，转变经济发展方式的要求相比，多层次资本市场的建设还刚刚起步，其规模还很有限，其实质性功能亟须完善。加快发展中小板和创业板，为更多的创业企业、中小企业融资服务，有利于中国经济结构转型和生产方式转变。未来要加大场外市场的建设力度，场外市场是多层次资本市场的重要组成部分，有助于拓展资本市场的发展空间，深化资本市场对非上市中小企业的服务，可以通过加快发展"新三板"市场，为众多中小创业企业融资服务并积累监管经验研究探索挂牌备案制度、投资者准入制度、交易制度等创新措施，稳步构建投资监管下的统一性场外市场。

（2）重点加快建设统一、开放的债券市场。债券市场作为资本市场的重要组成部分，对于拓展各类企业的直接融资渠道，优化财务结构具有重要作用，应与股票市场协调发展。借鉴国际经验，中国债券市场发展的基本目标应该是建立"统一高效、分层有序、相互补充、协调发展"的较为完善的多层次债券市场体系。宜坚持以银行间债券市场为主体、交易所市场为补充的市场发展取向，积极引导和推动市场创新，完善清算结算、信用评级等市场基础设施建设和监管框架、建立信用风险、流动性风险、利率风险的定价机制与风控机制、完善地方政府融资渠道等方面促进债券市场的创新与发展。同时在债券市场发展的过程中积极防范金融风险，包括完善衍生工具的定价机制，针对目前市场投资需求和风险偏好同质化的倾向，逐步实现发债主体和机构投资者的多元化，进一步加大非金融企业的债券市场融资比重，以避免风险过度集中。适当探索开放地方政府与机构发行适合我国特点的市政债券市场。适当创新适于中小企业融资的债券品种，未来要在中小企业公司债和中小企业集合债的基础上，进一步优化公司债券市场发展的制度安排，积极支持中小企业利用债券市场筹集资金。还应引入合格的国际发行人发行人民币计价债券，同时可面向国内投资者发行外币债券，在推进国内债券市场发展的同时，积极参与亚洲债券市场的各项发展进程，将亚洲债券市场与货币、汇率政策协调相结合，在债券市场开放过程中注重维护金融稳定，使中国债券市场成为亚洲金融市场的核心力量。另外，应该尽快改变我国债券市场目前存在的"五龙治水"局面，建立全国统一的市场监管规则，尽快改变核准发行制度，实施发行备案制，消除监管部门在核准债券发行中的寻租行为和发行人利用监管竞争的套利行为。要贯彻落实《证券法》的相关规定，清除各种非市场化的进入障碍，对债券发行人达到法定资格条件的应允许其在市场发行债券融资。

（3）积极稳妥推进期货与金融衍生品等市场创新，规范发展私募基金市场。大力加强市场基础设施建设，加快金融产品创新，鼓励上市公司发行优先股、附权股证等新型证券，适时推出转融通机制以完善融资融券制度，改善机构投资者收益—风险结构，推动证券公司、基金公司等资产管理机构的产品创新。逐步完善信用风险缓释工具管理，有效管理市场风险。探索发展股票期货和期权及其他证券衍生品交易，完善市场避险机制。大力发展机构投资者，促进基金业良性成长，优化市场的投资者结构，增加市场流动性和促进价格发现。从金融监管环境、金融政策环境、金融信用环境、金融中介服务环境、金融开放环境、金融安全环境等各方面不断进行完善，为股权投资基金提供良好的发展空间。如适当放开金融机构包括商业银行、保险公司、养老金等支持投资私募股权基金的政策限制。鼓励商业银行开展 PE 托管业务、并购贷款业务并以信托方式合法投资于股权投资基金，鼓励证券公司、保险公司、信托公司、财务公司等依法投资或设立股权投资基金和直接投资公司。支持企业年金、社保基金按照有关规定投资合法注册的股权投资基金。出台鼓励政策培育基金管理机构。

（4）在保持金融相对稳定的条件下，适度放宽地方性中小金融机构的市场准入，加快推进主要服务于中小企业的地方性中小银行金融机构的设立。有效发挥地方积极性，进一步充实地方基层金融监管力量，形成中央金融监管部门、地方政府、自律组织、中介机构等共同参与的地方金融监管体系，强化对地方局部金融风险的管理与处置能力。在此前提下，积极引导和规范民间资本进入金融业，充分发挥市场内生性的金融服务供给能力，为数量众多的中小企业提供服务。面对规模庞大且日益增长的中小企业金融服务需求，加快发展地方中小型银行金融机构的时机已经成熟。由于地方中小型金融机构可以充分发挥自身低成本掌握本地企业各种"软"信息的优势，其市场定位与经营特色十分适合中小企业的融资需求。当前要放松对民间资本的市场准入，鼓励因地制宜地大量设立多种形式的地方中小银行业金融机构（包括参与农信社等现有机构的改革），也可以使得民间金融走向"阳光化"。只有通过金融组织体系的创新构造，设立一大批主要定位于中小企业融资服务的中小型银行金融机构，合理地细分市场，真正确立中小企业信用在金融体系中的地位，才是解决我国小企业融资难问题的长效机制。

（5）继续按照分类指导的原则，合理规划政策性金融机构的布局，优化行业和领域配置，推进政策性金融体系的发展与完善。有效区分不同金融业务类型，可以避免同质化风险，改善金融结构的效率，更有利于维护金融稳定。我国经济社会发展仍然存在大量的"瓶颈"领域和战略性项目需求，未来城市化进程中的大量社会领域的融资、公共基础设施建设、保障性住房建设、中小企业金融服务、"三农"领域的发展、支持产业（包括金融业自身）"走出去"竞争、地方信用以及应对大量各种灾害等许多方面，资金需求规模非常庞大，仍然需要设立适当的专业型政策性金融机构来有效解决融资问题，很难将其全部交给市场机制来选择。

（6）完善监管体制结构，提升监管效能。"十二五"规划纲要已经明确提出，要积极稳妥推进金融业综合经营试点，这既是面对未来全球金融竞争的需要，也是适合我国经济与金融发展阶段的客观要求。一方面，经过本轮国际金融危机，尽管全球金融业综合经营出现了一些新的变化，如提高监管的标准和覆盖范围，适当突出核心业务，限制影子银行等，但金融业综合经营的全球基本趋势并没有改变。另一方面，随着我国经济的发展以及社会财富的增加，社会金融需求日益多元化，由简单的"存贷汇"需求向综合金融服务需求转变。就居民来看，随着家庭财富的积累，金融需求的层次发生显著变化，不再仅仅局限于存款和借记卡、信用卡等传统服务，资产管理已经成为高端客户的重要需求。就企业来看，在成长的每一阶段，需要有各种不同层次的金融市场提供支持，金融需求的种类也随着企业成长显著增加，这既包括商业银行，也包括保险、证券等其他金融市场。目前以"一行三会"为基本格局的分业监管结构，面对金融综合化经营的发展趋势，不适应的问题逐步显露。未来在建设较为完整的多层次金融市场体系的基础上，进一步调整和优化监管结构。终结对不同市场的人为分割状况，鼓励跨市场、跨机构的金融产品创新，加速不同金融市场的融合。在现有的专业化机构监管架构下，根据市场的发展和功能化监管的要求，合理划分监管职能，形成适度集中、分工协作的监管局面，避免监管真空与重复监管的并存，提升监管效能。尽快完善立法，加强对金融控股公司的综合经营全过程监督与全面风险管理。

参考文献

1. Allen, F. Gale, D., "Comparing Financial Systems", MIT Press, Cambridge, 2000.

2. Allen, F., Santomero, A.M., "What do Financial Intermediaries do?", Journal of Banking and Finance, 2001, 25: 271-94.

3. Asli Demirguc-Kunt and Ross Levine, "Bank-based and Market-based financial systems; Cross-country comparison", mimeo, World Bank, 1999.

4. Bencivenga V R., "Some Consequences of Credit Rationing in an Endogenous Growth Model", Economic Dynamic Control, 1993, 17(1): 97-122.

5. Black, Stanley, Mathias Moersch, "Financial Structure, Investment and Economic Growth in OECD Countries", in Competition and Convergence in Financial Markets: The German and Anglo-American Models, eds., Stanley Black and Mathias Moersch, New York: North Holland Press, 1998: 157-74.

6. Boot A W., and Thakor A V., "Can relationship banking survive competition", Finance, 2000, 55 (3): 679-713.

7. Boot A W., and Thakor A V., "Financial System Architecture", Review of Financial Studies, 1997, 10: 693-733.

8. Boyd, J., Prescott, E., "Financial intermediary-coalitions", Journal of Economic Theory 38, 1986: 211-232.

9. Diamond, Douglas W., "Financial Intermediation and Delegated Monitoring", Review of Economic Studies, 1984, 51 (3): 393-414.

10. Gerard Caprio, Patrick Honohan, and Joseph E. Stiglitz, eds., "Financial Liberalization: How Far, How Fast?" Cambridge University Press, 2001.

11. Goldsmith Raymond W., "Financial Structure and Development", New Haven, Conn.: Yale University Press, 1969.

12. Hellman, Thomas, Kevin Murdock, and Joseph E. Stiglitz, "Deposit mobilization through financial restraint"; in Niels Hermes and Robert Lensink, eds.: Financial Development and Economic Growth: Theory and Experiences from Developing Countries (Routledge, London and New York), 1996.

13. Holmstrom, B. and J. Tirole, "Market Liquidity and Performance Monitoring", Journal of Political Economy, 1993, Vol. 101, No. 4: 678–709.

14. Karolyi, G. A. and R. M. Stulz. Are Financial Assets Priced Locally or Globally? prepared for the Handbook of the Economics of Finance, George Constaninides, Milton Harris, and René M. Stulz (Eds), North–Holland, 2002.

15. La Porta R. F., Lopez–de–Silanes, A. Shleifer, and R.W. Vishny, "Legal Determinant of External Finance", Journal of Finance, 1997, V52 (3): 1131–50.

16. La Porta, Rafael, Florencio Lopez–de–Silanes, Andrei Shleifer, and Robert Vishny, "Law and finance", Journal of Political Economy, 1998 (106): 1113–1155.

17. La Porta, R., Lopez de Silanes, F., Shleifer, A., & Vishny, R. W. "Corporate ownership around the world", Journal of Finance, 1999, 54 (2): 471–519.

18. La Porta R. F., "Investor Protection and Corporate Governance", Journal of Financial Economics, 2000, V58: 2–27.

19. Mckinnon, Ronald I., "Money and Capital in Economic Development", Washington, D.C: The Brookings Institution, 1973.

20. Rajan, R. G. "Insiders and outsiders: the choice between informed and arm. s length debt", Journal of Finance, 1992, V50: 1421–60.

21. Rajan R. G., "Financial Systems, Industrial Structure and Growth", University of Chicago, 1999: 131–135.

22. Schmidt, R.H., Hackethal, A., Tyrell, M., "Disintermediation and the Role of Banks in Europe: An International Comparison", Journal of Financial Intermediation, 1999, 8: 36–67.

23. Shaw, Edward S., "Financial Deepening in Economic Development", New York: Oxford University Press, 1973.

24. Shleifer A., Vishny R.W. "A Survey of Corporate Governance", Journal of Finance, American Finance Association, 1997, V52 (2): 737–83.

25. Smith. B.D., Boyd J.H., "The evolution of debt and equity markets in

economic development", Economic Theory, Springer, 1998, V12（3）: 519-60.

26. Veronika Dolar and Césaire Meh., "Financial Structure and Economic Growth: A Non-Technical Survey", Bank of Canada-Working Paper 2002, 12: 1-30.

27. 陈雨露、马勇:《金融体系结构与金融危机》,《金融评论》2009年第1期,第3~14页。

28. 董裕平:《金融:契约、结构与发展》,中国金融出版社,2003年版。

29. 林毅夫、章奇、刘明兴:《金融结构与经济增长:以制造业为例》,《世界经济》2003年第1期,第3~21页。

30. 林毅夫、姜烨:《发展战略、经济结构与银行业结构:来自中国的经验》,《管理世界》2006年第1期,第29~41页。

31. 林毅夫、姜烨:《经济结构、银行业结构与经济发展——基于分省面板数据的实证分析》,《金融研究》2006年第1期,第7~22页。

32. 林毅夫、孙希芳、姜烨:《经济发展中的最优金融结构理论初探》,《经济研究》2009年第8期,第4~17页。

投资宏观调控的效应分析与结构调整

中国社会科学院数量经济与技术经济研究所课题组[①]

一、中国经济增长的投资依赖

对于有着丰富劳动力资源和劳动力供给相对充足的发展中国家来说，作为新增资本存量的投资是决定经济增长的最重要因素。投资增长不仅能够创造需求，而且也是使企业竞争能力和国民经济结构得到提升的主要手段。改革开放30多年来，我国经济增长的一个显著特点就是快速地集中并利用土地和劳动力资源，有效地形成和积累交通、城市基础设施、厂房、设备等社会和产业资本，推动经济高速增长，从而形成了以投资为主导的经济增长模式。

从三大需求的构成来看，我国的投资率（按照支出法计算的资本形成占 GDP 的份额）呈现逐年提高的态势，根据国家统计局公布的数据，2003 年以来，我国投资率连续 6 年超过 40% 的水平，远远高于世界主要发达国家和发展中国家的平均投资率。随着城市化、工业化进程的进一步推进，我国的高投资率将是长期现象。

中国经济增长的投资依赖还表现在，我国经济出现过的大的波动基本上可以归结为投资规模的扩张或收缩。由于投资需求占总需求比重较高，投资波动与经济波动的关联性很强。投资需求过快增长和急速下降往往成为经济过热或过冷的主要原因，投资运行周期在相当程度上决定了宏观经济运行的周期。根据计算，我国名义固定资产投增

[①] 课题负责人：李雪松，执笔：李雪松、张涛、娄峰。

速与同年名义 GDP 增速以及次年名义 GDP 增速的相关系数分别为 63.2%和 70.2%（1981~2010 年）。图 1 给出了名义固定资产投资与 GDP 名义增长率的变化趋势图。可以看到，我国 GDP 增长率与固定资产投资增长率之间存在的变动趋势大致相同。

图 1 我国固定资产投资与 GDP 名义增长率的变化（1981~2010 年）

中国经济增长的投资依赖的另一个表现是投资与增长之间的单向传导关系。我们利用 1981~2009 年名义 GDP 增长率和全社会固定资产投资增长率的时间序列做了 Granger 因果检验，结果表明：投资是经济增长的 Granger 原因，而增长不是投资的 Granger 的原因。这一结论的重要政策含义在于，投资是宏观调控的一个重要控制变量，当经济出现过热的时候，抑制投资过快增长是宏观调控政策体系最核心的手段；而在经济低迷时期，刺激投资则是经济复苏最有效、最直接的措施。

二、改革开放以来我国投资宏观调控的经历

狭义的宏观调控指的是从总体、总量方面对经济运行过程的调节和控制。总体、总量方面的调节控制，主要是稳定经济运行中的总量关系，从而稳定通货水平，稳定物价总水平，进而减小经济增长的波

动幅度，其基本目标，是保证经济稳定增长。鉴于此，我们用价格变动率和经济增长率这两个经济运行的基本指标作为坐标的纵轴和横轴以考察经济运行的状态。同时，以5%的通货膨胀率和9%的潜在增长率把坐标图区分成四个区域，分别是Ⅰ（高增长、低通胀）、Ⅱ（高增长、高通胀）、Ⅲ（低增长、高通胀）和Ⅳ（低增长、低通胀），见图2。

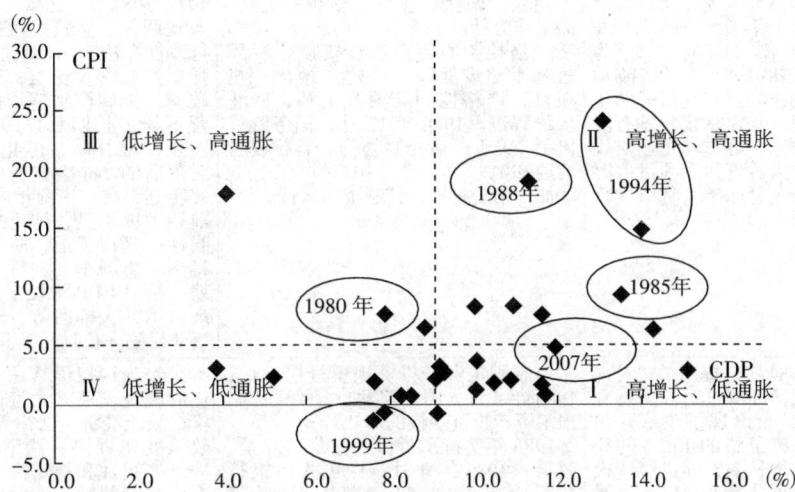

图2　经济运行状态的划分

从图2可以看出，改革开放30多年来，我国经济出现过数次大的波动：五次经济过热，物价波峰分别为1980年、1985年、1988年、1994年、2004年，经济增长波峰分别为1978年、1984年、1987年、1992年、2007年。一次经济过冷，物价和经济增长的波谷都出现在1999年。与此相对应，宏观调控可以划分为：1979~1981年、1985~1986年、1988~1989年、1993~1996年、2003~2007年的五次旨在治理经济过热的紧缩性调控和1998~2002年的一次旨在拉动经济增长的扩张性调控（见表1）。

表1　改革开放以来我国历经的宏观调控

经济周期*	宏观调控类型	峰位（或波谷）经济增长率	峰位（或波谷）物价
1977~1981年	1979~1981年（紧缩性）	1978年11.7%	1980年7.5%
1982~1986年	1985~1986年（紧缩性）	1984年15.2%	1985年9.3%
1987~1990年	1988~1989年（紧缩性）	1987年11.6%	1988年18.8%
1991~1999年	1993~1996年（紧缩性）	1992年14.2%	1994年24.1%
	1998~2002年（扩张性）	1999年7.6%	1999年-1.4%
2000~2007年	2003~2007年（紧缩性）	2007年11.9%	2007年4.8%

注：*参见刘树成、张平、张晓晶：《中国经济增长与经济周期》，中国经济出版社，2002年版。

在出现的五次经济过热中，虽然原因各不相同，但表现在经济总量上基本都可以归结为投资规模的膨胀。因此，调控投资运行成为宏观调控的核心内容，见表2。

表2　改革开放以来经济波动的成因及宏观调控的措施与效应

历次宏观调控	投资和经济过热（或过冷）的原因	宏观调控的主要措施	投资宏观调控的效应
1979~1981年	1978年，基本建设投资比上年增长37%，GDP增长11.7%，成为1978~1981年经济波动的波峰。在随后的两年里，基建总规模没有降下来，地方和企业财权扩大后盲目上项目，财政大量赤字，货币发行过多。	①确立"调整、改革、整顿、提高"的工作方针。 ②严格控制固定资产投资规模：缩短基本建设战线，停建、缓建一批项目，严格控制新项目上马，防止急躁冒进。1980年12月，国务院发出了《关于严格控制物价、整顿议价的通知》。 ③加强信贷管理、控制货币发行。	1978~1981年是短缺经济状态下的宏观调控，整顿手段都是单一的行政性办法。如行政性财政政策，强制控制财政支出；行政性货币政策，强制控制信贷投放；对经营不善、长期亏损的国有企业，停止财政补贴，停止银行贷款；对落后的小企业进行整顿和关停并转等。在头一两年内犹豫不决，前期力度不足，缺乏提前量和前瞻性，延误了最佳时机，最后不得不"急刹车"进行全面超强紧缩，结果GDP增长率从调控前的高位迅速大幅回落，经济在短暂繁荣后陷入长时间衰退。
1985~1986年	1984年，提出了"对内搞活经济，对外实行开放"，出现了改革开放以来最快的15.2%的经济增长率，固定资产投资同比增长21.8%，基本建设投资增长23.8%。同年，新成立的中央银行发布了《信贷资金管理试行办法》，造成了1984年底以后的信用膨胀和货币发行失控，直接导致了CPI高达9.3%的通货膨胀。	①控制固定资产投资规模过快增长：1985年4月，国务院发布《关于控制固定资产投资规模的通知》。 ②1985年实行了货币、信贷"双紧"政策：1985年4月，中国人民银行《关于控制1985年贷款规模的若干规定》；1985年7月，国办发出《关于加强银行金融信贷管理工作的通知》；10月，《关于全面开展信贷检查的报告》。	本次宏观调控仍然是处于短缺时代的宏观调控，大量运用行政手段，缺乏经济、法律等间接手段。政策变化过快、调整过于频繁，缺乏连续性和稳定性。从效果来看，当时的经济波动比较大，调控效果不太理想。由于宏观调控没有到位，出现了"反弹"。
1988~1989年	前一个时期投资过热的势头虽然有所遏制，但前期项目需要流动资金，全社会发展热情仍然高涨，刚刚回落的经济出现了"反弹"。1988年，在"价格闯关"因素和放开价格预期的推动下，货币供应和信贷投放从上半年起迅速增长，造成了前所未有的严重通货膨胀。	①压缩投资规模：1988年9月24日，国务院发布《关于清理固定资产投资在建项目、压缩投资规模、调整投资结构的通知》。 ②控制货币投放：1988年7月，人民银行发出了《关于进一步加强宏观调控，严格信贷资金管理的通知》。 ③控制物价上涨：1987年5月，国务院发布《加强生产资料价格管理制止乱涨价、乱收费的若干规定》；1988年10月24日，出台《关于加强物价管理严格控制物价上涨的决定》。	由于这次经济失控的范围宽、来势猛、影响大，因而调控的步伐也就比较急，采取的措施与力度也比较大。基本上是用行政命令的方法进行"急刹车"的，"一刀切"的现象比较严重，虽然仅仅经过不到一年时间，经济就重新达到了基本平衡，但出现了物价水平迅速回落，经济增长急剧减速的"硬着陆"。
1993~1996年	1992年以后，各方面加快经济建设的积极性空前高涨，到1993年上半年又出现了明显的过热，固定资产投资同比上升近一倍，通货膨胀率又超过了两位数。导致投资过热的重要原因是地方政府投资饥渴下的不规范行为，不规范的政府行为还导致金融秩序混乱。	①适度从紧的财政政策，即控制支出规模，压缩财政赤字：1993年6月，国家发布了《中共中央、国务院关于当前经济情况和加强宏观调控的意见》之第16条措施。 ②紧缩性的货币政策：于1993年5月和7月两次提高存贷款利率，并采取了诸如整顿信托业、加强金融纪律、限制地区间贷款等措施。	这次宏观调控不再单纯依靠行政手段，开始注重运用经济手段和法律手段。注重不同政策间的配合。宏观调控取得明显成效，到1998年，经过了两年时间，经济基本上又恢复了平衡，而且经济增长速度没有大幅度下滑。国民经济发展形成了"高增长，低通胀"的良好局面，成功实现"软着陆"。

历次宏观调控	投资和经济过热（或过冷）的原因	宏观调控的主要措施	投资宏观调控的效应
1998~2002年	受亚洲金融危机影响和国内洪涝灾害的影响，固定资产投资急剧下降。从1998年开始出现了经济增长减速、物价下降等现象，遭遇改革开放以来的第一次通货紧缩。	①扩张性的财政政策：增发长期建设国债，适当扩大财政赤字规模。从1998年到2003年，中国政府一共增发了8000亿元长期建设国债，用于加快基础设施建设、重点项目建设和企业技改。调节税率、减轻税负、鼓励投资。1999年9月30日，国务院颁布了《对储蓄存款利息所得征收个人所得税的实施办法》。②货币政策配合财政政策，刺激投资增长和经济复苏：例如，降低存贷款利率。1998年就在9个月内降息3次，一年期存款利率由5.76%下调到3.78%。从1996年到2002年，央行连续8次降低银行存贷款利率。下调再贷款、再贴现利率和存款准备金率。1999年11月，存款准备金率下调2个百分点，金融机构相应增加2300多亿元可用资金。	第一次运用扩张型的财政货币政策组合，宏观调控成果显著。2002年投资增速开始回升到15.9%，同年GDP增速达到9.1%。此轮以投资为主的宏观调控政策的主要特点是注重运用各种可以运用的手段，形成合力。如积极的财政政策与灵活的货币政策相结合，扩大内需与增加出口、利用外资相结合，增加投资与启动消费相结合，扩大经济总量与提高效益、调整结构相结合，必不可少的行政手段与各种经济杠杆和法律手段相结合，促进经济增长与深化各项改革相结合。
2003~2007年	加入世界贸易组织后经济对外开放的广度和深度进一步扩大，在全球化推动下，国内工业化、城镇化和市场化进程全面提速，国民经济进入周期性上升期，各地方、各部门发展经济的热情迅速高涨，经济形势很快又出现了局部过热现象。例如，房地产投资出现了快速增长。	确定了"果断有力，适时适度，区别对待，注重实效"的宏观调控原则，从实际出发，分类指导，不搞"急刹车"和"一刀切"，采取有保有压的经济政策。①稳健的财政政策：例如，连续调减长期建设国债，适当增加中央预算内基本建设投资。②稳健的货币政策：例如，针对房地产、钢铁、电解铝、水泥等投资过热行业发布多项文件，要求各金融机构按照国家产业政策，加强信贷管理，把握好信贷投向，采取措施限制对"过热"行业的贷款。③审慎运用行政手段：例如，国务院2006年8月下发的《关于加强土地调控有关问题的通知》中突出了对地方政府违法用地的问责制。④积极推进体制改革：2004年7月，《国务院关于投资体制改革的决定》及相关配套法规。	抑制局部过热的调控取得了明显效果。宏观调控达到了预期目标，中国经济连续实现10%以上增长速度，同时通货膨胀较低，进入了一个高增长、低通胀发展期。此次宏观调控注重财政政策与货币政策协调配合，充分发挥各自比较优势和协同效应。

资料来源：邹东涛主编：《改革开放以来的六次宏观调控及主要措施》，载于《发展和改革蓝皮书》，社会科学文献出版社，2009年版；吴亚平：《投资宏观调控的经验与启示》，载于《中国投资30年》，经济管理出版社，2009年版。

三、"4万亿投资计划"的效应分析

1. 4万亿投资方案出台背景

2008年，随着国际金融危机的发展和蔓延，我国经济受到的影响日益严重。2008年10月，我国的出口和进口增速虽然有所放缓，但仍然是增长的，到了11月和12月，全国进出口总值开始表现为负增长。11月全国进出口总值同比下降9%，其中：出口下降2.2%，进口下降17.9%。12月全国进出口总值同比下降11.1%，其中：出口下降2.8%，进口下降21.3%。可以看出，9月发生的金融风暴，到11月开始对我国的对外贸易产生了实质性影响。2008年第三季度，我国经济增长率出现了加速下滑的局面，2008年全年GDP年降幅高达32.3%的，是近10年来GDP增速波动最大的一次（见图3）。为应对日益严峻的经济形势，抑制经济快速下滑的势头，2008年11月，我国政府迅速调整宏观调控思路，实施积极的财政政策和适度宽松的货币政策。在消费、出口短期内没有起色的情况下，果断决定加大投资力度，启

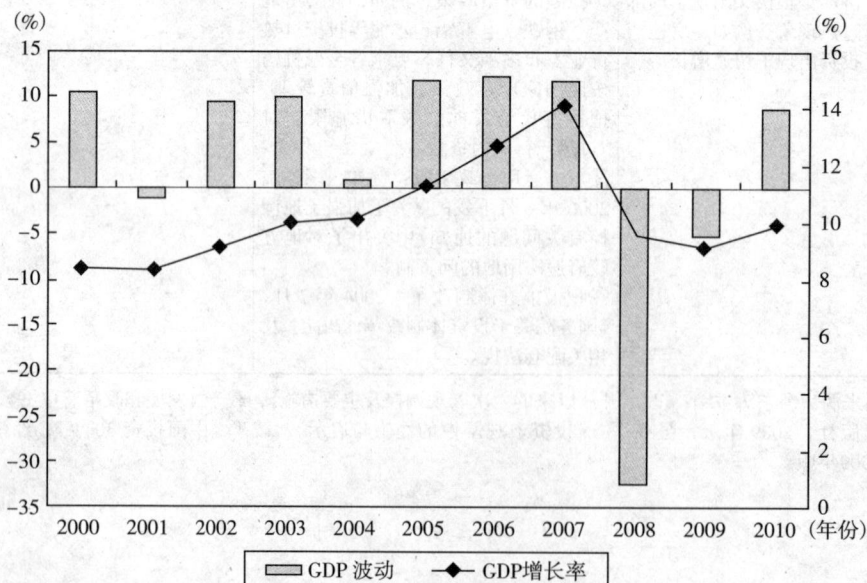

图3 2000~2010年经济增速幅度变化趋势

注：GDP波动=（本年GDP增长−上年GDP增长）/上年GDP增长。

动了4万亿的政府主导性投资计划，以扩大内需，推动国民经济的稳步增长。这是自改革开放以来我国政府采取的第二次扩张性投资调控。

2008年11月27日，国家发改委公布了4万亿投资方案的构成：①保障性安居工程2800亿元，占总投资的7%。②农村民生工程和农村基础设施3700亿元，占总投资的9.25%。③铁路、公路、机场和城乡电网建设18000亿元，占总投资的45%。④医疗卫生和文化教育事业400亿元，占总投资的1%。⑤生态环境3500亿元，占总投资的8.75%。⑥自主创新结构调整1600亿元，占总投资的4%。⑦用于地震重灾区的恢复重建投资10000亿元，占总投资的25%。2009年5月22日，国家发改委进一步公布了"4万亿"投资清单，对投资方向的表述作了微调，而对相应的投资金额做出较大的调整：①民生工程，包括廉租住房、棚户区改造、保障性住房投资4000亿元，占总投资的10%。②农村水电气路民生工程和基础设施投资3700亿元，占总投资的9.25%。③铁路、公路、机场、水利等重大基础设施和城市电网改造投资15000亿元，占总投资的37.5%。④卫生、教育等社会事业发展投资1500亿元，占总投资的3.75%。⑤节能减排和生态建设工程投资2100亿元，占总投资的5.25%。⑥自主创新和产业结构调整总投资3700亿元，占总投资的9.25%。⑦汶川地震灾后重建投资10000亿元，占总投资的25%。各方向投资金额的变化具体表现在：对基础设施投资削减得最多，节能减排和生态工程投资金额也明显降低；大幅增加了结构调整和技术改造投资规模，社会事业方面投资增加也非常明显。

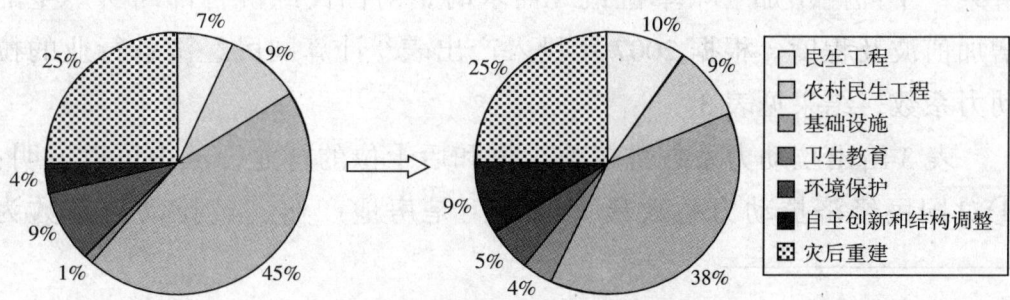

图4　调整前后的4万亿投资结构对比

　　在 4 万亿元投资中，新增中央投资共 11800 亿元，占总投资规模的 29.5%，主要来自中央预算内投资、中央政府性基金、中央财政其他公共投资，以及中央财政灾后恢复重建基金；其他投资 28200 亿元，占总投资规模的 70.5%，主要来自地方财政预算、中央财政代发地方政府债券、政策性贷款、企业（公司）债券和中期票据、银行贷款以及吸引民间投资等。

　　以增加投资为核心的宏观调控对于"保增长"的作用毋庸置疑，但是，这样的投资分配效率如何？我们试图通过投入产出方法定量分析本轮宏观调控的效应。与相关研究不同的是我们使用了非竞争型投入产出表，从而区分了国内产品和进口产品对最终需求的影响。

2. "4 万亿投资计划"对经济拉动效应的测算

　　测算投资对经济拉动效应的方法有多种。郭庆旺等（2006）利用 VAR 模型分析考察了我国基础设施投资对经济增长的影响；武普照等（2007）在内生增长理论的框架下分析了公共投资对经济增长的效应；付雪、陈锡康（2005）应用投入产出局部闭模型测算了上海磁悬浮铁路对我国 GDP 及就业的影响，并给出了投资对 GDP 及总产出影响的测算方法；郭菊娥等（2009）利用投入产出闭模型定量测算了 4 万亿投资对我国 GDP 的拉动总效应，但是该模型没有考虑进口产品与国内产品对拉动国内经济的显著差异。本文在前人研究的基础上，利用 2007 年投入产出表，明确区分进口产品和国内产品的差异，构建非竞争型投入产出模型测算了 4 万亿投资对我国经济的拉动效应。

　　（1）投资对行业增加值拉动效应分析。拉动力系数[①]是指国民经济某一个部门增加一个单位最终需求时，对国民经济各部门所产生的增加值波及程度。根据 2007 年投入产出表[②]计算国民经济各行业的拉动力系数，结果见表 3。

　　表 3 给出拉动力系数排名前十位和后十位的行业，从中可以说明：①对国民经济拉动力系数最大的部门是房地产业，其拉动力系数为

---

① 拉动力系数的定义见附录的计算说明。
② 在 2007 年最新中国投入产出表（42 部门）基础上，我们编制了 2007 年中国非竞争性投入产出表（42 部门），然后计算各行业的拉动系数。

表3 部门拉动力系数排行表

排名	所属行业	行业名称	拉动力系数
1	第三产业	房地产业	1.1541
2	第三产业	金融业	1.1356
3	第二产业	废品废料	1.1340
4	第一产业	农林牧渔业	1.1104
5	第三产业	批发和零售业	1.1062
6	第三产业	公共管理和社会组织	1.0954
7	第三产业	住宿和餐饮业	1.0883
8	第二产业	水的生产和供应业	1.0877
9	第三产业	教育	1.0877
10	第三产业	信息传输、计算机服务和软件业	1.0806
…	…	…	…
33	第二产业	金属制品业	0.9498
34	第二产业	化学工业	0.9337
35	第二产业	通用、专用设备制造业	0.9272
36	第二产业	交通运输设备制造业	0.9184
37	第二产业	金属冶炼及压延加工业	0.9013
38	第二产业	电气机械及器材制造业	0.8972
39	第二产业	燃气生产和供应业	0.8591
40	第二产业	石油加工、炼焦及核燃料加工业	0.8297
41	第二产业	仪器仪表及文化办公用机械制造业	0.8245
42	第二产业	通信设备、计算机及其他电子设备制造业	0.7695

1.1541，意味着当房地产业每增加一个单位的最终需求时，可以拉动1.1541个单位的国民经济增加值。②排名前十位的行业大部分属于第三产业，且其拉动力系数均大于1，这说明第三产业对国民经济的拉动力较大，增加第三产业的最终需求，可以实现国民经济的更快发展。③排名后十位的行业全部属于第二产业，且其拉动力系数均小于1，这说明第二产业的增加值率较低，对国民经济增长的拉动力效率较弱。

根据国家发改委最新调整的4万亿投资清单，对比投入产出表中行业划分，4万亿投资可以大概划分到行业：4000亿的民生工程对应投入产出表中的房地产业；1500亿的卫生、教育等社会事业对应投入产出表中的卫生、社会保障和社会福利事业以及教育业；3700亿的自主创新结构调整主要是投向高新科技，对应为科学研究事业；2100亿的生态环境和节能减排对应投入产出表中的水利、环境和公共设施管理业。此外，3700亿的农村水电气路民生工程和基础设施，1.5万亿的铁路、公路、机场、城乡电网属于基础设施建设项目，1万亿的灾后恢复重建主要也是公路、电网、民生工程等基础设施项目建设，这三项投资主要是基础设施建设项目，从而涉及的部门相对较多。总体说来，基础设施建设项目的花费主要包括建筑工程费、设备采购及安装工程费和其他费用，其中建筑工程费对应投入产出表中的建筑业；其他费用一般包括咨询费、设计费和管理费等，对应投入产出表中的综合技术服务业；设备采购及安装工程费中，电网建设的设备采购及安装工程费对应为电气、机械及器材制造业和通用、专用设备制造业。

为了提高分配的精确度，本文在（郭菊娥等，2009）调查的华电国际新建电厂、某大型水利工程、洛阳市某公路工程等4个基础设施项目中的具体投资构成比重基础上，结合工程建筑年鉴相关资料，对各类基础设施建设项目相关投资分配到纯部门的比重取值见表4。

表4　不同基础设施项目投资与纯部门的对应关系

单位：%

项　目	建筑业	电气、机械及器材制造业	通用、专用设备制造业	综合技术服务业
公路、机场类	70	5	10	15
铁路类	50	5	35	10
电网类	15	65	5	15
其他基础设施类	70	10	10	10

在表4投资项目与纯部门对应关系基础上，为简便起见，本文假定3700亿的农村民生工程和农村基础设施投资项目中，公路、电网和其他基础设施各占1/3的比重；1.5万亿的铁路、公路、机场、城乡电网基础设施建设项目中，铁路、公路、机场、城乡电网四种投资分别占1/4；1万亿的灾后恢复重建项目中，铁路、公路、机场、城乡电网和其他基础设施各占1/5的份额。这样，4万亿新增投资在各行业的大致分配如下：通用、专用设备制造业3958.33亿，电气、机械及器材制造业5786.67亿，建筑业15099.17亿，房地产业4000亿，研究与试验发展业3700亿，综合技术服务业3855.83亿，水利、环境和公共设施管理业2100亿，教育750亿，卫生、社会保障和社会福利事业750亿。

国家新增 4 万亿投资对国民经济各行业的拉动效果可以分为直接拉动效应和间接拉动效应。

（2）直接拉动效应分析。在竞争型投入产出表中，在中间使用和最终使用中不区分国内产品和进口产品，一个流量中同时包含有两种产品而出现了"竞争"。这种竞争型的投入产出模型不能直接用于测算最终产品拉动的增加值，因为在最终产品（使用）中包括了直接进口产品，而进口产品不是在国内生产的，故不会消耗国内的中间产品，由此创造的增加值不是在国内创造的，故不会拉动国内经济。在这种情况下，可以通过编制非竞争型投入产出表来解决，计算结果见表 5。

表 5　4 万亿投资对国民经济各部门直接拉动

部 门	增加值（亿元）	部 门	增加值（亿元）	部 门	增加值（亿元）
农林牧渔业	899.00	金属制品业	475.98	信息传输、计算机服务和软件业	405.49
煤炭开采和洗选业	595.10	通用、专用设备制造业	1682.48	批发和零售业	1086.97
石油和天然气开采业	703.06	交通运输设备制造业	251.67	住宿和餐饮业	405.98
金属矿采选业	375.01	电气机械及器材制造业	1499.90	金融业	1207.71
非金属矿及其他矿采选业	259.45	通信设备、计算机及其他电子设备制造业	289.61	房地产业	3652.37
食品制造及烟草加工业	288.70	仪器仪表及文化办公用机械制造业	98.26	租赁和商务服务业	269.18
纺织业	125.97	工艺品及其他制造业	79.85	研究与试验发展业	1681.46
纺织服装鞋帽皮革羽绒及其制品业	97.38	废品废料	540.06	综合技术服务业	2433.54
木材加工及家具制造业	182.29	电力、热力的生产和供应业	1110.86	水利、环境和公共设施管理业	1128.44
造纸印刷及文教体育用品制造业	262.26	燃气生产和供应业	17.52	居民服务和其他服务业	223.81
石油加工、炼焦及核燃料加工业	483.02	水的生产和供应业	51.59	教育	492.29
化学工业	1193.33	建筑业	3572.55	卫生、社会保障和社会福利业	308.56
非金属矿物制品业	1264.32	交通运输及仓储业	1530.83	文化、体育和娱乐业	88.68
金属冶炼及压延加工业	2111.41	邮政业	28.00	公共管理和社会组织	9.22

总计：33463.15 亿元

从表 5 可以看出，新增 4 万亿投资对房地产业和建筑业的初次拉动作用最大，4 万亿投资将直接使得房地产业和建筑业增加值分别为 3652.37 亿元和 3572.55 亿元，两者占初次拉动总量的 21.59%；其次为综合技术服务业、金属冶炼及压延加工业、通用专用设备制造业和研究与试验发展业，其增加值分别为 2433.54 亿元、2111.41 亿元、1682.48 亿元和 1681.46 亿元，分别占初次拉动总量的 7.27%、6.31%、5.03% 和 5.02%。4 万亿投资对纺织服装鞋帽皮革羽绒及其制品业、文化、体育和娱乐业、工艺品及其他制造业、水的生产和供应业、邮政业、燃气生产和供应业的增加值影响较弱，这些行业增加值占初次拉动总量的比重均小于 0.3%。总体来看，4 万亿投资可以直接拉动国民经济各部门的增加值为 33463.15 亿元。

（3）间接拉动效应分析。运用宏观经济学的乘数效应原理计算新增投资对各行业的间接拉动作用。[1] 根据非竞争型投入产出模型，假定新增消费与投入产出表中的消费结构保持一致，计算得到 4 万亿投资对各行业的间接拉动作用[2] 见表 6。

表6 4万亿投资对国民经济各部门间接拉动

部门	增加值(亿元)	部门	增加值(亿元)	部门	增加值(亿元)
农林牧渔业	7522.24	金属制品业	237.64	信息传输、计算机服务和软件业	1158.77
煤炭开采和洗选业	520.57	通用、专用设备制造业	356.62	批发和零售业	3210.33
石油和天然气开采业	681.45	交通运输设备制造业	530.90	住宿和餐饮业	1353.01
金属矿采选业	108.67	电气机械及器材制造业	357.75	金融业	2657.55
非金属矿及其他矿采选业	86.97	通信设备、计算机及其他电子设备制造业	320.26	房地产业	3476.36
食品制造及烟草加工业	3101.99	仪器仪表及文化办公用机械制造业	65.58	租赁和商务服务业	541.24
纺织业	504.40	工艺品及其他制造业	219.82	研究与试验发展业	40.31
纺织服装鞋帽皮革羽绒及其制品业	780.04	废品废料	231.55	综合技术服务业	183.69
木材加工及家具制造业	195.36	电力、热力的生产和供应业	1324.45	水利、环境和公共设施管理业	124.49
造纸印刷及文教体育用品制造业	451.26	燃气生产和供应业	48.08	居民服务和其他服务业	1135.84

[1] 理论上说，还有一种反方向效应存在：当投资或政府公共支出增加时，由于刺激了物品与劳务的总需求，这样会使得利率上升，而较高的利率往往会减少投资支出，抑制总需求增加。但由于我国实行宽松的货币政策，货币供给充足，因此这种反方向作用不明显。

[2] 利用 1978~2007 年的统计数据，通过回归模型测算得到我国的边际消费倾向为 0.5213，由此得到收入乘数为 2.0890，表明当投资增加一个单位，收入将增加 2.0890 个单位。根据收入乘数模型计算，4 万亿元投资将间接拉动消费需求增加 43560 亿元。

续表

部　门	增加值 (亿元)	部　门	增加值 (亿元)	部　门	增加值 (亿元)
石油加工、炼焦及核燃料加工业	439.34	水的生产和供应业	125.47	教育	1203.12
化学工业	1572.49	建筑业	153.61	卫生、社会保障和社会福利业	789.16
非金属矿物制品业	238.79	交通运输及仓储业	1655.80	文化、体育和娱乐业	236.75
金属冶炼及压延加工业	591.82	邮政业	49.14	公共管理和社会组织	10.97
总计：38593.67亿元					

从表6可以看出，国家新增4万亿投资，对农业的间接拉动作用最大，增加值为7522.24亿元，占间接拉动总量的19.5%；其次为房地产业和批发零售业，增加值分别为3476.36亿元和3210.33亿元，分别占间接拉动总量的9.01%和8.32%；4万亿投资对公共管理和社会组织的间接拉动作用最小，仅为10.97亿元，占总量的0.028%，这是因为从投入产出表的消费结构中可以看出，无论是城镇居民消费，还是农村居民消费或政府消费，均对公共管理和社会组织的消费为零，所以最终消费需求对公共管理和社会组织拉动只能通过其他行业的消费需求间接拉动。总体来看，4万亿投资可以间接拉动国民经济各部门的增加值为38593.67亿元。

（4）总拉动效应分析。将4万亿新增投资对各行业的直接和间接拉动作用加总，计算出投资增加对各行业的总拉动作用，计算结果见表7。

表7　4万亿投资对国民经济各部门增加值的总拉动

部　门	增加值 (亿元)	部　门	增加值 (亿元)	部　门	增加值 (亿元)
农林牧渔业	8421.24	金属制品业	713.62	信息传输、计算机服务和软件业	1564.26
煤炭开采和洗选业	1115.67	通用、专用设备制造业	2039.10	批发和零售业	4297.30
石油和天然气开采业	1384.51	交通运输设备制造业	782.57	住宿和餐饮业	1758.99
金属矿采选业	483.68	电气机械及器材制造业	1857.65	金融业	3865.26
非金属矿及其他矿采选业	346.42	通信设备、计算机及其他电子设备制造业	609.87	房地产业	7128.73
食品制造及烟草加工业	3390.69	仪器仪表及文化办公用机械制造业	163.84	租赁和商务服务业	810.42
纺织业	630.37	工艺品及其他制造业	299.67	研究与试验发展业	1721.77

续表

部 门	增加值（亿元）	部 门	增加值（亿元）	部 门	增加值（亿元）
纺织服装鞋帽皮革羽绒及其制品业	877.42	废品废料	771.61	综合技术服务业	2617.23
木材加工及家具制造业	377.65	电力、热力的生产和供应业	2435.31	水利、环境和公共设施管理业	1252.93
造纸印刷及文教体育用品制造业	713.52	燃气生产和供应业	65.60	居民服务和其他服务业	1359.65
石油加工、炼焦及核燃料加工业	922.36	水的生产和供应业	177.06	教育	1695.41
化学工业	2765.82	建筑业	3726.16	卫生、社会保障和社会福利业	1097.72
非金属矿物制品业	1503.11	交通运输及仓储业	3186.63	文化、体育和娱乐业	325.43
金属冶炼及压延加工业	2703.23	邮政业	77.14	公共管理和社会组织	20.19
		总计：72056.83亿元			

从表 7 可以看出，新增 4 万亿投资对农业的总拉动作用最大，4 万亿投资可以使得农业的增加值为 8421.24 亿元，占拉动总量的 11.69%；其次是房地产业，使房地产的增加值为 7128.73 亿元，占总量的 9.89%；4 万亿投资对公共管理和社会组织业的增加值拉动最小，仅使得该行业增加值增加 20.19 亿元，仅占总量 0.028%。

3. 4 万亿投资计划对经济平稳运行带来的风险

（1）产能过剩可能重新抬头。在 2003~2007 年的经济高增长周期中，我国经济整体呈现产销两旺的态势，企业赚钱很容易，只要产品生产出来了就不愁没有市场，生产资料特别是原材料价格上涨很快，产能过剩问题不那么突出。例如，虽然我国钢铁产量在 1998 年、2003 年、2004 年和 2006 年分别超过 1 亿吨、2 亿吨、3 亿吨和 4 亿吨，但是销售形势良好，黑色金属冶炼及压延加工业的产销率一直保持在较高的水平。

在这一轮经济上升周期，我国 GDP 的增长速度均保持在 10% 以上，然而全社会固定资产投资的增长速度却保持在 20% 以上（23.9% 至 27.7% 之间），是 GDP 增幅的两倍多，而同期最终消费支出即使按照当年价格计算，其增长速度也仅在 10% 上下，最高的 2007 年也不过 16%。固定资产投资的增长意味着新的产能不断投放到市场中去，而固定资产投资增速与 GDP 增速以及最终消费之间 10% 以上的缺口，意味着释放的产能大量地被出口消化掉了。随着出口需求增长的急剧下降，很多产业的产能过剩将重新出现。为了扩大内需，国家提出 4 万亿的投资计划，其中有一些过去不能批或者缓批的项目匆忙上马，这 4 万亿投资如果不能合理引导，很有可能进一步加剧某些行业的产能过剩。

（2）地方融资平台带来的风险可能上升。地方政府融资平台在一定程度上缓解了地方政府融资难题，对于拉动内需、应对全球金融危机、刺激地方经济发展发挥了重要作用。据银监会 2009 年年底统计，全国有 13 个省融资平台贷款余额是当地财政总收入的 1 倍以上，更有甚者达到 3.2 倍，而其中 90% 的项目融资依赖银行贷款。根据央行 2010 年 3 月发布的统计数据推算，2009 年末银行业地方融资平台贷款余额 5.84 万亿元，与国债余额规模相当。央行 2009 年第四季度披露的数据显示，全国 3088 家地方融资机构，管理总资产 8 万亿元，地方政府的负债已达 5 万亿元，平均负债率高达 60% 以上。实际上，2009 年地方政府的投融资平台的负债总规模已经超过了地方政府全年的总财政收入。地方政府融资平台存在的举债融资规模迅速膨胀，地方政府偿债风险日益加大的问题凸显。

（3）粗放的投资增长模式可能固化。还特别需要高度重视的是，不能为了短期内刺激经济增长的需要，就又回到粗放的、低效率的投资模式上去，绝对不能为了尽快上项目就乱投资。理论与实践经验都表明了，经济增长与投资有紧密的联系，经济增长的模式与效率同投资的模式及效率存在着高度的相关性。因此，如何有效地发挥投资对经济增长的积极作用，特别是有效提高投资对经济增长潜力的作用，对转变中国经济增长方式乃至经济发展方式都是至关重要的问题。

四、金融危机前后我国投资结构变动特点

1. 投资消费比例失衡的状况有所加剧

如图 5 所示，自 2000 年以来，我国的消费率快速下滑，而投资率

则呈现明显上升趋势，其原因在于近十年来我国的固定资产投资增速远远大于最终消费增速。金融危机发生前，2007年我国城镇固定资产投资名义增长速度为25.6%，投资贡献率和消费贡献率分别为42.7%和39.2%；2008年为应对国际金融危机，我国实施一系列经济刺激计划，新建许多大型投资工程，因此，2009年我国城镇固定资产投资名义增长速度增加到31.0%，投资贡献率也急剧上升到95.2%，而同期消费贡献率仅为45.4%，前者是后者两倍多，投资成为"保增长"的主要引擎；2009年我国经济运行的一个重要特点是经济增长过程中的内外需不平衡矛盾在一定程度上得到了缓解，内需驱动增长的模式有所强化，但是投资的高速增长导致投资消费比例失衡的状况有所加剧。

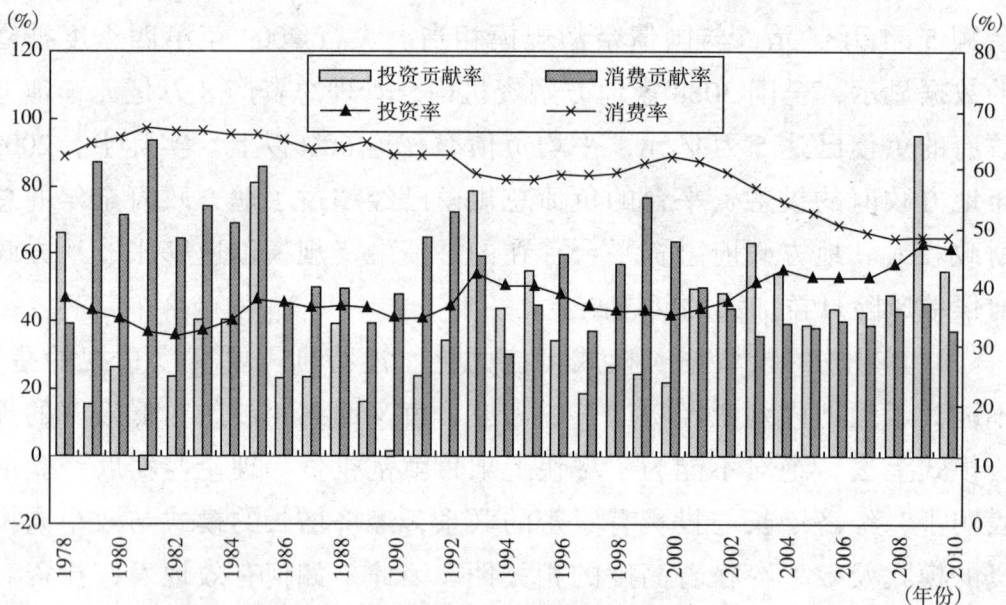

图5 投资和消费对经济增长的贡献①

2010年，我国政府适度收紧了货币政策，并且加大了对新建项目的监管力度；同时随着我国消费的稳步上升，2010年，我国投资和消费比例失衡状况开始有所好转。2010年，我国城镇固定资产投资名义增长速度为24.35%，比2009年下降6.65个百分点；投资贡献率为54.8%，比上年减少40.4个百分点；投资率为46.65%，比上年下降

---

① 资料来源：CEIC亚洲经济数据库。

0.85 个百分点；而消费率为 48.65%，比上年增加 0.05 个百分点；消费贡献率为 37.3%，虽然比上年下降 8.1 个百分点，但是下降幅度远远小于投资贡献率的下降幅度。同时，随着外需的逐渐恢复，货物和服务净出口贡献率也从 2009 年的 -40.6% 上升到 2010 年的 7.9%。相比 2009 年，2010 年我国经济运行的一个重要特点是经济增长过程中的投资消费比例失衡的状况有所改善；外需逐渐恢复，货物和服务净出口对经济的贡献率已经由负转正。

2. 第一产业投资波动幅度较大，投资资金在三大产业之间分配比例有所改善

如图 6 所示：从季度数据来看，在 2006 年一季度至 2007 年四季度期间，第一产业投资的平均增长率仅为 34.7%，在 2008 年一季度至 2009 年二季度期间，第一产业投资快速上升，同比增长率平均为 65.0%，几乎增加了一倍；然而，第一产业投资的高速增长没能够得以持续，自 2009 年三季度以来，第一产业投资增速快速回落，到 2010 年四季度，第一产业投资增速仅为 17.3%。金融危机发生后，第三产业投资增速也明显上升，并在 2009 年三季度达到高峰，为 40.3%，然后开始持续缓慢下降；第二产业投资增速在金融危机前后总体趋势为微幅缓慢下降。

从年度数据来看，在本轮应对金融危机的过程中，明显加大了对第一产业和第三产业的投资力度。2009 年，在全社会固定资产投资中，第一产业和第三产业投资增长分别达到 49.5% 和 34.1%，不仅快于第二产业 26.5% 的增长速度，而且也远高于金融危机之前的投资水平。然而，2010 年各产业的投资增速均出现不同程度的下滑。其中，第一产业投资速度出现较大幅度下滑，增长仅为 17.6%，第二、三产业投资增速平稳回落，分别达到 22.8% 和 25.7%。总体来说，金融危机后，投资资金在三大产业之间分配比例有所改善，第三产业投资份额延续了逐步增加的态势，2009 年三次产业分配比例为 1.7：42.4：55.9；2010 年三次产业分配比例为 1.6：41.9：56.5，而在 2007 年，这一比例关系是 1.2：43.5：55.3，这说明金融危机后，第三产业投资资金份额逐年上升；第一产业的投资资金份额在 2009 年快速上升，2010

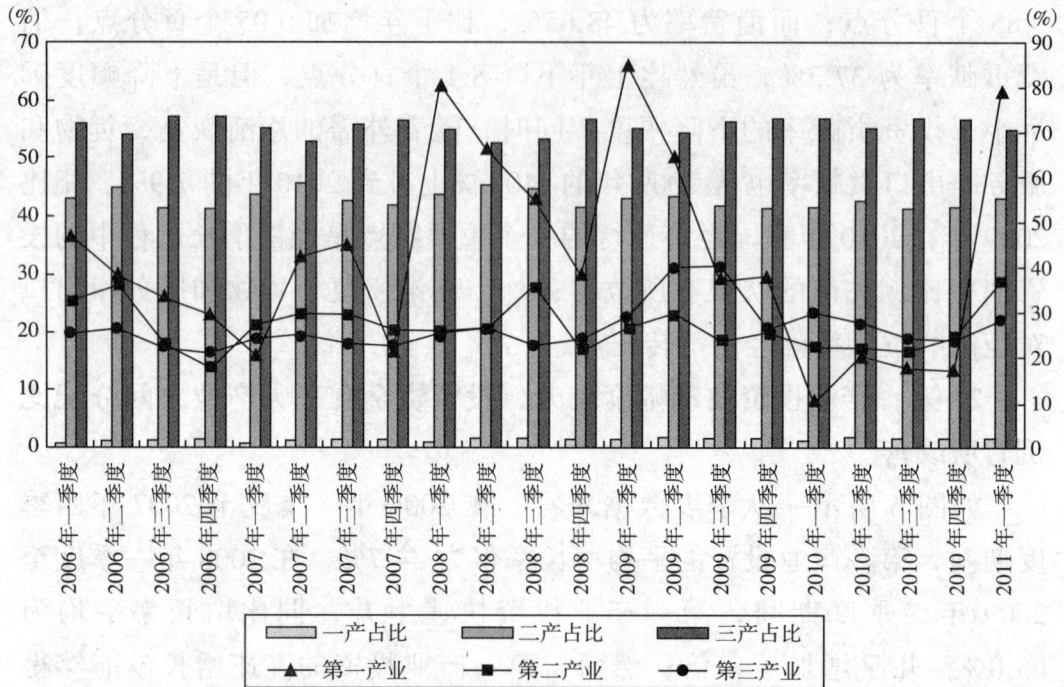

图6 三次产业投资同比增长速度和份额的变化

资料来源：CEIC 亚洲经济数据库。

年略有下降。

3. 多数"两高"行业投资增速有所放缓

金融危机后，国家加大了节能减排和淘汰落后产能力度，严格控制高耗能行业新上项目、取消优惠电价，这些政策对高耗能行业过快增长起到了明显抑制作用。如图7所示，我国六大高耗能行业：石油加工、炼焦及核燃料加工业，化学原料及化学制品制造业，非金属矿物制品业，黑色金属冶炼及压延加工业，有色金属冶炼及压延加工业，电力、燃气及水的生产和供应业，这些行业在金融危机后的投资增幅明显呈现下降趋势。其中石油加工、炼焦及核燃料加工业的投资增幅下降最为明显：2008年一季度，该行业投资同比增长率高达75.05%，然后快速减少；2009年三季度，该行业投资同比增长率为-14.88%。

值得注意的是：虽然这六大高耗能行业在金融危机后的总体趋势是下降，但是自2010年一季度以来，石油加工炼焦及核燃料加工业、黑色金属冶炼及压延加工业以及有色金属冶炼及压延加工业的投资增速又有逐渐上升的势头。

(%)

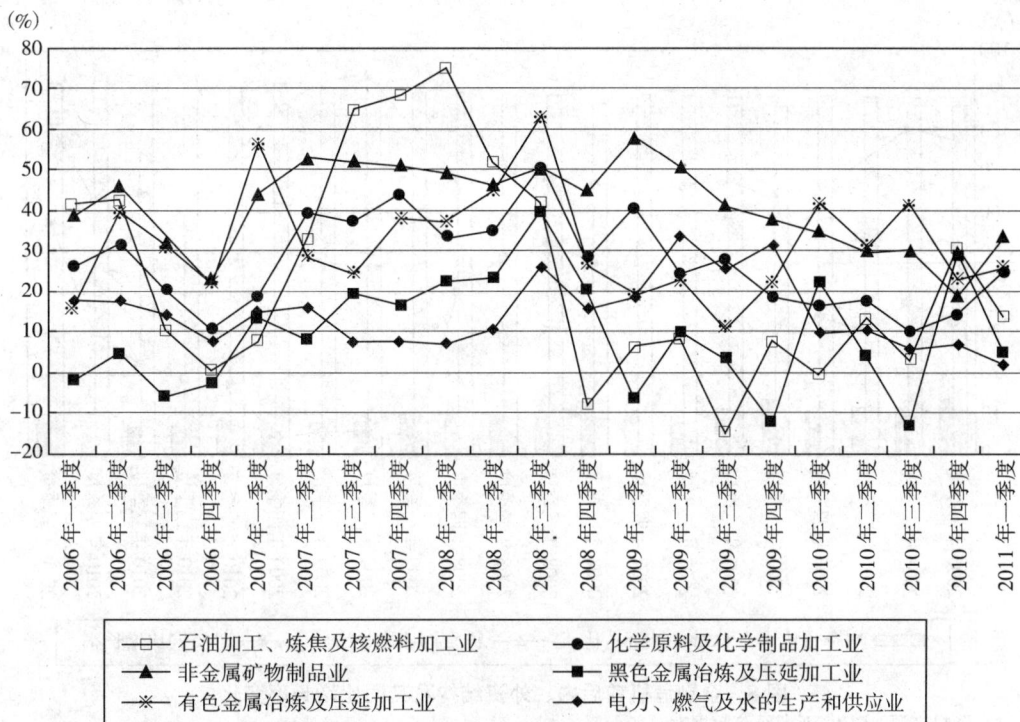

图7　我国六大高耗能产业的投资同比增速变化

资料来源：CEIC 亚洲经济数据库。

4. 内资主导作用进一步加强，民间投资渐趋活跃

亚洲金融危机之后，我国固定资产投资总额中的内资份额占比逐年增加，从 1997 年的 88.4% 增加到 2007 年的 96.0%，内资发挥了绝对主导作用。2008 年国际金融危机以来，在扩大内需的政策背景下，国内投资增速快速增加，2009 年二季度，在固定资产投资中内资增速攀升到 37.5%，同比 2007 年提高近 10 个百分点。2010 年，随着世界经济回暖态势逐渐明朗，固定资产投资中的外资同比增长率开始持续上升，而内资同比增长率快速下降（见图8），但由于内资的同比增速依然大于外资增速，因而在固定资产投资中，2010 年内资份额继续攀升到 98.16%，比 2009 年仅提高 0.28 个百分点，增幅明显下降。

国际金融危机发生前，我国民间投资踊跃，2005 年民间投资在固定资产总投资的比重为 46.67%，2006 年为 51.63%，2007 年为 55.46%，2008 年达到最高点 56.72%，民间投资占比逐年上升；2009 年，受金融危机影响，部分民营资金选择了"蛰伏观望"，扩大投资主

— 89 —

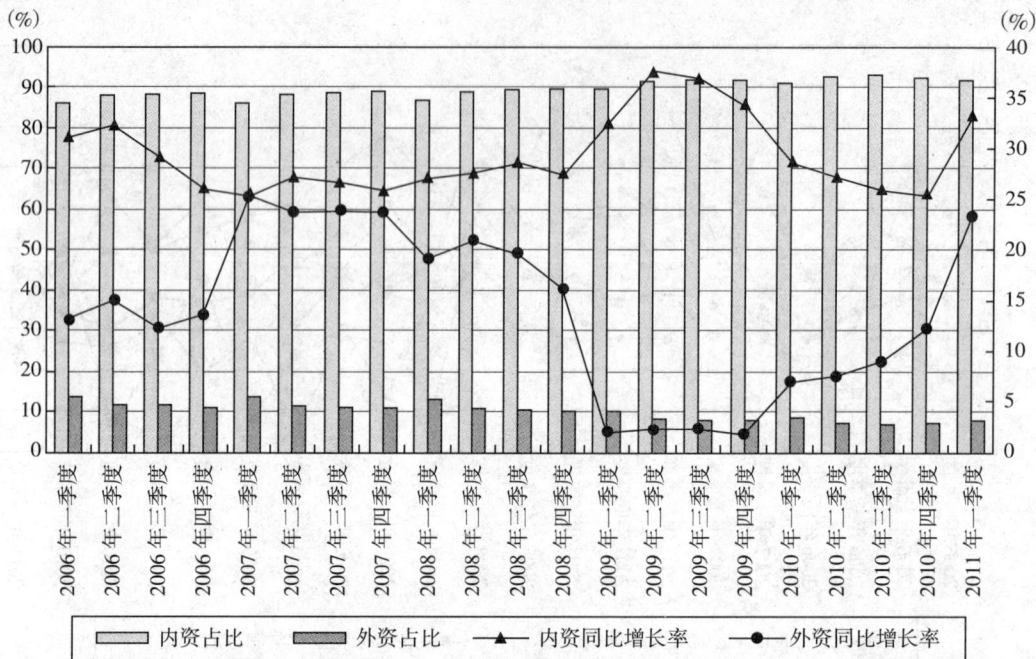

图8　金融危机前后内、外资结构及其同比增长率变化
资料来源：CEIC 亚洲经济数据库。

要依靠政府主导，2009 年民间投资在固定资产投资中的份额为55.43%，比 2008 年降低 1.29 个百分点。2010 年，一方面我国宏观经济形势逐渐转好；另一方面，2010 年 5 月 13 日，国务院颁布和实施《关于鼓励和引导民间投资健康发展的若干意见》，民间投资有了更多的发展空间，因此，很多民间投资又重回实体经济领域，投资活跃度明显增强。如图 9 所示，自 2010 年一季度以来，民间投资增速明显超过国有及国有控股投资增速；2010 年，国有及国有控股投资增长18.02%，而民间投资增长 29.44%，民间投资增速比国有及国有控股投资高出 11.42 个百分点，并且从图形上看，增速差距呈现出进一步扩大的趋势。从份额上看，2010 年民间投资在固定资产投资总额中的比重也上升到 57.70%，比 2009 年增加 2.7 个百分点，这是自 2004 年民间投资占比统计数据以来的最高点。

5. 中央带动地方的拉动效应显现

自金融危机爆发以来，我国积极利用投资拉动经济增长，尤其是通过中央投资带动地方投资。近几年，地方投资项目占比逐年上升，

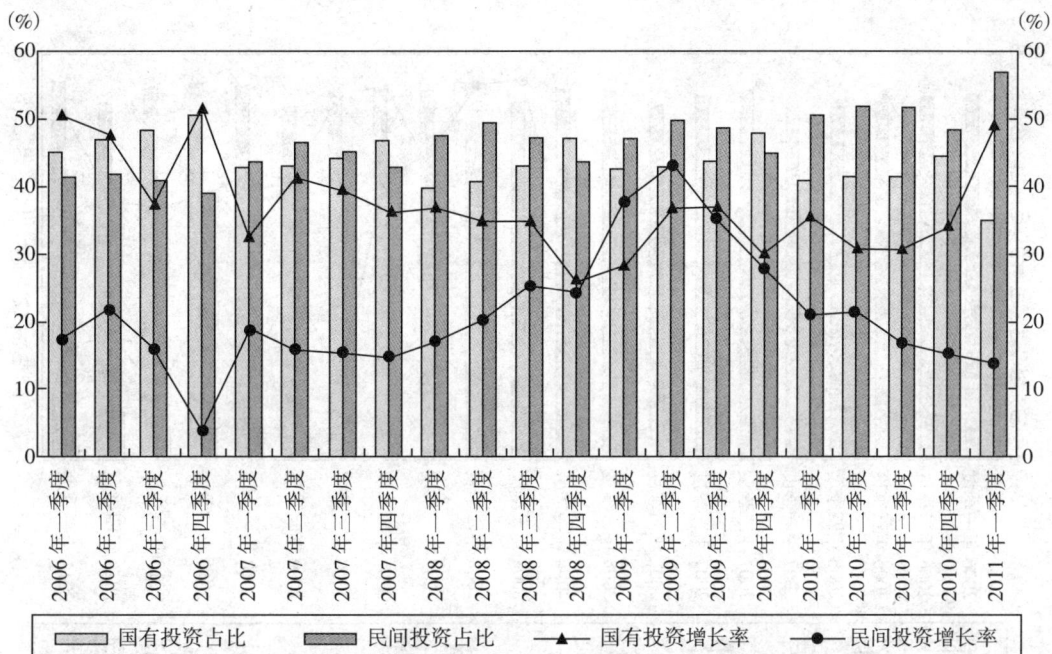

图9 金融危机前后国有和民间投资的变化

注：民间投资的主体包括集体、股份合作、联营企业、有限责任公司、股份有限公司、私营企业和其他企业；国有投资的主体包括国有及国有控股企业；民间投资、国有投资和外资投资构成总投资。
资料来源：CEIC亚洲经济数据库。

中央项目构成逐年下降。在应对金融危机的过程中，这一趋势出现了反转，2009年中央投资占比比2008年提高了1.1个百分点，通过中央拉动地方投资项目进而撬动经济的效应日益明显。从投资同比增长率上看，如图10所示，在金融危机前，地方投资同比增长率明显高于中央投资同比增长率，但是在2008年三季度至2009年一季度期间，中央投资同比增长率高于地方投资增长率，说明这期间中央投资发挥着积极的引导作用；自2009年二季度以来，在中央投资带动和相关政策积极引导下，地方投资积极性高涨，投资增速迅速增加，同时中央投资在完成引导和带动作用下开始逐渐减少，因此，中央投资增速和地方投资增速差距呈现出不断扩大的剪刀形。2010年，地方项目投资的增速达到25.84%，比中央项目投资高出近15个百分点，总金额高出19.8万亿元。

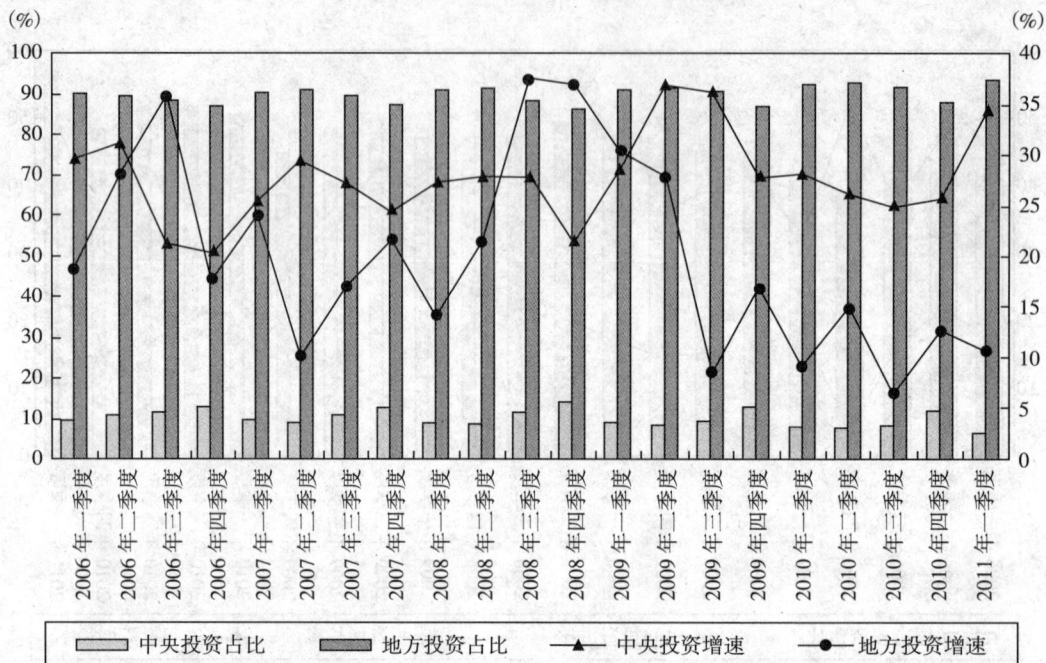

图10 中央项目和地方项目投资占比及其同比增长率变化趋势

资料来源：CEIC亚洲经济数据库。

6. 东部地区仍然是最具吸引力的区域，地区投资不平衡问题改善缓慢

分地区看，近年来中、西部地区固定资产投资增速明显快于东部地区，2009年这种态势强势延续，中、西部地区城镇固定资产投资增速分别高达36.0%和35.6%，远高于东部地区24.5%的增长速度，凸显政府在金融危机期间对于中、西部的投资倾斜。2010年一季度开始，中、西部地区的投资增速均开始放缓，不同的是，西部增速基本恢复到金融危机之前的水平，2010年西部地区的投资增长速度为26.31%，基本与2008年的26.76%持平；而中部地区的投资增速较金融危机之前出现明显下滑，2010年中部地区的投资增长速度为26.87%，与2008年33.30%的投资增速相比，下降近7个百分点，降幅较大（见图11）。

从投资份额来看（如图12所示）：①金融危机前后，东部地区始终是投资份额占比最大的地区，其投资份额一直保持在45%以上，东部地区仍然是最具投资吸引力的区域；西部地区始终是投资份额占比最小的地区，其份额在21%~25%之间小幅波动，其投资吸引力相对最

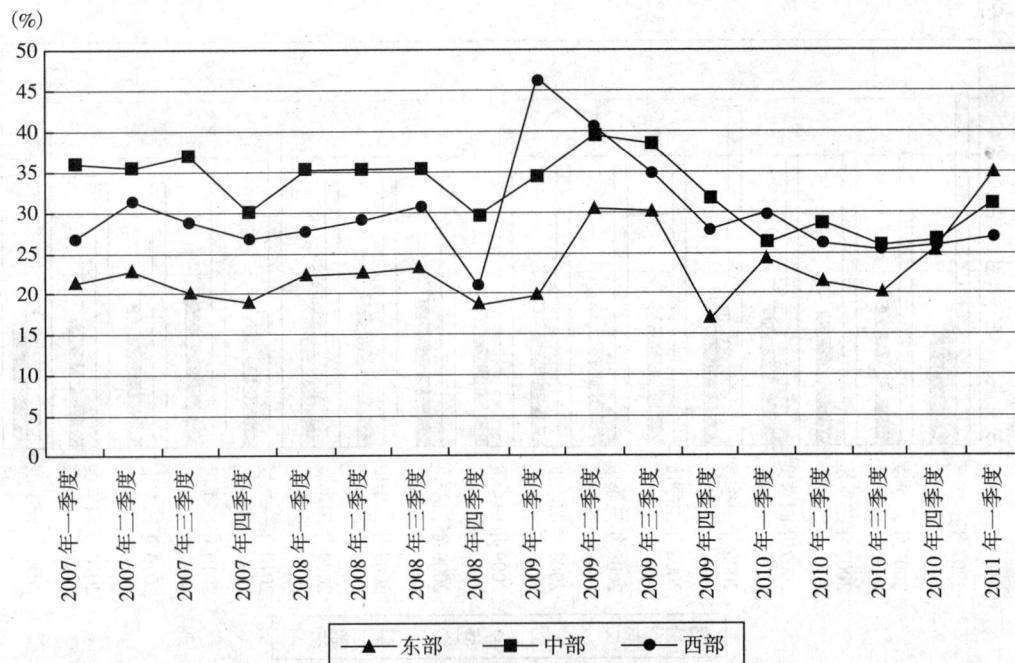

图 11   东、中、西部地区城镇固定资产投资同比增速变化
资料来源：CEIC 亚洲经济数据库。

弱；中部地区的投资份额居中。②2010 年，东部地区的投资份额呈现逐年下降趋势；中部地区的投资份额呈现逐年增长态势；而西部地区的投资份额在金融危机前后变化不明显，基本维持以前状态。③2010 年，东部地区的投资份额为 46.65%，比 2008 年下降 2.96 个百分点；中部地区 2010 年的投资份额为 29.53%，比 2008 年增加 1.74 个百分点；西部地区 2010 年的投资份额为 23.82%，比 2008 年上升 1.22 个百分点。

7. 资金供给保持总体宽松的局面

自金融危机以来，为配合积极的财政政策保增长，金融部门加大货币供应量和银行信贷的投放，投资资金到位情况良好，资金来源充裕。尽管 2009 年下半年以来，在适度宽松货币政策下，中国人民银行加强了贷款限额控制，但资金供给总体宽松的局面没有根本性变化。数据显示，2010 年 1~12 月，我国城镇固定资产投资资金来源总计达 272452.2 亿元，较 2009 年新增资金总额达 54173.6 亿元，增长 24.82%，虽然 2010 年新增资金增长率较 2009 回落 14.28 个百分点，

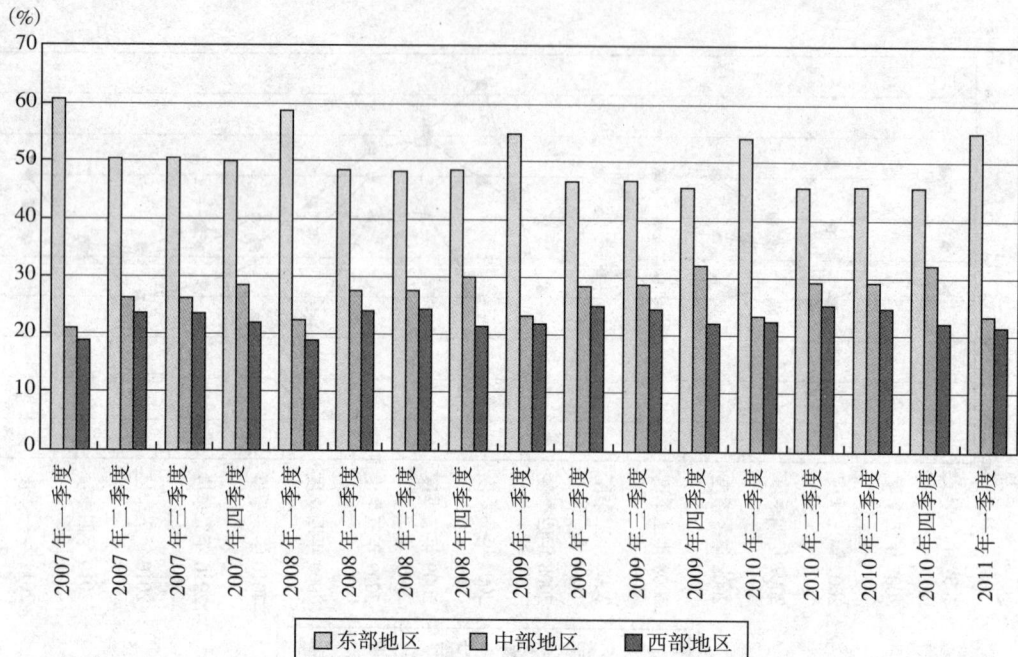

图12 东、中、西部地区城镇固定资产投资份额比较
资料来源：CEIC 亚洲经济数据库。

但资金供给仍然保持总体宽松的局面。

从资金来源上看，固定资产投资资金主要来源于以下五个渠道：国家预算内资金、国内贷款、利用外资、自筹资金和其他资金。如图13所示，在金融危机前后，这五个投资资金来源渠道的变化各有不同：①金融危机期间，国家预算内资金增长最为明显，2009年一季度的增长率为104.65%，比上年同期增加一倍多，也远远高于2008年的35.72%总体水平。②金融危机期间，国家预算内资金、国内贷款、其他资金的增长率明显上升；而利用外资的增长率明显下降，2009年利用外资增长率为-15.65%。③2010年，随着国际和国内经济形势的逐渐恢复和好转，来源于外资的固定资产投资资金增长率开始逐渐增加，而在金融危机期间发挥支柱和引导作用的国内预算资金、国内贷款、其他资金的增长率则均出现不同程度的快速下降。④自筹资金的增长率在金融危机前后变化不明显，在28%~31%之间微幅波动。

8. 金融危机前后房地产投资在固定资产投资所占比例结构没有发生明显变化

从房地产投资增速与固定资产投资季度同比增速上看（如图14所

(%)

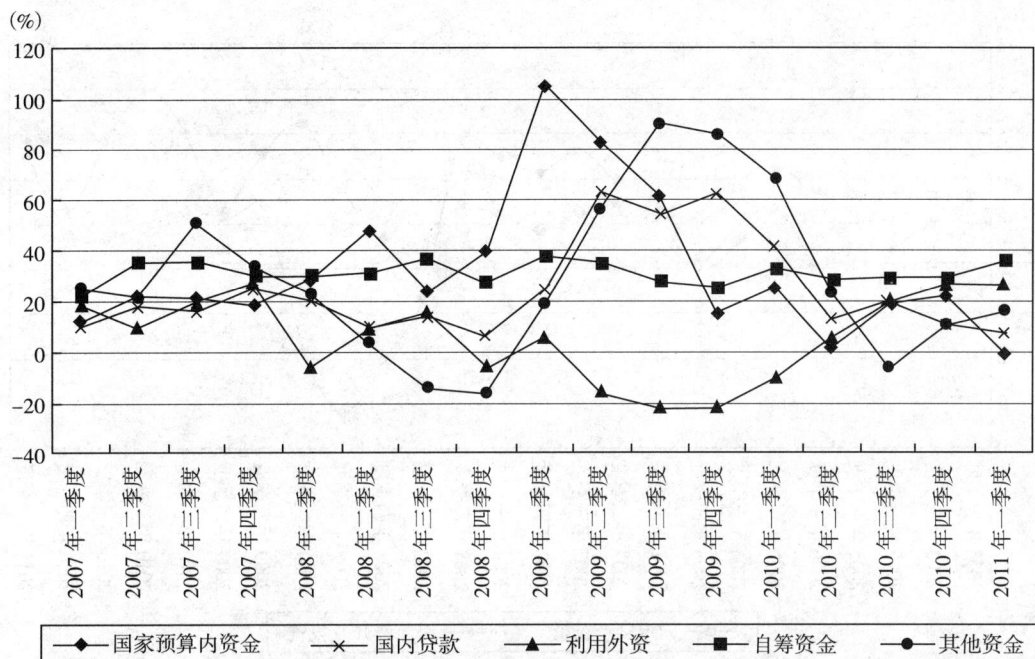

图 13　投资资金来源的同比增长率变化
资料来源：CEIC 亚洲经济数据库。

示），大致可以划分为四个阶段：①2005 年一季度至 2006 年二季度，房地产开发投资增速总体低于固定资产投资增速。②2006 年三季度至 2008 年二季度，由于房地产市场景气高涨，融资渠道不断拓宽、外资加速进入等因素，房地产开发投资增速总体高于城镇固定资产投资增速。③2008 年三季度至 2009 年四季度，受国际金融危机和价格过高等因素影响，房地产开发投资增速总体快速下滑，明显低于城镇固定资产投资增速。④进入 2010 以来，一方面由于 2009 年下半年商品住房市场由回暖转向火暴异常，房地产企业收获颇多，资金充裕；另一方面由于国家在 2010 年初加大整顿房地产市场，对一些开发商或者企业拿地不及时开工建设、故意囤地等行为进行严厉整顿和处罚，收到了明显的效果，2010 年房地产开发投资增速明显加快。

金融危机前后，尽管房地产投资的增长速度出现了较大幅度的波动，但房地产业在国民经济中支柱性产业的地位没有改变。我们根据 1986~2009 年数据，利用误差修正模型和格兰杰因果检验对房地产开发投资和经济增长之间关系进行了实证分析。模型结果表明，房地产

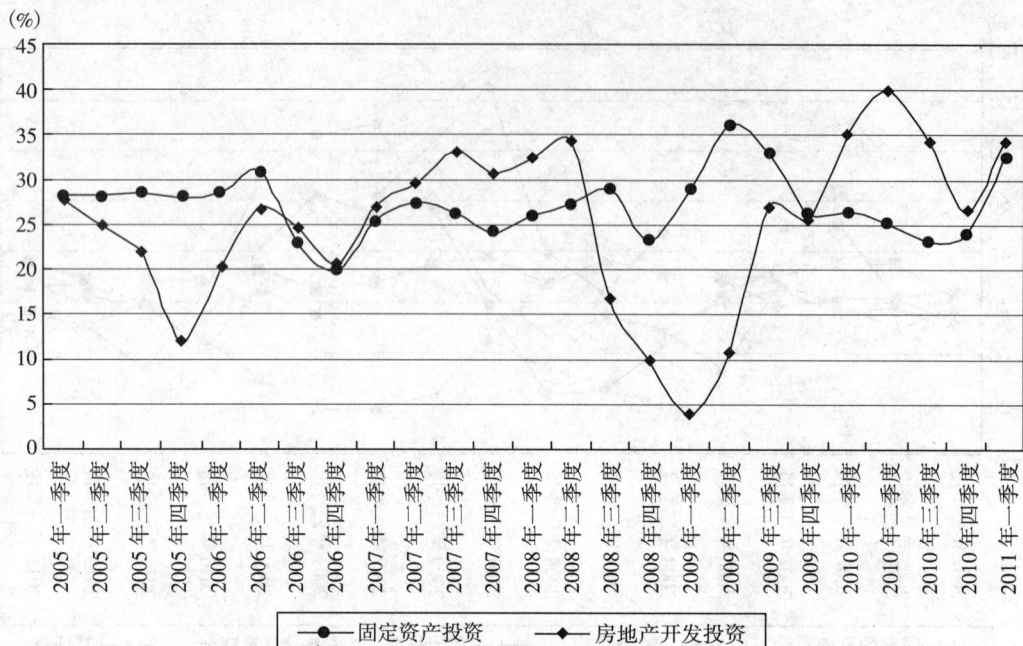

图 14　固定资产投资和房地产开发投资季度同比增长率变化
资料来源：CEIC 亚洲经济数据库。

开发投资与经济增长存在单向因果关系，房地产开发投资是引致我国经济增长的重要原因，房地产投资每增长 1%，将引起国内生产总值增长 0.4 个百分点。

五、"十二五"时期我国投资形势展望

"十二五"时期，是我国应对国际金融危机冲击，深化改革开放的关键时期，也是加快转变经济发展方式的攻坚时期。未来五年，虽然我国固定资产投资增速总体将较"十一五"有所放缓，但随着经济内生动力不断增强，投资结构将有所改善，我国固定资产投资具有以下特征。

1. "十二五"期间，我国固定资产投资继续保持平稳快速增长，但增速有所减缓

（1）我国高储蓄率形成的客观性是投资长期保持快速增长的资金基础。改革开放以来，我国国民储蓄率总体呈现上升趋势，2010 年，我国城乡居民人民币储蓄存款余额达 30.33 万亿元，人均储蓄超过 2 万元，国民储蓄率高达 50.8%，1978~2010 年国民储蓄率年均增长 4.03%。由于高额储蓄不能通过增加存货投资和净出口得以吸收和消化，唯一的出路是用于固定资本投资，因此，储蓄率长期高位运行，使得固定资产投资有了充足的资金支持，从而导致了高投资率。

而目前的居民高储蓄率与中国传统文化、社会结构、家庭观念等诸多因素有关，也与社会保障体系的不健全、收入分配制度还有待改善等因素有关，而以上这些因素又很难在短期内解决，相关制度和政策改革需要一个过程，因而国民高储蓄率在短期内不会发生很快的改变，高储蓄率在"十二五"期间还会保持下去，继续为固定资产投资提供比较充足的资金支持。但是随着我国老龄化问题的不断突出，人口抚养比系数的逐渐上升，我国国民储蓄率将有所下降，从而使得固定资产投资增速有所减缓。

（2）我国所处发展阶段和城镇化的快速发展是投资需求增长的动力基础。当前我国正处于工业化中期阶段，在这个阶段，重工业发展较快，所占比重也较大，而重工业是资金密集型工业，其发展依赖于较多投资；由于目前我国区域经济发展不平衡，在公共部门各领域，无论是教育、公共卫生、基础设施，还是生态环境建设，投资都还有很大的缺口，需求旺盛。另外，虽然我国的投资率比发达国家高得多，但我国人均资本形成较低，因此，从需求角度看，我国固定资产投资远远没有饱和，还有很大的发展空间。

另外，城镇化是经济社会发展的客观趋势。近年来，我国城镇化稳步发展，但与我国工业化水平相比，城镇化明显滞后，这在相当大程度上制约着我国国内需求的扩大，影响着产业结构的升级。未来五年，城镇化将处于加速发展时期，城镇化的快速发展可以带来城镇基础设施、公共服务设施建设和房地产开发等多方面投资需求，能有效地带动城镇固定资产投资增长。因此，"十二五"期间，我国固定资产投资需求依然旺盛，发展空间广阔。

2. 产业投资结构进一步优化，一、三产业比例有所增加

近年来，虽然第一产业的固定资产投资增速起伏较大（如图 6 所示），但由于其所占比重较小，我国第一、第二和第三产业的固定资产投资比例大体相对稳定，2006~2010 年的三次产业投资平均结构为1.40:42.94:55.66。

但这一比值结构将在"十二五"期间有所变化。2011 年初，国务院下发《中共中央国务院关于加快水利改革发展的决定》（2011 年"中央一号文件"）首次全面部署了水利建设工作，根据测算，"十二五"全国水利建设投资规模将超过 2 万亿元，相比"十一五"增长近两倍，年复合增速 20%；从 2011 年一季度数据来看，第一产业的投资增长率为 79.06%，远远高于二产和三产投资增长率，这说明我国的水利建设投资已经开始快速启动。另外，中央在关于"十二五"规划的建议中也提出"加快发展服务业，促进经济增长向依靠第一、第二、第三产业协同带动转变"。因此，"十二五"时期，在一系列"三农"优惠政策和加快服务业发展的一系列规划和政策的支持下，第一产业和第三产业投资将迎来一个快速发展时期，这将使得"十二五"期间我国的三次产业投资结构有所优化。

3. 区域投资结构失衡状况有所改善

自 2004 年以来，我国中西部地区的投资增长率一直持续高于东部地区，2004 年我国东、中、西部投资结构比例为 56.43：22.39：21.18；到了 2010 年，这一结构比例为 46.65：29.53：23.82，中西部投资占比分别提高 7.14 和 2.64 个百分点，而东部地区则降低 9.78 个百分点。可见，随着国家区域协调发展战略的深入实施，我国经济发展格局正逐渐发生着变化，东部沿海地区投资下降、中西部地区投资上升的"西快东慢"趋势已经显现。

"十二五"期间，中西部地区的投资增长速度仍将快于东部地区，区域投资结构进一步优化。原因在于：①东部沿海地区资本相对饱和，土地、劳动力、能源等要素供给趋紧，资源环境约束矛盾日益突出，而中西部地区正处于工业化前期，拥有丰富的能源和矿产资源、低廉的土地和劳动力要素，发展潜力较大，成为产业转移的理想承接地。②2010 年 9 月国家出台了《国务院关于中西部地区承接产业转移的指导意见》，提出了东部产业向中西部转移的总体布局，涉及行业包括劳动密集型产业、能源矿产开发和加工业、农产品加工业、装备制造业、现代服务业、高技术产业、加工贸易七个方面，这将大大带动中西部地区的基础设施、民生工程建设等投资。③2010 年，国务院办公厅印发了《贯彻落实国务院关于进一步做好利用外资工作若干意见部门分工方案》，明确提出引导外资向中西部地区转移和增加投资，对符合条件的西部地区外资企业继续实行企业所得税优惠、加大政策开放和技术资金配套支持力度等政策。这些政策对于推动区域产业合理分工和区域良性互动，促进产业结构调整和优化升级，保持国民经济平稳较快发展，具有十分重要的意义。

4. 房地产开发投资继续保持平稳快速增长

近二十年来，随着我国经济的快速发展和居民收入的稳步增长，以及城镇化进程的不断推进，使得我国房地产市场一直处于供不应求的状态，居民旺盛的需求推动了房地产市场的快速发展。房地产开发投资额从 1992 年的 484.75 亿元增加到 2010 年的 48267.07 亿元，年均增长率达到 29.1%，远高于同期固定资产投资增速、GDP 增速以及国民收入水平增速；同时，房地产开发投资占固定资产形成的比重从 1992 年的 10.5%上升到 2010 年的 20%。

近两年来，我国商品房价格上涨幅度过大，住房供应结构性矛盾突出，为遏制房价过快上涨，中央果断出台了限购、增加土地供应、加大保障房建设规模等宏观调控措施，不合理投机需求初步得到抑制。"十二五"期间，考虑到我国正处于城镇化加速发展阶段，经济将继续保持平稳快速发展，由于保障性住房的供给规模远远满足不了居民持续高涨的住房需求，因此，未来五年，我国房地产开发投资增速仍将保持快速增长。

5. 民间投资进一步活跃

当前，我国私营企业已达 750 多万家，民营经济吸纳的就业已占全国城镇新增就业人数 80%以上，成为社会就业的主渠道；民营企业提供了大约 70%的技术创新、65%的发明专利和 80%以上的新产品，成为自主创新的重要力量。可以说，民营经济为国民经济发展和社会进步做出了巨大的贡献。

在投资方面，近年来民间投资发展迅速，2003 年，在固定资产投资总额中，民间投资份额仅为 21.95%，约为国有及国有控股投资份额的 1/3。但民间投资增长速度远高于国有及国有控股投资，自 2007 年 6 月以来，民间投资份额开始超越并一直领先于国有及国有控股投资份额；2010 年，民间投资份额为 50.64%，而同期国有及国有控股投资份额仅为 42.30%，民间投资与国有及国有控股投资比例的差距进一步拉大。相对国有投资相比，民间投资具有机制活、效率高、潜力大、可持续性强、创新性和就业效应好等特点，是增强经济内生增长动力、实现可持续发展的关键，后危机时代也亟须民间投资接力政府公共投资。

但是，民间投资在发展过程中也遇到诸如负担重、成本高、融资难等一系列问题。为了转变经济发展方式，更好地鼓励和引导民间投资，2010 年 5 月，国务院正式颁布了《关于鼓励和引导民间投资健康发展的若干意见》。作为改革开放以来第一部专门针对民间投资发展、管理和调控方面的综合性政策文件，对于创造公平竞争、平等准入的市场环境，进一步拓宽民间投资的领域和范围，充分发挥国有经济和民营经济各自的积极性，保持我国经济平稳较快发展意义重大，民营经济作为中国经济持续发展的内生动力和最大源泉，将面临更广阔的发展空间，民间投资在未来五年也将继续保持快速增长。

6. 战略性新兴产业投资是"十二五"期间我国固定资产投资的亮点

2010 年 9 月国务院通过了《关于加快培育和发展战略性新兴产业的决定》，把新一代信息技术、节能环保、新能源、生物、高端装备制造业、新材料和新能源汽车七个方面作为战略性新兴产业，并明确提出了到 2015 年，战略性新兴产业形成健康发展、协调推进的基本格局，其增加值占 GDP 的比重力争达到 8% 左右。培育战略性新兴产业既是增强中国社会可持续发展的能力，转变经济发展方式的战略举措，也是我国产业结构调整和优化升级、掌握未来发展主动权、提高国家科技实力和综合国力的战略选择。因此，随着战略性新兴产业体制的不断完善和国家各项优惠政策的落实，发展战略性新兴产业将成为

"十二五"时期投资增长的亮点。

六、政策建议

1. 积极为民间投资拓宽融资渠道，推动民间投资发展

大力发展适应民间投资需要的多层次金融体系。比如，加快金融业对内开放步伐，适度放宽金融管制，鼓励民营资本涉足地方金融市场，引导民间非正规金融发展中小民营金融机构支持有实力的民营资本组建一批地方性中小民营金融机构，以解决民营中小企业的资金需求；扩大民营企业上市规模，积极推动企业在中小企业板和创业板上市融资，探索中小企业债券和短期融券的发行，提高民间资本的融资能力；加快建立民营企业信用担保和再担保体系，通过多种渠道充实信用担保机构的资本金，增加社会对民营企业的资金供给；探索以有限合伙为主要组织形式的创投机构发展，及时、有效地将民间储蓄转化为民间投资。

2. 加大第三产业投资力度，促进第三产业快速发展

第三产业以其各种服务功能，把社会的生产、分配、交换、消费等各个环节有机地联结起来，它不仅能够多方面地满足人民生活的需要，提供广阔的就业门路，而且能够进一步发挥第一、第二产业的潜力和效益，改善经济结构。长期以来，我们片面强调投资本身对经济增长的拉动作用，而忽视了它和增加就业、改善民生和创造最终需求的关系。未来应更加重视消费性投资的发展，特别是要把投资的重点向第三产业倾斜。第三产业很多服务项目都和居民日常生活密切相关，增加第三产业投资既可增加就业，提高居民收入水平，还能使居民的消费需求得到更加全面的满足。

国际经验表明，在中低收入水平向中上等收入水平转化的时期往往是第三产业的加速发展期，如今我国正处于这一黄金发展期间，因此，"十二五"期间，政府应适时制定和出台一些实质性的、有效的新措施、新政策，逐步降低一些行业，如金融、通信、医疗、教育等的进入门槛，合理引导资源和要素向有利于三产发展的方向流动，加大第三产业投资，促进第三产业快速发展。

3. 规范政府投资行为，防范地方政府投融资风险

政府投资主要用于关系国家安全和市场不能有效配置资源的经济和社会领域，包括加强公益性和公共基础设施建设，保护和改善生态环境，促进欠发达地区的经济和社会发展，推进科技进步和高新技术产业化等。因此，应规范政府投资行为，提高政府投资效益，严格限制政府楼堂馆所、广场之类的奢侈项目，切实转向公共基础设施和改善民生为重点。同时，加强和规范地方政府融资平台管理，防范投资风险，地方政府投资应加强监测预警，特别是规范地方投融资平台管理，避免投资风险向金融风险和财政风险转化。

4. 加大政府支持力度，加快发展完善战略性新兴产业的融资体系

由于对战略性新兴产业的投资具有一定的风险性，产业发展面临着各种各样的不确定性，前期高昂的研发投入、漫长的研发和市场开发周期等都制约了很多企业在战略性新兴产业发展的步伐。因此，在新兴产业发展中，政府首先应该加大财政对战略性新兴产业发展的投入力度，设立支持战略性新兴产业发展的专项资金，政府还应该建立和完善多元化、多渠道的科技投入体系，综合运用财政拨款、基金、贴息、担保等多种方式积极引导和推动资金、项目、人才、创新资源等向新兴产业集聚，不断加大对战略性新兴产业的投入力度，同时对纳入新兴产业发展规划的项目给予贴息或税收减免。另外，应加快发展完善战略性新兴产业的风险投资体系，促进多层次资本市场建设，政府引导金融机构加大对新兴产业的投入力度，从而解决战略性新兴产业在商品化、产业化发展过程中遇到的资金困难。

参考文献

1. 刘树成、张平、张晓晶：《中国经济增长与经济周期》，中国经济出版社，2007年版。

2. 邹东涛主编：《改革开放以来的六次宏观调控及主要措施》，载于《发展和改革蓝皮书》，社会科学文献出版社，2009 年版。

3. 吴亚平：《投资宏观调控的经验与启示》，载于《中国投资 30 年》，经济管理出版社，2009 年版。

4. 郭菊娥、郭广涛、孟磊：《4 万亿投资对中国经济的拉动效应测算分析》，《管理评论》2009 年第 2 期。

5. 徐策：《"十二五"时期我国固定资产投资分析》，《中国金融》2011 年第 5 期。

6. 罗云毅：《"十二五"投资规模展望》，《中国投资》2011 年第 5 期。

7. 程选、岳国强：《"十二五"政府投资调控政策若干建议》，《中国投资》2010 年第 3 期。

8. 苗圩：《培育发展战略性新兴产业加快推进产业结构调整》，《中国发展观察》2011 年 4 月。

9. 朱瑞博、刘芸：《我国战略性新兴产业发展的总体特征、制度障碍与机制创新》，《社会科学》2011 年第 5 期。

10. 申涉才：《优化投资结构是"十二五"经济工作的重要任务》，《中国审计报》2011 年 2 月 16 日第 6 版。

"十一五"时期中国工业企业研发
现状与问题分析

工业经济研究所　黄速建

　　"十一五"时期是中国工业企业开展自主创新活动的重要战略机遇期。2006 年召开的全国科技大会提出建设创新型国家的宏伟目标，制定了《国家中长期科学技术发展规划纲要（2006~2020 年)》，并出台了非常详细的《规划纲要》配套政策实施细则，旨在营造激励自主创新的环境，推动企业成为技术创新的主体。同时，还发布了《中共中央国务院关于实施科技规划纲要增强自主创新能力的决定》，其中明确指出："增强自主创新能力，关键是强化企业在技术创新中的主体地位，建立以企业为主体、市场为导向、产学研相结合的技术创新体系。"在国家创新体系逐步形成、创新激励政策不断完善的背景下，中国企业的研发活动开展得如火如荼，在研发投入、活动及产出等各个环节均取得了较大进展。

　　据 2010 年《中国科技统计年鉴》，2009 年全国开展研发活动的规模以上工业企业 36387 家，占规模以上工业企业总数的 8.5%，比 2005 年提高 2 个百分点。其中，开展研发活动的大中型工业企业 12434 个，占大中型工业企业总数的 30.5%，比 2005 年提高 6.4 个百分点；工业企业办研究开发机构 29879 个，机构人员数达到 155 万人，比 2005 年增长近 1 倍；国家认定企业技术中心个数从 2005 年的 361 个增长到 2009 年的 636 个，增幅达到 76.2%；[①] 工业企业研发人员全时当量 144.6 万人/年，约为 2005 年的 3 倍，研发经费 3775.7 亿元，研发经费投入

---

① 国家统计局：《中国国民经济和社会发展统计公报》（2005、2009）。

强度[①] 0.69%，比 2005 年提高 0.1 个百分点。其中，大中型工业企业研发经费 3210.2 亿元，研发经费投入强度 0.96%，比 2005 年提高 0.2个百分点；共开展研发项目 19.4 万项，项目经费 3185.9 亿元，均为 2005 年的 3 倍；全年实现新产品销售收入 65838.2 亿元，占主营业务收入的比重为 12.1%；申请专利 26.6 万件，其中发明专利 9.2 万件，均达到 2005 年的 4 倍。

本文首先总结"十一五"时期中国工业企业的研发现状与成就，继而反思目前存在的主要问题，提出相应的政策建议，旨在为"十二五"时期企业研发活动的顺利开展和技术创新能力的快速提升提供参考。

一、"十一五"时期中国工业企业研发的基本状况

（一）中国工业企业研发外部环境状况

1. 企业研发总体环境明显改善，部分指标达到发达国家水平

据近年来瑞士洛桑的国际管理发展学院发布的《世界竞争力年鉴》评价结果显示，进入"十一五"以后，中国科学和技术基础设施建设进一步加强，科学和技术国际竞争力大幅提升，企业自主创新的外部环境得到明显改善，已经跨入世界中上游行列。其中，"研发人员全时当量"已经排名世界第 1 位，"研发经费总额"、"企业研发经费总额"、"科技论文发表量"、"本国人专利授权量"等多项指标也排在世界前 10 位。另外，根据科技部对中国企业自主创新环境的监测结果，[②] 中国科技人员绝对数量不断提升，已经超越发达国家水平，就业人员的平均科技产出水平也有所提高；全国和企业的研发经费投入力度都有所增强；科研与综合技术服务业、知识密集型服务业发展迅速，为企业自主创新活动提供了良好的配套服务能力；高技术产品出口额占商品出口额的比重略有提升，表明中国出口产品的技术含量有所提高。

---

① 研发经费投入强度是指企业研发经费支出与主营业务收入之比。
② 科技部发展计划司：《全国及各地区科技进步统计监测结果》，《科技统计报告》2011 年第 1 期。

2. 企业研发环境重数量轻质量，对高技术产业发展重视不足

在环境改善的同时，通过中国企业自主创新环境监测也反映出一些问题：一是研发活动人员密度与发达国家水平相差悬殊，中国的研发活动人员总数遥遥领先于发达国家，但是"每万人劳动力研发活动人员"却只有发达国家的1/4~1/5。[①] 二是在研发活动人员数量增加的情况下，研发活动人员质量却有所下降，表现在"万名研发活动人员科技论文数"连续4年下降。三是尽管全国研发经费投入强度有小幅上升，但是与发达国家水平相比仍然存在较大差距。中国2009年研发经费投入强度仅为1.7%，与美国、德国相差1个百分点，与日本、韩国相差2个百分点。[②] 四是尽管国家和地方财政科技支出的绝对数额都呈增长趋势，但是财政科技支出占财政总支出的比重却没有明显提升，甚至地方财政科技支出占地方财政支出的比重还有所下降，反映出地方财政科技支撑强度有所减弱。五是高技术产业增长速度持续低于工业增长速度，表现在"高技术产业增加值占工业增加值比重"呈持续下降趋势，同时，高技术产业劳动生产率也未得到有效提升，阻碍了高技术产业的进一步发展。

3. 研发资源区域分布并不均衡，以京津沪为首形成梯队格局

"十一五"时期，中国科技进步环境指数呈逐年上升趋势，全国平均水平由2006年的51.06%提高到2010年的60.64%。从地区排名情况来看，在这五年中，平均每年只有10个左右的省市超过全国平均水平。其中，北京、上海、天津始终稳居全国前三位，并且与其他省市差距较为明显，可以视为第一梯队，科技进步环境指数达到75%以上；辽宁、陕西、江苏、浙江、广东位于第二梯队，科技进步环境指数介于60%~70%之间；其他地区属于第三梯队，科技进步环境指数低于60%，但是，近年来青海和新疆的名次得到大幅提升，逐渐从第三梯队跃升至第二梯队。[③]

①② 国家统计局、科技部：《中国科技统计年鉴》（2010），中国统计出版社，2011年版；OECD：《主要科学技术指标》2009年1月。

③ 科技部发展计划司：《全国及各地区科技进步统计监测结果》，《科技统计报告》2010年第2期。

（二）中国工业企业研发主体分布状况

1. 国有企业及国有独资公司成为最主要的研发主体

从企业的类型分布状况来看，2009年，全国开展研发活动的规模以上工业企业36387个，占规模以上工业企业总数的8.5%。其中，国有企业及国有独资公司1737个，占4.8%；其他内资企业26418个，占72.6%；港、澳、台商投资企业3525个，占9.7%；外商投资企业4707个，占12.9%。由此可见，国有企业及国有独资公司是中国最主要的研发主体。

2. 东部地区企业研发活跃程度明显高于中西部地区

从企业的区域分布状况来看，2009年，全国开展研发活动的规模以上工业企业所占比重为8.5%。其中，东部地区的比重最高，达到8.9%；中部和西部地区的比重均低于全国平均水平，分别为7.8%和6.8%；比重最高的10个省市依次为：北京、浙江、江苏、湖南、宁夏、海南、天津、重庆、上海、湖北，比值呈"2-4-4"的三级梯队格局。这些地区的企业研发活动较为活跃，在一定程度上取决于当地创新环境的改善。以上数据表明，中国各地区的企业研发活跃程度仍然存在较大差异。

3. 技术含量较高的行业中企业研发活动也比较活跃

从企业的行业分布状况来看，2009年，全国开展研发活动的规模以上工业企业中，开展研发活动的企业数所占比重超过全国平均水平的共有12个行业，呈"2-2-3-5"的分布格局。其中，比重最高的行业是医药制造业和烟草制造业，均超过30%；其次是仪器仪表及文化、办公用机械制造业和通信设备、计算机及其他电子设备制造业，比重分别为25.8%和22%；再次是专用设备制造业、石油和天然气开采业、电气机械及器材制造业，比重在15%左右；最后是交通运输设备制造业、化学原料及化学制品制造业、通用设备制造业、化学纤维制造业以及有色金属冶炼及压延加工业，比重介于10%~13%之间。这些行业中的企业所提供的产品或服务，技术含量相对较高，因此企业开展研发活动的需求更加强烈。分析显示，中国各行业之间企业的研发活跃程度也不尽相同。

（三）中国工业企业研发资源投入状况

1. 企业研发经费投入强度不断提高，其中国有独资公司强度最高

进入"十一五"以来，中国工业企业的研发经费投入持续增加，投入强度不断提高。据 2010 年《中国科技统计年鉴》，2009 年规模以上工业企业研发经费支出 3775.7 亿元，研发经费投入强度 0.69%，比 2005 年提高 0.1 个百分点。其中，大中型工业企业研发经费支出 3210.2 亿元，研发经费投入强度 0.96%，比 2005 年提高 0.2 个百分点；规模以上工业企业新产品开发经费支出 4482 亿元，约为 2005 年的 4倍。其中，大中型工业企业新产品开发经费支出 3654.6 亿元，是 2005年的 2.5 倍。

从企业的类型分布状况来看，内资企业研发经费投入强度 0.7%，略高于全国平均水平，其中国有企业 0.63%，国有大型企业 0.78%，国有独资公司 1.49%，超过全国平均水平的 2 倍；港澳台商投资企业研发经费投入强度 0.71%；外商投资企业研发经费投入强度 0.64%。因此，国有独资公司是研发经费投入强度最高的企业群体。

2. 企业研发人员投入规模逐渐扩张，其中内资企业是最主要的载体

进入"十一五"以来，中国企业的研发人员在数量和质量上均有所提升。政府研究机构和高等学校的研发人员数量虽然有所增长，但占全国的比重逐年下降，只有企业研发人员数量及其占全国的比重不断增长。据 2010 年《中国科技统计年鉴》，2009 年规模以上工业企业拥有研发人员 191.4 万人，占全国研发人员总数的 60.1%；研发人员全时当量为 144.6 万人/年，占全国总量的 63.1%。其中，大中型工业企业拥有研发人员 151.9 万人，研发人员全时当量为 115.9 万人/年，是2005 年的 1.9 倍。

从企业的类型分布状况来看，内资企业研发人员全时当量为 106.9万人/年，占全国总量的 73.9%；港澳台商投资企业研发人员全时当量为 14.9 万人/年，占全国总量的 10.3%；外商投资企业研发人员全时当量为 22.8 万人/年，占全国总量的 15.8%。由此可以看出，内资企业是研发人员开展研发活动最主要的载体。

（四）中国工业企业研发活动开展状况

1. 企业新产品开发项目的比重提高

据第二次全国研发资源清查结果显示，2009 年中国规模以上工业企业共开展研发项目 19.4 万项，项目人员全时当量 122.9 万人年，项目经费 3185.9 亿元。其中，按项目技术经济目标分，开发全新产品的项目经费占 50.7%，增加产品功能或提高性能项目占 30.3%，减少能源消耗或提高能源使用效率项目占 6.0%，提高劳动生产率项目占 3.3%，减少环境污染项目占 2.7%，技术原理研究项目占 2.0%，节约原材料项目占 1.7%，其他项目占 3.3%（见图 1）。开发全新产品的项目占到项目总数的 50% 以上，表明中国工业企业的自主创新意识和能力有所提升。

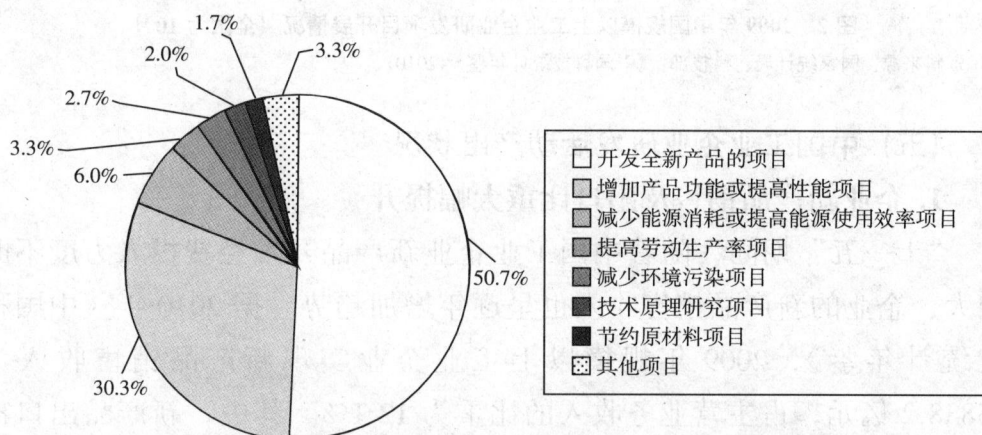

图 1　2009 年中国规模以上工业企业研发项目技术经济目标构成

资料来源：国家统计局等：《第二次全国科学研究与试验发展（研发）资源清查主要数据公报》（2010）。

2. 内资企业是开展研发项目的主体

据 2010 年《中国科技统计年鉴》，2009 年规模以上工业企业中，内资企业开展研发项目 15 万项，研发项目人员数 113.5 万人，研发项目经费支出 2306 亿元，分别占全国总数的 77.1%、74.5% 和 72.4%；港澳台商投资企业开展研发项目 1.8 万项，研发项目人员数 16.2 万人，研发项目经费支出 317 亿元，分别占全国总数的 9.4%、10.6% 和 10.0%；外商投资企业开展研发项目 2.6 万项，研发项目人员数 22.7 万人，研发项目经费支出 562.9 亿元，分别占全国总数的 13.6%、

14.9%和17.7%（见图2）。由此可见，内资企业是中国工业企业研发项目的执行主体。

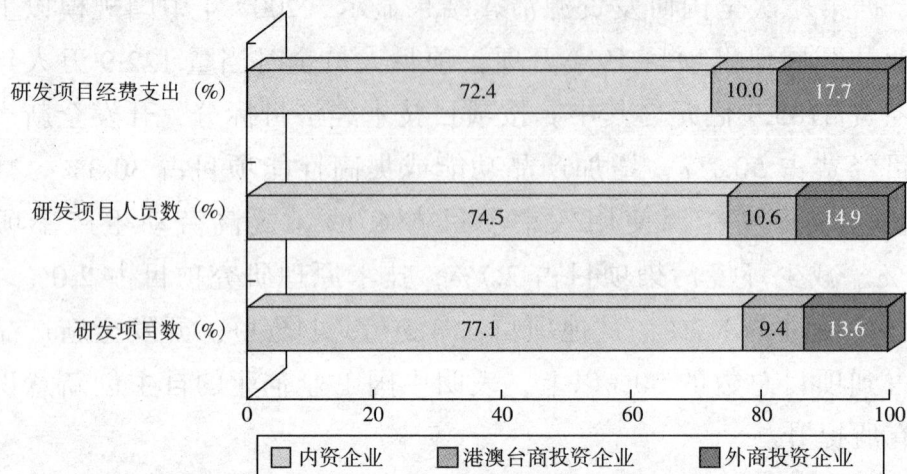

图2　2009年中国规模以上工业企业研发项目开展情况（全国为100）

资料来源：国家统计局、科技部：《中国科技统计年鉴》（2010）。

（五）中国工业企业研发活动产出状况

1. 企业新产品销售及出口比重大幅提升

"十一五"期间，随着中国工业企业新产品开发经费投入力度不断加大，企业的新产品销售收入也呈逐年增加趋势。据2010年《中国科技统计年鉴》，2009年规模以上工业企业实现新产品销售收入为65838.2亿元，占主营业务收入的比重为12.1%。其中，新产品出口额达到11572.5亿元，占产品销售收入的比重为17.6%。企业新产品销售收入和出口金额两项指标约为2005年的2倍。

2. 内资企业新产品销售及出口比重最低

从企业的类型分布状况来看，外商投资企业新产品销售收入占主营业务收入比重最高，为17.1%，其次是港澳台商投资企业，比重是12.5%，最后是内资企业，比重只有10.8%，低于全国平均水平；港澳台商投资企业新产品出口额占新产品销售收入比重最高，为37.4%，其次是外商投资企业，比重是24.4%，最后是内资企业，比重只有11.9%，低于全国平均水平（见图3）。以上数据表明，与其他两种类型的企业相比，内资企业的新产品产出和销售能力相对较弱。

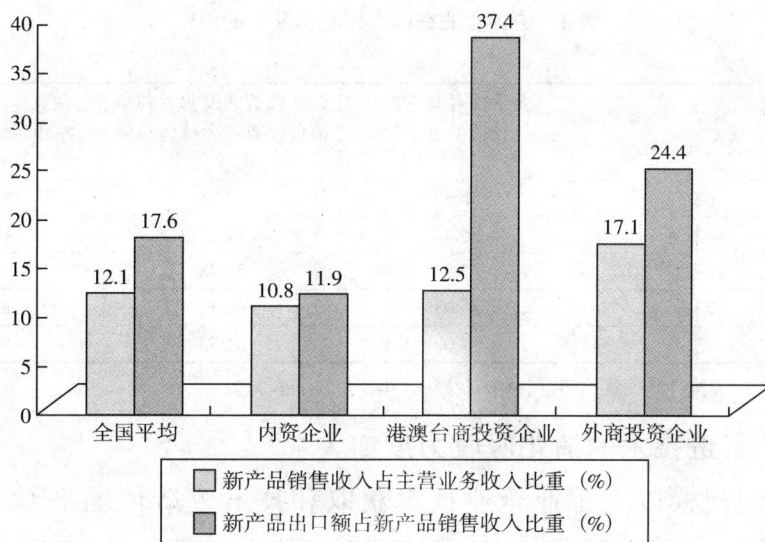

图3 2009 年中国规模以上工业企业新产品销售及出口情况

资料来源：国家统计局、科技部：《中国科技统计年鉴》(2010)。

二、"十一五"时期中国工业企业研发的主要成就

(一) 企业研发主体地位进一步巩固

随着中国经济体制和科技体制改革的不断推进，科技资源配置格局已经发生重大转变，企业逐渐代替科研机构和高等院校成为研发活动的主体。"十一五"时期，中国企业在国家创新体系中的研发主体地位得到进一步巩固。这不仅体现在研发投入环节，还体现在对研发成果知识产权的控制权的加强，各环节表现均比"十五"期末有不同程度的改善（见表1）。2009 年，企业研发经费支出占全社会比重超过73%，比 2005 年提高近 5 个百分点，已经达到发达国家水平；企业拥有的重大科技成果占全社会比重突破 37%，比 2005 年提高 1.5 个百分点；企业拥有的发明专利申请授权数占全社会比重达到 61.53%，比2005 年增长高达 9.3 个百分点；企业作为卖方在技术市场成交合同金额占总金额的比重为 86.49%，与 2005 年相比增幅超过 27 个百分点。以上数据表明，企业作为我国研发投入、产出以及技术转移的主体地位日益稳固。

表1　中国企业在国家创新体系中的地位

单位：%

年份	企业研发经费支出占全社会总量的比重	企业拥有的重大科技成果占全社会总量的比重	企业拥有的发明专利申请授权数占全社会总量的比重	企业作为卖方在技术市场成交合同金额占总金额的比重
2005	68.32	35.62	52.25	59.24
2006	71.08	35.42	51.27	84.04
2007	72.28	35.76	52.48	86.43
2008	73.26	36.98	60.87	87.57
2009	73.23	37.08	61.53	86.49

资料来源：国家统计局、科技部：《中国科技统计年鉴》（2006~2010）。

（二）引进技术的消化吸收力度加大

从中国规模以上工业企业技术获取和技术改造情况来看，据2010年《中国科技统计年鉴》，2009年中国规模以上工业企业引进国外技术经费支出422.2亿元，引进技术消化吸收经费支出182亿元，消化吸收经费占引进国外技术经费的比重为43.1%，比2008年提高16.8个百分点，比2004年提高27.7个百分点，比2000年提高35.6个百分点；购买国内技术经费支出203.4亿元，占引进国外技术经费支出的比重为48.2%，比2008年提高8.7个百分点，比2004年提高27.4个百分点，比2000年提高36.9个百分点（见图4）。由此可以看出，中国企业逐渐加大了对引进技术的消化吸收力度，"重技术引进、轻消化吸收"的问题有所改善。与此同时，随着中国企业研发能力的提高和技术交易市场的完善，越来越多的企业倾向于购买国内技术而不是引进国外技术。

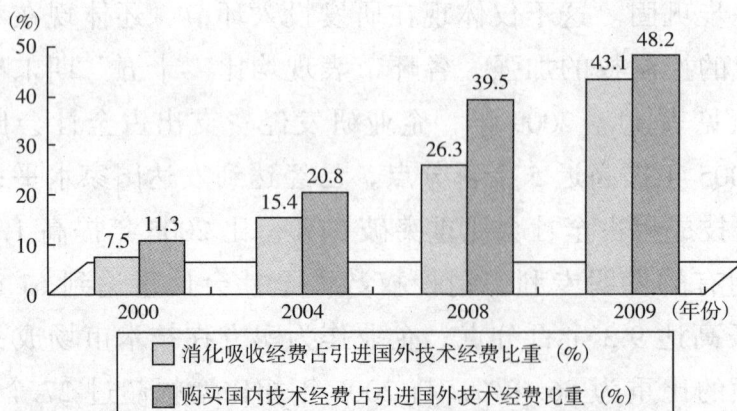

图4　中国规模以上工业企业技术获取和消化吸收情况

资料来源：国家统计局、科技部：《中国科技统计年鉴》（2010）。

（三）企业的知识产权意识明显增强

专利是企业技术创新能力的重要标志。"十一五"时期，中国企业专利申请量大幅增加，表明企业的知识产权意识明显增强。据 2010 年《中国科技统计年鉴》，2009 年，中国规模以上工业企业共申请专利 26.6 万件，其中发明专利 9.2 万件，有效发明专利数 11.8 万件。企业申请专利数和申请发明专利数均达到 2005 年的 4 倍。从最能代表研发能力的发明专利申请及授权情况来看，2009 年，中国企业国内发明专利申请受理数为 11.8 万件，是 2006 年的 2.1 倍；发明专利申请授权数为 3.2 万件，是 2006 年的 3.4 倍；发明专利有效数为 9.1 万件，也达到了 2006 年的 3.4 倍（见图 5）。根据以上数据计算，中国企业整体发明专利申请成功率为 1/4 左右。

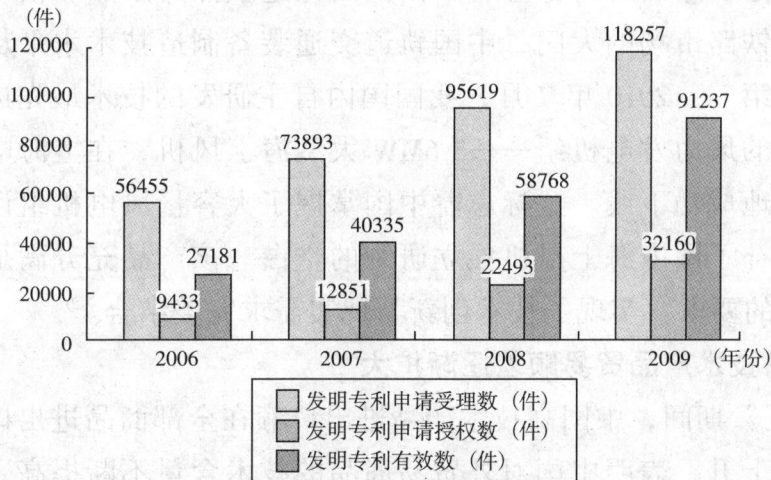

图 5　中国企业国内发明专利申请及授权情况

资料来源：国家统计局、科技部：《中国科技统计年鉴》(2010)。

（四）企业取得了多项重大技术突破

"十一五"期间，中国工业企业加大技术研发投入力度，在产业链内外广泛建立合作伙伴关系，取得了多项重大技术突破，并且达到了国际先进、国内领先的水平。此外，一些企业不仅通过申请专利掌握了核心技术的自主知识产权，同时还参与到行业标准甚至国际技术标准的制定当中，开始抢占自主创新的制高点。

典型的案例包括：第一，TD-SCDMA 是由我国提出的第三代移动通信（3G）国际标准，2000 年 5 月，TD-SCDMA 正式成为国际电信联盟（ITU）确定的第三代移动通信标准（3G）之一，从而实现了在通信标准领域的一个突破，标志着我国电信技术水平迈入了一个新阶段。[①]在此基础上，2009 年 10 月，我国提交的 TD-LTE-Advanced 技术标准又成功入选 4G 国际标准，成为我国通信技术自主创新的又一里程碑。第二，2008 年 4 月，我国国产首列时速 350 公里 CRH3"和谐号"动车组列车在中国北车唐车公司成功下线，标志着我国成为世界上仅有的几个能制造时速 350 公里高速铁路移动装备的国家之一。尽管产品研制过程中引进了国外先进技术，但却根据我国实际，通过引进消化吸收再创新，构建起中国创造的时速 350 公里动车组的产品技术平台。2009 年 7 月，中国北车为澳大利亚研制的首列四辆不锈钢双层客车试验车在大连港装船出海，标志着中国人用先进成熟的产品和技术叩开了发达国家铁路市场的大门，中国轨道交通装备制造技术水平从此与世界接轨。第三，2010 年 7 月，我国国内自主研发的技术最先进、目前容量最大的风力发电机组——3.6MW 大型海上风机，在上海电气临港重装备基地成功下线。这标志着中国掌握了大容量风电机组设计核心技术，填补了国内海上风机独立研制的空白。该产品充分满足了用户节能减排的要求，实现了技术创新与现实需求完美结合。[②]

（五）高技术产品贸易顺差逐渐扩大

"十一五"期间，中国高技术产品进出口额在全部商品进出口额中的比重持续上升，表明中国对外贸易商品的技术含量不断提高。2009年，高技术产品出口额占所有商品出口总额比重为 31.4%，比 2005 年提高 2.8 个百分点；高技术产品进口额占所有商品进口总额比重为 30.8%，比 2005 年提高 0.8 个百分点（见表 2）。另外，从高技术产品的进出口贸易额变动趋势看，中国逐渐由贸易逆差转为贸易顺差，从 2004 年开始，高技术产品的出口额超越了进口额，并且贸易差额呈逐年扩大趋势，2010 年贸易顺差已达到 797 亿美元（见图 6）。

---

① 《TD 擎起中国通信业自主创新大旗——中国移动将全力以赴建设和运营 TD-SCDMA》，《潍坊日报》2010 年 7 月 22 日。
② 《上海电气：自主创新实现重大突破》，《上海证券报》2010 年 7 月 2 日。

表2　中国高技术产品进出口额及其比重情况

年份	高技术产品进出口 总额（亿美元）	出口额 （亿美元）	占商品出口额 比重（%）	进口额 （亿美元）	占商品进口额 比重（%）
2005	4159.7	2182.5	28.6	1977.1	30.0
2006	5287.5	2814.5	29.0	2473.0	31.2
2007	6348.0	3478.2	28.6	2869.8	30.0
2008	7574.3	4156.1	29.0	3418.2	30.2
2009	6867.8	3769.3	31.4	3098.5	30.8

资料来源：国家统计局等：《中国高技术产业统计年鉴》（2010）。

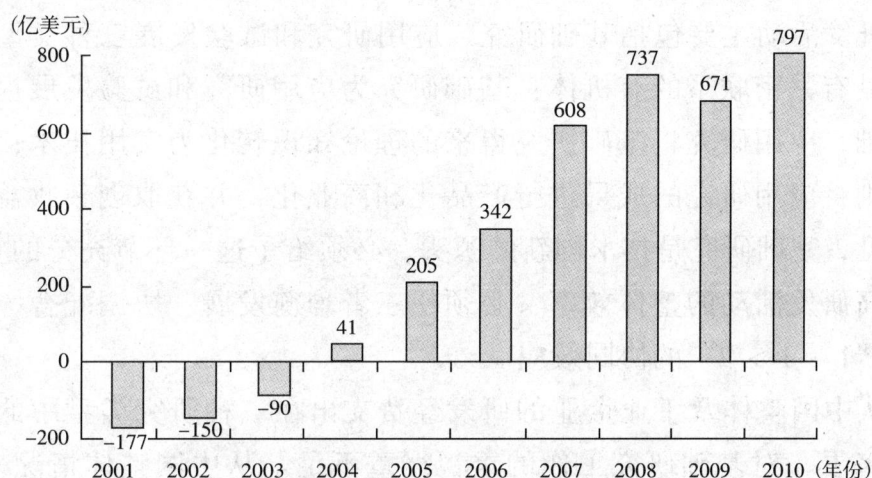

图6　高技术产品进出口贸易差额变化情况

资料来源：根据海关总署发布的2001~2010年进出口重点商品量值统计数据计算。

三、"十一五"时期中国工业企业研发的主要问题

（一）企业研发严重依赖自有资金

充足的资金投入是技术创新得以顺利开展的先决条件。企业创新资金的来源主要包括：自有资金、政府资助、金融机构贷款以及风险投资等其他融资渠道。据第二次全国研发资源清查结果显示，2009年，中国规模以上工业企业研发经费支出总额为3775.7亿元，比2008年增长约22.9%。从经费来源构成看，政府资金为160亿元，占研发经费支出总额的4.2%，企业资金为3538.3亿元，占93.7%，国外资金为34.1亿元，占0.9%，其他资金为43.3亿元，占1.1%。从我国规模

以上工业企业的现实状况来看，企业技术创新活动主要依赖自身积累，其次是金融机构贷款，并且对自有资金的依赖程度逐渐升高。近年来，企业自有资金所占比重维持在90%左右，一方面表明中国企业已经形成自主筹集经费的机制，再次证明企业在国家创新体系中的主体地位；另一方面也反映出企业研发活动经费来源单一、资金压力较大的问题，还会进一步引发企业创新动力不足的问题。

（二）企业基础研究投入严重不足

研发活动主要包括基础研究、应用研究和试验发展三种类型。三者是具有紧密联系的有机体：基础研究为应用研究和试验发展提供理论基础；应用研究将基础研究得来的理论知识转化为实用技术；试验发展则将应用研究的成果进行产品化和商业化，并获取创新收益。由此可见，基础研究是技术创新的源头，必须给予这一环节充分的重视。要提高研发活动的整体效率，必须使三者均衡发展、协调配合，才能产生"1 + 1 > 2"的协同效应。

从中国整体及工业企业的研发经费支出在三种研究类型中的分布情况来看，对基础研究工作的重视严重不足。从中国整体情况来看，2009年，中国研发经费用于基础研究、应用研究和试验发展的比例分别为4.7%、12.6%和82.7%。与发达国家相比，中国整体对基础研究的重视程度严重不足（见图7）。其中，企业的研发经费分配极不平衡，有97.9%的研发经费用于试验发展，而用于基础研究的比重却不足1%。这与研发机构和高等学校形成鲜明对比，表明三种创新主体的分工格局已经初步形成（见图8）。并且，这种趋势日益明显。从企业层面情况来看，据第二次全国研发资源清查结果显示，2009年，中国规模以上工业企业研发经费支出3775.7亿元，按活动类型划分，基础研究经费支出2.4亿元，占总额的0.06%；应用研究经费支出53亿元，占总额的1.4%；试验发展经费支出3720.4亿元，占总额的98.53%。

（三）产学研合作研发有待加强

在竞争全球化和知识经济时代，由于技术复杂度的提高和知识更新速度的加快，"术业有专攻"的各个创新主体之间的协作势在必行。

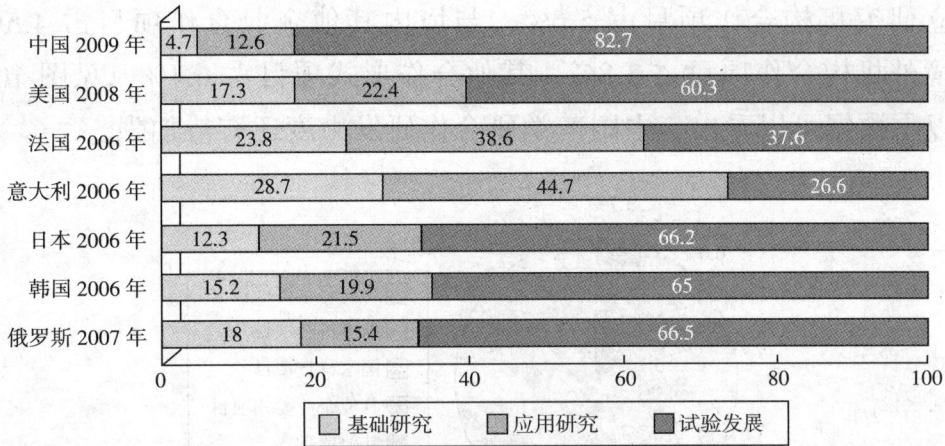

图7 研发经费支出活动类型构成的国际比较（%）

资料来源：国家科技部：《中国科技统计年鉴》（2010）、《中国科技统计数据》（2009）；OECD：《研究与发展统计》（2009）。

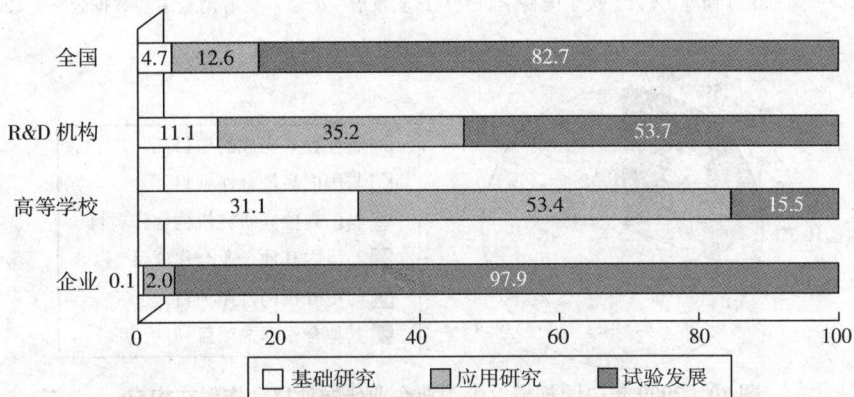

图8 2009年中国研发经费支出活动类型构成（%）

资料来源：国家科技部：《中国科技统计年鉴》（2010）。

长期以来，美国和日本等发达国家一直坚持基础研究和应用研究并重的发展思路，非常注重两者的紧密结合，这也是其技术研发成果层出不穷的重要原因之一。

据第二次全国研发资源清查结果显示，2009年，中国规模以上工业企业共开展研发项目19.4万项，项目人员全时当量122.9万人/年，项目经费3185.9亿元。其中，按项目来源分，企业自选的项目经费占80%，地方科技项目占7.8%，国家科技项目占6.0%，其他企业委托项目占2.5%，其他项目占3.7%（见图9）；按项目合作形式分，企业独立完成的项目经费占69.4%，与国内高校合作项目占10.3%，与国内独立研究机构合作项目占 5.6%，与境内其他企业合作项目占 4.5%，与境外机构合作项目占 3.8%，其他合作形式项目占 6.4%（见图 10）。从以上数据可以看出，中国产学研合作研发力度还有待加强。

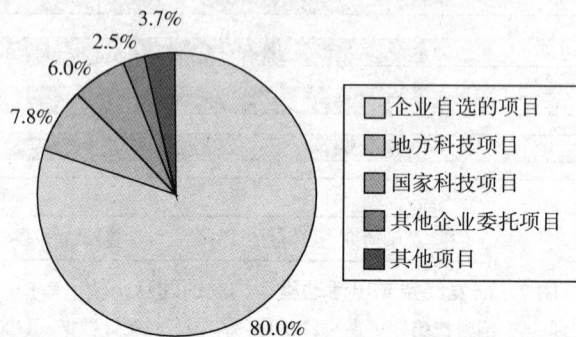

图 9　2009 年中国规模以上工业企业研发项目来源构成

资料来源：国家统计局等：《第二次全国科学研究与试验发展（研发）资源清查主要数据公报》(2010)。

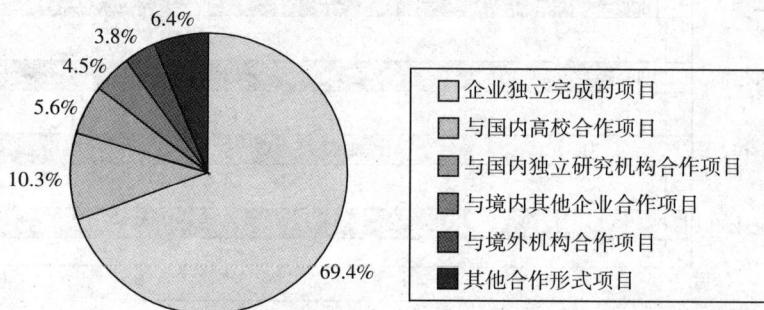

图 10　2009 年中国规模以上工业企业研发项目合作形式构成

资料来源：国家统计局等：《第二次全国科学研究与试验发展（研发）资源清查主要数据公报》(2010)。

（四）高技术企业的研发活动地位不突出

与发达国家相比，中国的高技术企业在全部企业研发活动中的地位并不突出。2007 年，在中国大中型工业企业研发经费总额中，高技术产业研发经费只占 25.8%，这一比例远低于主要发达国家及新兴工业化国家（地区）的水平，这些国家（地区）企业研发经费总额中高技术制造业研发经费所占比重都在 30% 以上，其中英国、美国和法国超过了 40%，韩国高达 53.8%，而最高的中国台湾甚至达到了 72.3%（见图 11）。

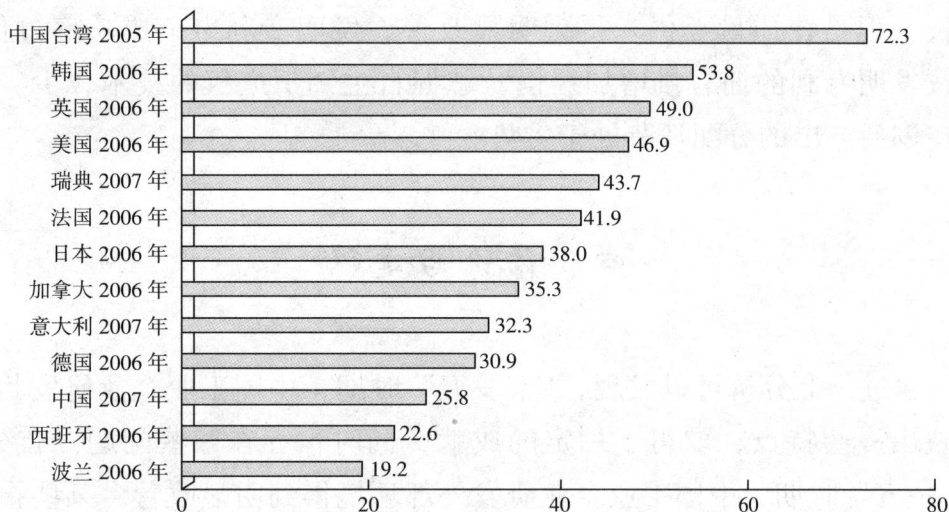

图11 高技术制造业研发经费占全部企业研发经费比重的国际比较（%）

注：中国为大中型工业企业数据。

资料来源：国家科技部：《中国研发经费支出特征及国际比较》，《科技统计报告》2009年第6期。

（五）高技术产品出口依赖外商投资企业

隐藏在高技术产品贸易顺差背后的事实是，超过一半的高技术产品出口额是由外商独资企业创造的，如果再加上中外合资、合作企业的份额，外商投资企业压倒性地占到了80%以上，相形之下，内资企业所占比重却不足10%，并且呈持续下降趋势。这种严重的不平衡表明：外商投资企业才是中国高技术产品贸易顺差的决定性因素，而内资企业的高技术产品出口情况仍然是以贸易逆差为主，再引申一步讲，证明中国内资企业的产品技术含量远远低于外商投资企业的水平。

（六）企业发明专利申请成功率过低

"十一五"时期，尽管中国企业三种专利的申请数比较接近，但是三种专利的申请授权数却并不平衡，发明专利的申请成功率最低。据2010年《中国科技统计年鉴》，2009年中国企业国内专利申请受理数约39.4万件，三种专利的申请受理数比较接近。其中，发明专利占30%，约占专利申请总数的1/3，与其他两类专利比重相当。专利申请授权数约21.8万件。其中，发明专利的申请授权数所占比重最低，仅占全部专利申请授权数的14.7%，远远低于其他两种专利；实用新型专利所占比重为43.7%；外观设计专利所占比重为41.6%，与实用新型专利基本持平。由此可见，中国企业的专利申请在数量上虽然有所增长，但是在质量上仍未得到明显改善，发明专利申请成功率过低，导致发明专利的拥有量增加缓慢，掌握自主知识产权的技术较少，从而在创新产出的分配环节处于劣势。

四、结论与建议

通过以上分析可以发现，"十一五"时期，中国工业企业研发状况反映出一些特点，取得了一定的成就，同时也存在一些问题。首先，"十一五"时期，中国工业企业研发外部环境得到明显改善，某些指标已经达到或接近发达国家水平，但是也存在"重数量、轻质量"的错误导向；研发资源、研发主体在不同区域和行业间分布不均衡；企业研发经费投入和人员投入持续增加，其中外商独资公司研发经费投入强度最高，内资企业是研发人员开展研发活动的主要载体；企业新产品开发力度明显加强，新产品开发项目所占比重已经超过50%，其中内资企业是研发项目最主要的执行主体；企业新产品销售及出口所占比重也大幅攀升，其中内资企业比重最低。其次，"十一五"时期，中国工业企业研发取得的主要成就包括：企业在国家创新体系中的研发主体地位得到进一步巩固；企业对引进技术的消化吸收力度加大，且越来越倾向于购买国内技术而不是引进国外技术；企业发明专利申请数和授权数逐年增加，表明企业的知识产权意识有所增强；高技术产品进出口额所占比重持续上升，贸易顺差呈逐年扩大趋势。最后，"十一五"时期，中国工业企业存在的主要问题有：企业研发严重依赖自有资金，经费来源过于单一削弱了企业的研发积极性；整个国家和企业普遍存在对基础研究投入不足的问题，导致我国原始创新能力难以提高；企业研发项目中80%属于自有项目，70%由企业独立完成，产学研合作研发力度仍显不足；与主要发达国家及新兴工业化国家（地区）相比，中国高技术企业在全部企业中的主体地位并不突出，制约了高技术企业在国家创新体系中的示范和带动效应的发挥；高技术产品贸易顺差背后的主要动力是外商投资企业，内资企业产品的技术含量远远低于外商投资企业的水平;企业发明专利申请成功率明显低于其他两类专利,以致企业掌握自主知识产权的技术较少。

针对"十一五"时期企业研发的成就和问题,提出下面几点建议:一是大力拓宽企业研发活动融资渠道。建议政府引导金融机构提供企业技术创新专项贷款,尤其是给予中小企业贷款优惠政策,同时充分调动非金融机构和民间资本的力量,打破企业技术创新的融资"瓶颈"。二是积极引导研发经费更多地投入基础研究领域。长期基础研究投入不足的格局,将会削弱应用研究和试验发展的效果,建议政府牵头设立基础研究重大科技专项,或对企业从事基础研究工作给予配套支持,促使创新主体更加重视基础研究工作。三是建立健全产学研合作研发机制。健全、高效的合作治理机制是促使合作研发成功并产生聚合效应的重要保障。建议针对目前中国产学研合作存在的问题,将产学研合作研发机制创新作为今后科技体制改革的重要内容。四是充分发挥高技术企业的示范和带动效应。高技术企业大多具有资金和技术密集的特点,它们是建设创新型国家的重要抓手,建议针对不同产业的特点分别出台高技术产业发展规划,并推出一系列的配套优惠政策,以高技术企业的技术创新带动其他企业创新能力的提升。五是努力提高内资企业的技术创新能力。在激烈的全球化竞争时代,技术实力雄厚的外商投资企业的大举入侵和跨国并购,对于技术能力积累不足的内资企业无疑是雪上加霜。唯有提升内资企业的技术创新能力,才能抵御外来强敌,赢得长远发展。六是注意加强企业发明专利的质量。发明专利是最能体现企业技术创新能力的指标之一,目前中国企业的发明专利申请呈现"申请多,授权少"的现象,发明专利质量不高是造成申请成功率较低的主要原因,归根结底还是要求政府创造更加适宜企业研发的外部环境,从而提升企业的技术创新能力,尤其是掌握自主知识产权的自主创新能力。

参考文献

1. 科技部发展计划司:《全国及各地区科技进步统计监测结果》,《科技统计报告》2011 年第 1 期。

2. 科技部发展计划司:《全国及各地区科技进步统计监测结果》,《科技统计报告》2010 年第 2 期。

3. 国家科技部:《中国研发经费支出特征及国际比较》,《科技统计报告》2009 年第 6 期。

4. 国家统计局等:《第二次全国科学研究与试验发展（研发）资源清查主要数据公报（2010）》。

5. 国家统计局:《中国国民经济和社会发展统计公报》(2005、2009)。

6. 国家统计局:《中国统计年鉴》(2010),中国统计出版社,2010 年版。

7. 国家统计局、科技部:《中国科技统计年鉴》(2010),中国统计出版社,2011 年版。

8. 国家统计局等:《中国高技术产业统计年鉴》(2010),中国统计出版社,2010 年版。

9.《TD 擎起中国通信业自主创新大旗——中国移动将全力以赴建设和运营 TD-SCDMA》,《潍坊日报》2010 年 7 月 22 日。

10. 上海电气:《自主创新实现重大突破》,《上海证券报》2010 年 7 月 2 日。

"十一五"期间民营经济发展成就、面临问题与解决途径

经济研究所　杨新铭　胡家勇

　　"十一五"期间，国家出台了一系列促进"非公经济"发展的法律、法规和政策，形成了比较有利的制度环境，民营经济的地位发生了重大变化。但不可否认，中国的商业环境还有待于进一步改善，民营经济还面临着政策的"玻璃门"和严重的要素制约，自身还存在缺陷。因此，"十二五"期间应着重落实相关政策，真正打破民营经济的进入壁垒，缓解融资困境与人才"瓶颈"。同时，民营经济要完善自身治理结构，增强品牌意识和创新意识，实现可持续发展。

一、"十一五"期间民营经济的发展

　　"十一五"期间，随着民营经济① 发展环境的进一步改善，民营经济快速发展，地位显著提高，创造了明显的经济效益和社会效益。

1. 民营经济发展的制度环境不断改善

　　改革开放以来，对民营经济的认识上不断深化，从"必要的、有益的补充"到社会主义市场经济"重要组成部分"，再到"两个毫不动

---

　　① 民营经济有狭义和广义之分，狭义的民营经济主要指个体和私营经济，广义的民营经济指除国有及国有控股企业和"三资"经济以外的经济组织。本文的民营经济除特殊说明外均用狭义概念。

摇"和"两个平等"，①民营经济的经营环境随之不断得到改善。

2005 年初，国务院下发了《关于鼓励支持和引导个体私营等非公有制经济发展的若干意见》，即"非公经济 36 条"，为"十一五"期间民营经济的发展确定了政策基础。2006 年，新《公司法》正式实施，降低了公司设立门槛，扩大了出资范围。2007 年，《物权法》正式通过并实施，从法律上确定了各类市场主体的平等地位和发展权利，作为社会主义市场经济的基本原则，对鼓励、促进民营经济的发展意义深远。2008 年，被誉为经济宪法的《反垄断法》开始实施，为打破国有企业垄断，破除行业进入门槛奠定了法律基础，为民营企业向更多领域延伸发展开辟了空间。而《企业所得税法》及《实施条例》的颁布与执行，取消了内外资经济之间的差别待遇，降低了民营经济的实际负担。2010 年，国务院制定了《关于鼓励和引导民间投资健康发展的若干意见》，为引导民营资本向更多领域创造了条件。此外，《劳动合同法》、《就业促进法》以及之前颁布的《小企业促进法》等都有利于建立公平、健康、有序的社会主义市场经济体系。

为了落实"非公经济 36 条"，各级政府、各部门制定了相应的政策、法规。到 2008 年底，中央有关部门和单位在市场准入、财税金融、政府监督和经营环境等方面相继出台了近 40 个与"非公经济 36 条"相配套的文件。如 2007 年国家发改委等 12 个部门联合制定了《关于支持中小企业技术创新的若干政策》，国防科工委发布了《国防科工委关于非公有制经济参与国防科技工业建设的指导意见》，中国银监会下发了《银行开展小企业授信工作指导意见》，2009 年国家工商行政管理总局下发了《关于进一步促进个体私营经济发展的若干意见》，等等，为非公有制经济发展营造了良好的政策和制度环境。

民营经济的发展空间不断拓展，可投资领域不断增加。当前，除一些命脉产业仍由国有经济控制外，包括基础产业中的电力、煤气及

① 党的"十二大"报告将非公有制经济作为公有制经济的"必要的、有益的补充"。党的"十五大"报告将非公有制经济定位为我国社会主义市场经济的"重要组成部分"。党的"十六大"报告指出："必须毫不动摇地巩固和发展公有制经济。必须毫不动摇地鼓励、支持和引导非公有制经济发展。"党的"十七大"报告进一步指出："毫不动摇地巩固和发展公有制经济，毫不动摇地鼓励、支持、引导非公有制经济发展，坚持平等保护物权，形成各种所有制经济平等竞争、相互促进新格局。"

水的生产和供应，交通运输、邮电通信和仓储业，现代服务业中的金融、保险、通信、旅游、教育和医疗，资本技术密集产业中的大型装备制造业、汽车产业、大型集成电路、民用卫星和民用飞机等，在政策上均已对非公经济开放。

2. 民营经济快速成长

"十一五"期间，包括个体工商户和私营企业在内的民营经济快速成长，企业数量不断增加，资金规模不断扩大。从企业数量看，2005年底，个体工商户为2463.89万户，到了2010年9月底，个体工商户的数量超过3406.54万户，比2005年增加了942.65万户，五年间年均增长率为6.68%。私营企业2005年底为430.09万户，2010年9月达到818.88万户，增加了388.79万户，是2005年的1.9倍，年均增长率达到11.66%（见表1）。

表1 "十一五"期间民营经济发展状况

年 份	私营经济			个体经济		
	户数（户）	注册资金（亿元）	户均资金（万元）	户数（户）	注册资金（亿元）	户均资金（万元）
2005	4300916	61331.1	142.6	24638934	5809.5	2.36
2006	4980774	76028.5	152.6	25956066	6468.77	2.49
2007	5513120	93873.1	170.3	27415298	7350.79	2.68
2008	6574171	117356.7	178.5	29173323	9005.97	3.09
2009.9	7185000	135900	189.14	—	—	—
2010.9	8188800	177300	216.54	34065400	12700	3.73

资料来源：全国工商联研究室：《中国改革开放30年民营经济发展数据》，中华工商联合出版社，2010年版；2009年数据来自《2009年中国民营企业成就非凡》，新华网，2010年1月25日；2010年数据来自《"十一五"期间个体私营经济创造明显经济效益和社会效益》，国家工商行政管理总局网站。

从资金规模看，2005年个体工商户注册资金总额为5809.5亿元，户均注册资金2.36万元，到了2010年9月注册资金总额达12700亿元，户均注册资金达3.73万元，比2005年分别增长了118.61%和58.05%。私营企业2005年底注册资金总额为6.13万亿元，户均注册资金142.6万元，到2010年9月注册资金总额达17.73万亿元，户均注册资金达216.54万元，比2005年分别增长了189.09%和51.85%。

民营经济不仅在数量上快速增加，而且在向大型化、高级化发展。"十一五"期间，私营经济中迅速成长出一批具有一定生产规模、技术和装备先进、产品具有国际竞争力的现代企业。在重化工、冶金、汽车、电力等行业均已出现了资产规模几亿、几十亿、上百亿的私营企业。钢材产量超过100万吨的私营企业已有十多家，全国已有38家私营企业从事汽车整车生产。2008年，联想集团作为世界第四大计算机制造商跻身全球500强企业。2009年，根据收入规模，华为已经跻身全球第二大设备商，并闯入世界500强企业，成为登上世界500强的第二家中国民营科技企业。2010年，民营企业500强企业中有90多家进入中国企业500强名单。2010年，浙江吉利控股集团有限公司成功收购北欧最大的汽车企业——沃尔沃汽车公司。这些都说明民营经济正在孕育出更多的具有国际竞争力的企业。

3. 民营经济地位得到提升，能力不断增强

"十一五"期间，民营经济占国民经济比重快速提升，大大缩小了与其他经济成分之间的差距，基本形成了公有经济、民营经济和外资经济三足鼎立的格局。以工业为例，2005年，规模以上私营企业工业增加值12856亿元，2010年增加到45245亿元，比2005年增长了2.52倍，占全部工业增加值的比重也由2005年的17.80%提高到28.27%，提高了10个百分点（见表2）。"十一五"期间，规模以上私营工业企业增加值年均增长22.58%，高于全部工业企业平均水平8个百分点。2010年，规模以上工业中，国有及国有控股企业增长13.7%，集体企业增长9.4%，股份制企业增长16.8%，外商及港澳台商投资企业增长14.5%；私营企业增长20.0%。私营企业增加值的增长速度远远超过其

表2 "十一五"期间规模以上民营工业企业增加值变化情况

年份	全部工业		规模以上私营工业企业		私营企业占比
	增加值（亿元）	增速（%）	增加值（亿元）	增速（%）	（%）
2005	72187	16.4	12856	25.3	17.80
2006	91076	16.6	18736	24.4	20.60
2007	117048	18.5	26382	26.7	22.50
2008	132148	12.9	31764	20.4	24.00
2009	134625	11.0	37704	18.7	28.01
2010	160030	12.1	45245	20.0	28.27

资料来源：2005~2008年数据来自全国工商联研究室：《中国改革开放30年民营经济发展数据》，中华工商联合出版社，2010年版；2009年和2010年数据根据2009年和2010年《国民经济和社会发展统计公报》相关数据整理得到，其中私营企业增加值数据根据当年增长速度和上一年的数据计算得到。

他经济成分，成为国民经济最重要的成分之一。不仅如此，民营企业还承担着大量的固定资产投资。如表3所示，民营企业的固定资产投资远远超过国有企业和外资企业之和，且继续保持快速增长势头，成为国民经济重要投资主体和驱动经济增长的主导力量。

表3　2005~2008年全社会固定资产投资结构变化

年份	投资总额（亿元）	国有企业（%）	外资企业（%）	民营企业（%）
2005	88773.6	33.4	9.5	57.1
2006	109998.2	30.0	9.9	60.2
2007	137323.9	28.2	9.7	62.1
2008	172828.4	28.2	8.9	63.0

资料来源：2005~2008年数据来自全国工商联研究室：《中国改革开放30年民营经济发展数据》，中华工商联合出版社，2010年版。

民营经济充满创新活力。研发投入逐年上升，且增长速度超过了国有经济和外资经济（见表4），占全国研发投入的比重不断提高。与投入一同增长的是私营企业的专利申请数量，而且在"十一五"期间，私营企业专利申请数量已经超过国有经济。比较私营企业、国有经济和外资企业的研发投入产出可以发现，只有私营企业的产出比重一直高于其投入比重，外资企业的投入产出比重基本相当，而国有经济的产出比重大大低于其投入比重，这意味着私营企业的研发创新效率远高于外资企业和国有经济。以资本产出率来表示研发创新活动的效率，图1显示，国有经济、外资企业每个专利所投入的经费远高于私营企业。"十一五"期间，国有经济申请一个专利所投入的经费是私营企业的3.95倍，外资企业是私营企业的2.10倍。也就是说，私营企业每申

表4　"十一五"期间民营经济研发投入—产出状况

年份	申请专利数（件）	国有经济（%）	私营企业（%）	外资企业（%）	经费投入（万元）	国有经济（%）	私营企业（%）	外资企业（%）
2005	55664	16.17	14.51	30.14	13673413	22.39	7.06	27.19
2006	69009	11.54	14.21	27.15	16301909	22.85	6.46	27.26
2007	95905	10.21	17.34	29.29	21125000	20.98	6.99	29.12
2008	122076	11.76	18.39	26.55	26813110	19.25	8.73	27.20
2009	168408	11.26	17.46	28.56	32115692	19.93	10.02	26.98

注：国有经济主要包括国有企业、国有联营企业和国有独资有限公司。

资料来源：根据《中国科技统计年鉴》（2001~2009）和《中国统计年鉴》（2010）相关数据计算得到；2003年、2005年数据由差值法计算得到。

请一个专利所投入的经费只有国有经济的 25.33%，外资企业的 47.57%。

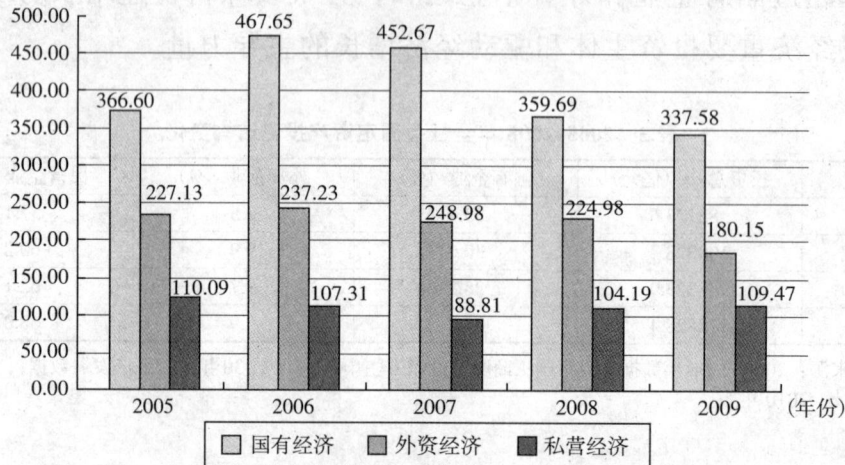

图 1 "十一五"期间不同所有制经济 R&D 资本产出率

4. 民营经济的社会效益

民营经济在推动中国经济增长的同时，产生了巨大的社会效益，在增加就业、扩大出口、提高收入、创造税收等方面做出了重要贡献。

第一，民营经济已成为吸纳就业的蓄水池，安置下岗失业人员和高校毕业生的主要渠道。截至 2010 年 9 月，我国个体私营企业从业人员已达 16166 万人，比 2005 年增长 50.74%。其中，个体工商户从业人员 6982 万人，比 2005 年底增长 42.48%；私营企业从业人员 9184 万人，比 2005 年增长 57.69%。[①] 这些还是登记的个体私营企业就业人数，如果算上没有登记的从业人员，那么实际吸纳就业人数早已超过了 2 亿人。个体私营经济已成为吸纳城镇新增就业的主要渠道。2005 年，城镇新增就业 970 万人，净增就业 855 万人，其中仅城镇个体私营经济新增就业就达到 721 万人，占新增就业的 74.35%，占城镇净增就业的 84.35%。2009 年，城镇新增就业 1102 万人，净增加 910 万人，而城镇个体私营经济增加就业 1056 万人，占城镇新增就业的 95.81%，超过净增就业 16 个百分点（见表 5）。这说明，城镇新增就业基本上

---

① 2010 年数据来自国家工商行政管理总局网站：《"十一五"期间个私经济创造明显经济效益和社会效益》，http://www.saic.gov.cn。

表5 "十一五"期间民营经济就业变化

单位：万人

年份	就业				增加就业				
	总量	私营	个体工商户	个私合计	全部个私	全国	城镇	净增	城镇个私
2005	75825	5824	4901	10725	1120	625	970	855	721
2006	76400	6586	5160	11746	1021	575	1184	979	731
2007	76990	7253	5497	12750	1004	590	1204	1040	924
2008	77480	7904	5776	13680	930	490	1113	860	842
2009	77995	8607	6585	15192	1512	515	1102	910	1056
2010.9	—	9184	6982	16166	974	—	1168	—	—

资料来源：2005~2009年数据来自《中国统计年鉴》(2010)，2010年数据来自《2010年国民经济和社会发展统计公报》和国家工商行政管理总局网站：《"十一五"期间个私经济创造明显经济效益和社会效益》。

是由城镇个体、私营经济所吸纳的，民营经济已成为新增就业的主体。

第二，民营经济发展提高了城乡居民收入，拓展了收入渠道，使收入来源日益多元化。"十一五"期间，无论是城镇还是农村，居民收入都有了较大幅度提高。2009年城镇居民人均总收入18858.09元，比2005年增长66.58%，农村居民人均总收入7115.57元，比2005年增长53.64%。城镇居民依然以工资性收入为主，但其所占比重呈现出逐渐下降的趋势，而经营性收入和财产性收入逐渐上升（见表6）。这意味着个体、私营经济对于城镇居民收入的影响逐渐加大。在农村，经营性收入占比逐年下降，2009年下降到61.89%，比2005年下降超过6个百分点，工资性收入占比提高了近4个百分点，达到28.97%。由

表6 "十一五"期间城乡居民收入构成

收入来源	2005年	2006年	2007年	2008年	2009年
城镇人均总收入（元）	11320.77	12719.19	14908.61	17067.78	18858.09
工资性收入（%）	68.88	68.93	68.65	66.20	65.66
经营净收入（%）	6.00	6.36	6.31	8.52	8.11
财产性收入（%）	1.70	1.92	2.34	2.27	2.29
转移性收入（%）	23.41	22.79	22.70	23.02	23.94
合计（%）	100	100	100	100	100
农村人均总收入（元）	4631.214	5025.08	5791.12	6700.69	7115.57
工资性收入（%）	25.36	27.36	27.56	27.66	28.97
经营性收入（%）	68.33	65.87	65.22	64.20	61.89
财产性收入（%）	1.91	2.00	2.21	2.21	2.35
转移性收入（%）	4.40	4.77	5.01	5.92	6.79
合计（%）	100	100	100	100	100

资料来源：根据《中国统计年鉴》(2006~2010)相关数据计算得到。

于农村居民缺乏进入城镇正规部门以及国有经济部门就业的渠道，实际上大量非农就业是由民营经济所提供的。因此，民营经济的发展对于城乡居民，特别是农民收入的提高以及渠道的多元化做出了重要贡献。

第三，民营经济进出口快速增长，迅速缩小与国有经济的差距。"十一五"期间我国对外经济快速增长，到2008年进口总值比"十五"末期的2005年增长71.61%，出口增长87.77%。其中，民营企业的进口增长111.27%，出口增长155.54%。民营经济迅速崛起为与国有经济相当的内资经济成分。2005年，民营经济进出口总值只占进出口总值的15.78%，其中进口占比为11.43%，出口占比为19.55%。到2008年，民营经济进出口占比提高到21.07%，仅低于国有经济2.77个百分点；进口占比提高了2.64个百分点，与国有经济相差17.17个百分点，仅比2005年缩小1.28个百分点；而民营企业出口占比则大幅度提高到26.61%，由2005年低于国有经济2.6个百分点提高到2008年超过国有经济8.63个百分点（见表7）。

表7 "十一五"期间内资企业进出口变化

单位：亿美元，%

	2005年	2006年	2007年	2008年	2008年比2005年增长
进口总值	6599.50	7914.60	9559.50	11325.60	71.61
国有企业	29.88	28.46	28.21	31.24	79.41
外资企业	58.72	59.71	58.52	54.74	59.99
民营企业	11.43	11.84	13.25	14.07	111.27
出口总值	7619.50	9689.40	12177.76	14306.90	87.77
国有企业	22.15	19.75	18.46	17.98	52.38
外资企业	58.30	58.19	57.11	55.26	77.98
民营企业	19.55	22.08	24.44	26.61	155.54
进出口合计	14219.00	17604.00	21737.26	25632.50	80.27
国有企业	25.74	23.66	22.75	23.84	66.95
外资企业	58.49	58.88	57.73	55.03	69.60
民营企业	15.78	17.48	19.52	21.07	140.66

资料来源：根据全国工商联研究室《中国改革开放30年民营经济发展数据》，中华工商联合出版社，2010年版计算得到。此处民营经济是指除国有经济与外资经济以外的经济成分。

二、民营经济发展中的问题与原因

"十一五"期间，民营经济取得了长足发展，但也存在一些问题，这些问题既有体制机制的原因，又有其自身发展不成熟的原因。

第一，民营经济在整体壮大的同时存在着分化严重、发展不均衡等问题。民营经济的区域分布极不均衡，中西部地区严重滞后于东部的发展。以规模以上私营工业企业为例，2009年，中西部私营企业无论是数量、产值、资产还是就业人数，都不足东部地区的一半（见表8）。在2010年中国民营企业500强中，浙江180家排在第一，江苏129家位列第二，两省超过六成，其后是山东、上海和广东，而西部地区只有38家。民营企业规模明显小于国有和外资企业，影响了民营企业个体的竞争力。2009年，中国移动净利1458亿元，中国石油净利1033亿元，两者相加已经超过2010年民营企业500强的净利润总和（2179.5亿元）。规模以上私营工业企业的平均资产、产值以及主营业务收入不足国有企业的5%，外资企业的37%，固定资产净值不足国有企业的2%、外资企业的27%。实际上，截至2010年9月，全部私营企业的户均注册资金只有217万元（见表9）。民营经济整体素质还不高，且分化严重。尽管存在联想、华为等能够冲进全球500强具有国际竞争力的民营企业，但更多的是为数众多的中小型企业。这些企业规模小、生产技术相对落后，产品附加值低、竞争力差。而且往往集中分布于东南沿海地区，以依附于大型企业的块状经济为主要特征，尚未形成产业集群，更没有自己的品牌以及核心竞争力，独立发展能力较差，一旦大型企业业务受阻，这些民营企业往往面临着停产倒闭的危险。在管理模式上，大量中小型民营企业仍以家族式管理为主，存在治理问题。在企业发展初期，企业规模较小，生产单一，家族式管理比较有效率。但随着企业成长变大，这种落后的管理将影响民营企业的长远发展。此外，大量中小民营企业缺乏品牌意识，不注重产品创新，缺乏企业经营特色，这些也都不利于民营经济的长远发展。

表8 2009年规模以上私营工业企业分布状况

单位性质	企业单位数（个）	工业总产值（亿元）	总资产（亿元）	从业人数（万人）
东部	181732	111166.1	62758.04	2019.88
中部	49140	33050.17	16404.02	602.16
西部	25159	17809.88	12013.55	351.8

资料来源：根据《中国统计年鉴》（2010）相关数据计算得到。

表9 2009年规模以上工业企业平均状况

单位：万人，万人

	资产	固定资产净值	从业人员	工业产值	主营业务收入	利润
全部合计	6629	1949	131	6843	66	4
国有企业	84311	50966	386	91665	912	26
集体企业	2977	614	78	3251	32	2
私营企业	3690	887	99	4242	41	2
外资及港澳台企业	11410	3390	230	11365	111	7

资料来源：根据《中国统计年鉴》（2010）相关数据计算得到。

第二，有利的政策措施落实难度大。尽管"非公经济36条"颁布以来相关的政策措施逐步完善，原有垄断行业（除关系经济安全的行业外）大都在理论上已向民营经济开放，但到目前为止还很难落到实处，很多领域依然存在一道看不见的"玻璃门"阻挡着民营企业进入。例如，民营企业就很难进入石油领域。2005年，商务部发布《成品油批发企业管理技术规范》、《成品油仓储企业管理技术规范》两个征求意见稿，规定申请设立成品油批发企业的申请主体注册资本应不低于1000万元，要有两年以上的成品油零售业务，且须拥有30座以上自有或控股加油站。另外，天然气开采的具体准入政策要求注册资本不低于40亿元。对于民营企业来讲，不可能在短期内具备这样的准入条件。中国民（私）营经济研究会会长保育钧指出，从私营经济发展的整个历史进程看，"非公经济36条"堪称一份划时代的文件。但是让人失望的是，直到目前，"非公经济36条"落实很难，也可以说基本没有落实，原因是碰到了既得利益集团的强大阻力，许多业内人士抨击的"玻璃门"现象（看得见进不去）并没有实质性的改变。① 全国工商联关于"非公经济36条"落实情况的问卷调查显示，非公有制经济

① 张志勇：《中国往事30年》，经济日报出版社，2009年版。

进入面临最大障碍的五个行业分别是电力、电信、石油、金融服务业和公用事业,[1] 而障碍主要来自技术、资金以及从业经验要求等。

"玻璃门"现象的存在主要有两个原因:既得利益集团的阻碍和思想束缚。现有的垄断行业是历史形成的,利益格局已经相对稳定,且有不断固化的趋势,而要打破原有的体制性障碍,就必然会导致利益格局的重新划分,触及既得利益者的利益,必然会引起既得利益者阻碍。重新调整利益格局,使民营企业真正获得平等地位,不可能在朝夕之间完成。从思想上讲,公有经济、国有企业在国民经济中应该保留何种地位,发挥怎样的作用,一直以来就备受争议,非公有制经济能否进入国民经济的一些重要领域和高盈利部门,争议不断。

中国的商业环境在不断改善(见表 10),但据世界银行 2011 年报告[2] 的评估,在中国开办企业的难度还相当大。在 183 个被评估国家中,中国排在第 151 位,比 2010 年下降了两位。与发达国家相比,中国在开办程序、开办时间、开办所需费用支出以及最低注册资本四个方面还有很大差距,即使与"金砖四国"相比也不乐观,在开办程序和时间上仅排在巴西之前,而在费用支出和最低注册资本上则只排在印度之前(如图 2 所示)。由此可见,中国的行政体制还有待进一步改革,以提高效率,为企业投资创造更为优质的环境。

表 10 "十一五"期间中国开办企业难度变化

项 目	2007 年	2008年	2009年	2010年	2011年
排名	—	—	—	149	151
程序数(个)	13	13	14	14	14
时间(天)	48	35	41	38	38
成本(人均国民收入百分比)	13.6	8.4	8.4	4.9	4.5
最低注册资本(人均国民收入百分比)	946.7	190.2	158.1	130.9	118.3

资料来源:World Bank & the International Finance Corporation,"Doing Business 2011 China", http://www. doing business.org/reports。2007 年数据来自全国工商联研究室:《中国改革开放 30 年民营经济发展数据》,中华工商联合出版社,2010 年版。

---

[1] 黄孟复:《中国民营经济发展报告(2007~2008)》,社会科学文献出版社,2008 年版。

[2] World Bank & the International Finance Corporation,"Doing Business 2011 China", http://www.doing business.org/reports.

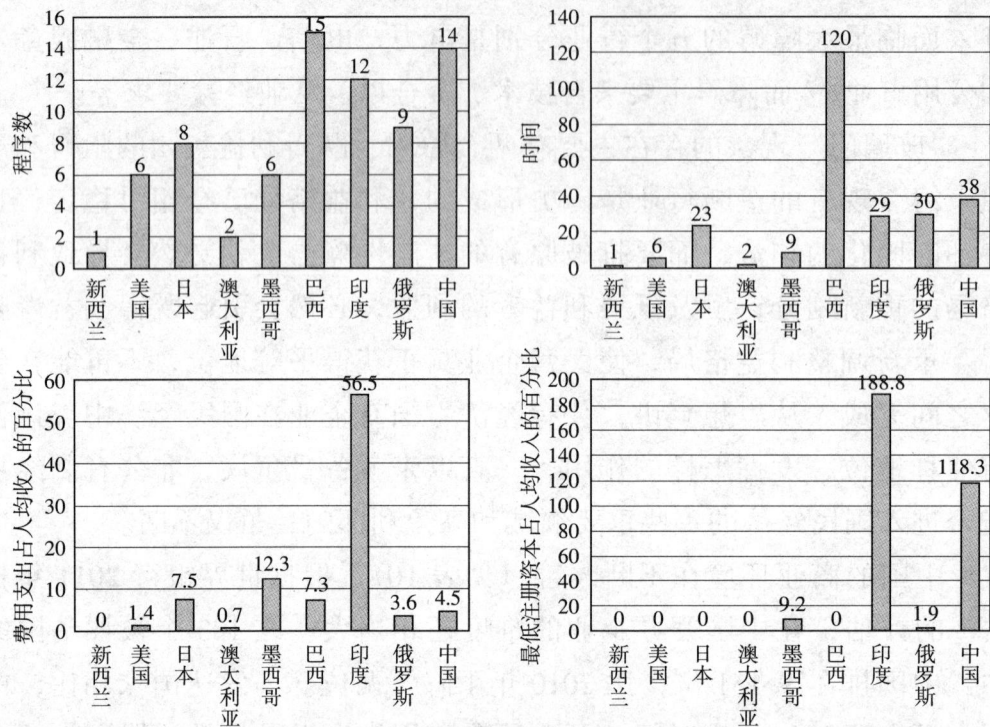

图2　2011年开办企业难易程度比较

资料来源：World Bank & the International Finance Corporation, "Doing Business 2011 China", http://www. doing business.org/reports.

第三，在资源配置上还存在不公正待遇，特别是广大中小民营企业面临融资渠道少、门槛高的限制。中小企业融资难是各国面临的一个普遍问题，这一问题在中国尤为严重。原因不在于中国的中小企业比国外中小企业的资产更少、信用更低，而在于传统的金融体制对于中小企业长期重视不足，在于政府对中小企业融资支持力度不够，金融机构特别是能够贷款给中小企业的金融机构明显发育不足。如表11所示，民营经济所获得贷款虽然在"十一五"期间呈现逐渐上升的趋势，但总体比重仍然很低。2007年个体私营企业在非国有经济贷款总额中不足1/4，2009年个体私营企业短期贷款还不足全部短期贷款的1/10。这种融资比重与民营企业所发挥的作用极不匹配。另外，在中小金融机构的贷款中，民营经济贷款仅略高于中小金融机构贷款总额的1/4。而在美国，资产规模小于1亿美元的银行，96.7%的贷款给了中小企业，资产规模在1亿~3亿美元的银行，其中85%的贷款给了中小企业，资产规模在3亿~10亿美元的银行，其中63.2%的贷款给了中小企业，而资产规模在 10 亿~50 亿美元的银行，37.8%的贷款是给了中小企业的，大于 500 亿美元的银行，中小企业贷款占 16.9%。[①] 相比之下，中国民营中小企业的发展缺乏金融制度的支撑。

表 11 "十一五"期间民营经济融资状况

单位：亿元

项　　目	2005 年	2006年	2007年	2008年	2009年
非国有经济贷款余额 *	120046	139902	164517	—	—
个体私营企业贷款余额 *	21621	30339	37525	—	—
短期贷款 **	87449.2	98534.4	114477.9	125215.8	146611
私营个体企业短期贷款 **	2180.8	2667.6	3507.66	4223.82	7117

资料来源：* 全国工商联研究室：《中国改革开放 30 年民营经济发展数据》，中华工商联合出版社，2010 年版；**《中国统计年鉴》(2010)。

除了以上三类阻碍民营经济发展的主要障碍以外，还存在一些其他问题。如《劳动合同法》在保障劳动者权益的同时，在某种程度上却加重了民营企业的经营成本，成为当前尚处于微利运行的中小民营企业的新负担。而税费负担过重也制约着民营经济的发展，尽管"十一五"期间有所降低，但依然处于高位，特别是与国际上其他国家相比。根据世界银行最新报告，2011 年中国税收在 183 个国家中排名第 114 位，仍是税收负担较重的国家。另外，对于中小企业来讲，除了缴纳税收以外，还有各种不合理收费。资料显示，当前中小企业面临 1/3 的税和 2/3 的费。[②] 再加之，中小民营企业尚未完成产业技术升级，而相关政府部门要完成节能减排等环境指标，民营中小企业首当其冲。此外，在国内经济与世界经济联动趋势不断明显的条件下，由于缺乏对瞬息万变市场信息的掌控与分析，民营经济的市场风险加大。

三、促进民营经济进一步发展的策略

进一步促进民营经济的发展必须从思想束缚与原有制度中解放出

[①] 李子彬：《宏观经济调控与中小企业发展面临的机遇与挑战》，载单忠东主编：《民营经济三十年——思考与展望》，经济科学出版社，2009 年版。

[②] 黄孟复：《中国民营经济发展报告（2007~2008）》，社会科学文献出版社，2008 年版。

来，创造有利于民营经济发展的环境，同时提供必要的要素支持。而民营经济本身则要强化内部管理，加快技术升级和品牌创造。

第一，解放思想，落实政策。中国30多年改革开放的成功经验之一就是不断解放思想，打破不适合时代发展的陈旧观念束缚，制定并落实相关政策。要真正落实"非公经济36条"及相关配套政策。由于落实政策涉及原有利益格局的重新调整，因此，必须采取渐进办法破除垄断壁垒，消除不同领域既得利益集团形成联盟关系的可能性。通过逐步放开相关领域，真正开启"玻璃门"，为民营经济争取更大的发展空间。要进一步提高政府服务效率，减少行政审批程序，改革现行税费制度，降低民营企业的运行成本。

第二，加速产业集聚，提升民营经济整体实力。民营经济中绝大多数是中小企业，它们规模小、力量薄弱，只有依靠集群才能实现自身发展。但当前我国的产业集群还处于发展早期，尽管众多中小企业的分布呈现出集中于特定区域的特征，但这些企业生产技术相近，产品同质，缺乏紧密的分工协作，尚处于块状经济发展阶段，没有形成真正意义上的产业集群，从而限制了民营经济整体的发展与提升。必须借助产业提升，整合现有块状经济。可以在培育龙头企业、创新产业链的基础上，加强企业之间的分工协作，以龙头企业带动整个产业集群的发展，扩大产业集群的辐射范围。同时，要注重通过发展会展经济扩大产业集群的美誉度，通过组建各种中介组织（如商协会）强化产业内部协调管理，加强民营经济自律。要使产业集群不仅为当地大企业提供配套生产服务，而且能够依托特色产品独立存在，争取市场地位，拓展海外市场，将产业集群打造成世界级加工配套中心。而产业提升不可能单独依赖民营企业来完成，应加强社会服务体系建设，发挥中介组织、研究机构以及高等院校在信息服务、技术服务、咨询服务以及市场拓展等方面的作用。

第三，完善民营企业内部治理，依靠自主创新树立并维护企业品牌。长期以来，民营企业依赖低成本优势实现了快速发展，但随着国内劳动力和资源成本上升，现有的低成本优势将不断丧失，民营企业如果不转变原有发展模式，必然会受到越来越大的冲击。要鼓励民营企业创新，实现企业产品创新、技术创新与经营模式创新，通过不断创新提升民营企业核心竞争力，促进民营企业可持续发展。通过民营企业和科研机构以及高等院校的合作实现产研结合，保证民营企业持续创新动力。将产业内具有优势的民营企业培育为产业龙头企业，带动民营经济产业集群的整体发展。强化民营企业的品牌意识和知识产权保护意识。民营企业要从众多的竞争者中脱颖而出就必须注重强化企业产品以及企业自身品牌的建设与维护。除了保证产品和服务的质量外，建设和维护企业品牌的有效途径是增加产品的附加值，除了品牌效应外，更多地关注产品功能、外观以及售后服务等，通过提升产品附加值树立良好的品牌形象。

第四，创新融资渠道，培育人才，为民营经济发展提供必要的要素支持。民营经济的发展壮大离不开资金和人才等优质要素的投入。当前民营企业发展壮大依然以自身积累为主，不利于民营企业的快速成长。原因在于缺乏足够的融资渠道，特别是针对众多中小型民营企业的融资渠道。长期以来，以大银行为主导的间接融资是我国企业融资的主要途径，这就使当前融资渠道不能被中小民营企业所利用。要使中小民营企业能够通过银行获得发展所需的资金，就必须发展中小金融机构。实践表明，中小金融机构的发展确实为民营中小企业的发展提供了融资便利。对浙江台州路桥的调研表明，截至 2010 年 7 月底，台州路桥本地的 3 家中小股份制民营银行的贷款客户中，90% 以上是资产在 100 万元以下的中小企业，而该地区的国有大银行则仍以大企业和大项目为主。要大力发展中小银行、社区银行、小额贷款公司、担保公司等小金融机构，为民营中小企业开辟有效的间接融资渠道。要进一步完善资本市场，拓展直接融资渠道。我国的资本市场发展较慢，金融工具种类不多，尽管开辟了中小企业板，但能够通过发行股票和债券进行融资的民营企业数量还很少，远远不能满足众多中小企业的融资需求。这就要拓展直接融资渠道，推出场外交易（OTC），如发展产业基金、私募基金等，对中小企业进行投资，发展债券市场特别是公司债券。

除了物质资本外，人力资本也是民营中小企业发展的"瓶颈"。长期以来，就业观念以及当前正规就业（公务员、事业单位以及国有大企业）的优势，使中小民营企业在人才竞争中处于劣势。改善民营中小企业的人才困境，短期内要加强对现有员工的培训，提升企业员工素质。长期内则应强化国家职业技术教育，培育高素质产业工人，为提升民营中小企业奠定人力资本基础。

参考文献

1. 全国工商联研究室：《中国改革开放 30 年民营经济发展数据》，中华工商联合出版社，2010 年版。

2.《"十一五"期间个私经济创造明显经济效益和社会效益》，国家工商行政管理总局网站，http：//www.saic.gov.cn。

3. 张志勇：《中国往事 30 年》，经济日报出版社，2009 年版。

4. 黄孟复：《中国民营经济发展报告（2007~2008）》，社会科学文献出版社，2008 年版。

5. World Bank & the International Finance Corporation，"Doing Business 2011 China"，http：//www.doing business.org/reports.

6. 李子彬：《宏观经济调控与中小企业发展面临的机遇与挑战》，载单忠东主编：《民营经济三十年——思考与展望》，经济科学出版社，2009 年版。

7. 中国企业管理研究会、中国社会科学院管理科学研究中心：《中国企业改革发展三十年》，中国财政经济出版社，2008 年版。

就业格局变化及其对收入分配的含义

人口与劳动经济研究所　张车伟

一、就业的格局变化

我国是世界上人口最多的国家，也是就业人数最多的国家。截至
2009 年，我国城乡从业人员数量为 7.79 亿人。其中，第一产业就业人
数 2.97 亿人，第二产业就业人数 2.17 亿人，第三产业就业人数 2.66
亿人。

目前，我国正处于快速城镇化的发展过程之中，但城镇人口占总
人口的比例仍然没有超过一半，2009 年这一比例为 46.58%。与此相
对应，我国的从业人员中仍然是在农村就业的人数占多数，2009 年农
村就业人数为 4.69 亿人，城镇就业人数为 3.11 亿人，农村就业大于城
镇就业的基本格局仍然没有发生根本性变化。

传统上，农村就业主要是农业就业，但这种状况在我国农村正在
悄然发生变化。目前，农村就业出现了两个明显的变化趋势：一个是
农村就业的非农业化；另一个是农村就业的雇员化。

当前的农村就业包括第一产业就业（简称"农业就业"）、乡镇企
业就业、私营企业就业和个体就业。然而，在国家统计局公布的农村
就业数据中，存在上述分项相加不等于总体的现象，也就是分项之和
大于农村就业总数。究其原因，就业总数错误的可能性较小，原因在
于分项统计中出现了重复计算。因为农村中存在相当一部分人在从事
农业的同时可能还在乡镇企业、私营企业工作或者从事非农业个体工

商活动的情况。在统计农村就业时，这部分人既被统计为农业就业，也同时被统计为其他形式的非农业就业。他们实际上处于兼业状态。有鉴于此，如果把农村的乡镇企业就业、私营企业就业和个体就业归为农村非农业就业，那么目前的农村就业就可以被划分为三类：农业就业、非农业就业和兼业就业。

如果兼业者从农业就业中剔除，则农村中完全从事农业就业的比例呈现出稳定下降趋势。1978年，农村纯粹农业就业比例高达90%，这一比例到2009年下降到55%。纯农业就业的绝对人数也从1990年开始下降，从3.68亿人下降到2009年的2.58亿人。农村就业已经从过去的农业就业为主转变为农业就业和非农业就业的二分天下（见图1）。

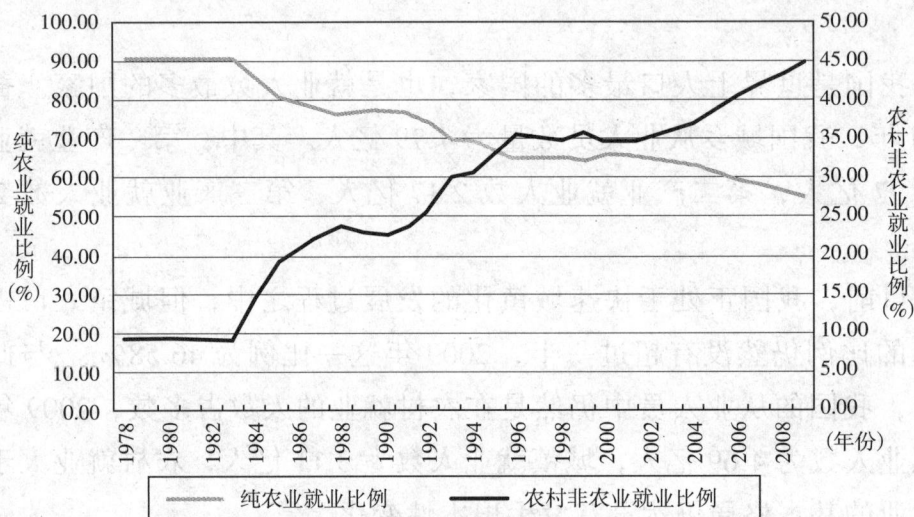

图1 农村就业的非农业化趋势

农村就业格局变化的另外一个趋势是雇员化的特征。中国农业是典型的小农经济，农业生产基本都属于以家庭为单位的个体经营活动。随着农村非农业产业的发展，越来越多的农村劳动力实现了就地转移，转变为在乡镇企业和私营企业工作的工人，工作形式也从家庭经济中的自我雇用转变为受雇于人。把在乡镇企业和私营企业就业人数加在一起，可以看到农村就业的雇员化趋势呈现明显上升趋势，这一比例在2009年已经达到40%左右（见图2）。

那么，城镇的就业格局正在发生什么样的变化呢？目前，城镇就

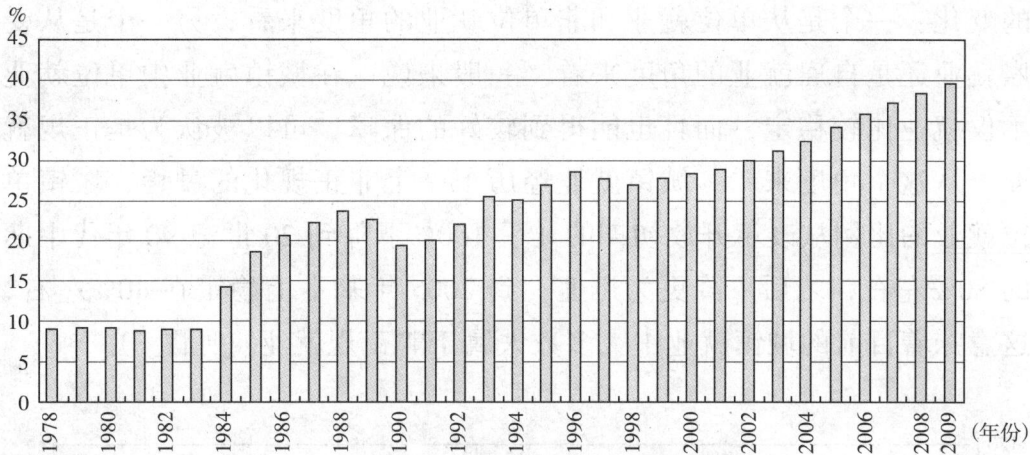

图 2　农村就业的雇员化趋势

业人数占全部就业人数的比例为 40% 左右。计划经济时期的城镇就业基本上都有正式的工作单位，并得到很好的保障。改革开放以后，随着劳动力市场化改革不断加深，城镇就业模式也出现了多样化趋势，除了正规单位就业外，自我雇用的个体就业以及灵活就业等就业形式也开始出现。这意味着在城镇就业既可以受雇于人也可以自我雇用。目前，根据国家统计局《中国统计年鉴》的统计，城镇就业被划分为如下类型：国有单位、集体单位、股份合作单位、联营单位、有限责任公司、股份有限公司、私营企业、港澳台商投资单位、外商投资单位和个体就业。一般来说，在国有单位、集体单位、股份合作单位、联营单位、有限责任公司、股份有限公司、港澳台商投资单位、外商投资单位中的就业可以被归为单位就业，而私营企业就业和个体就业为非单位就业。和农村就业统计不同，城镇就业统计中出现的问题是分项之和小于城镇就业总数。如果城镇就业的总数是准确的，那么，少的这部分人属于什么类型的就业呢？一般来说，城镇中有部分人的就业是很难被统计出来的，如那些从事家政服务的人员、自由职业者和其他类型的打零工者等，这些人很可能就是分项统计中没有被包括进来的人，我们可以把这部分人归为灵活就业人员。这样，城镇就业就可以被大致划分为这样几种类型：城镇单位就业、城镇私营企业就业、城镇个体就业和城镇灵活就业。

基于城镇就业形式的分化，可以从两个角度关注城镇就业所发生的变化：一个是从单位就业和非单位就业的角度来看；另一个是从受雇就业还是自雇就业的角度来看。一般来说，在城镇就业中单位就业不仅就业比较稳定，而且也能得到较好的保障，可以被认为是正规就业。从这个角度来看，城镇就业经历了一个非正规化的过程，城镇单位就业的比例从改革开放初期的几乎100%下降到20世纪90年代中期的80%左右，之后下降更为迅速，到2005年基本上稳定在40%左右，这意味着目前的城镇就业中大多数人属于非正规就业（见图3）。

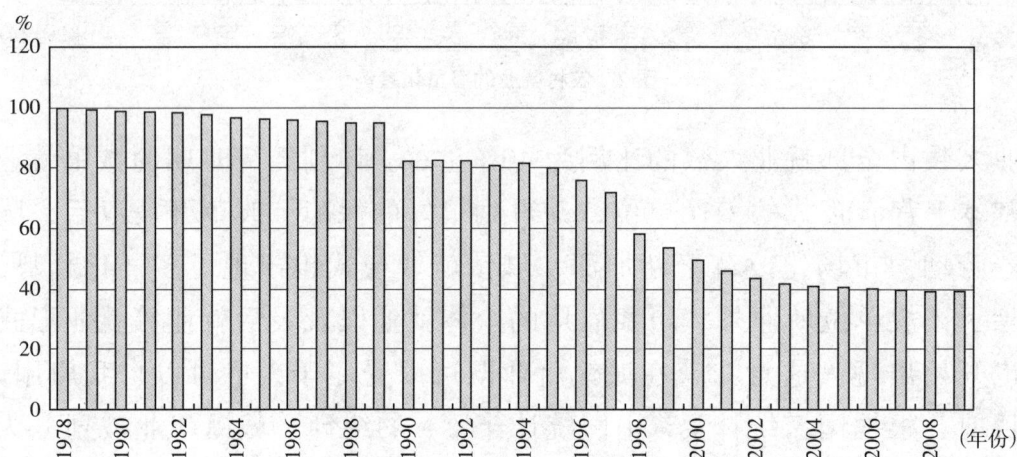

图3　城镇就业的非正规化趋势

从雇员化的趋势来看，城镇就业的雇员比例从改革开放以来也呈现下降趋势。不过，这里对如何定义受雇就业存在着一定的困难，这主要是因为城镇中灵活就业的人员属于受雇就业还是自雇就业这一问题很难回答。从收入来看，灵活就业人员得到的收入是工薪收入，与个体经营得到的混合收入不同，这似乎表明灵活就业人员似乎应该被视为雇员就业。然而，灵活就业又和一般意义上的雇员受雇于企业法人不同，灵活就业者的雇主可能是非法人单位的家庭或个人，用工方式也更灵活。有鉴于此，我们可以使用两个口径定义受雇就业：一个口径是仅法人企业中的就业，也就是仅包括城镇单位就业和私营企业就业；另一个口径是除了个体就业外，其他类型的城镇就业都归为受雇就业，也就是把灵活就业也看成是雇员就业。从第一个统计口径来看，城镇就业中雇员的比例自1978年以来呈现出快速下降的趋势，但这个下降的趋势从 2002 年后开始出现逆转，之后出现上升趋势。从第二个统计口径来看，城镇就业中雇员比例则呈现出稳步下降的趋势（见图 4）。

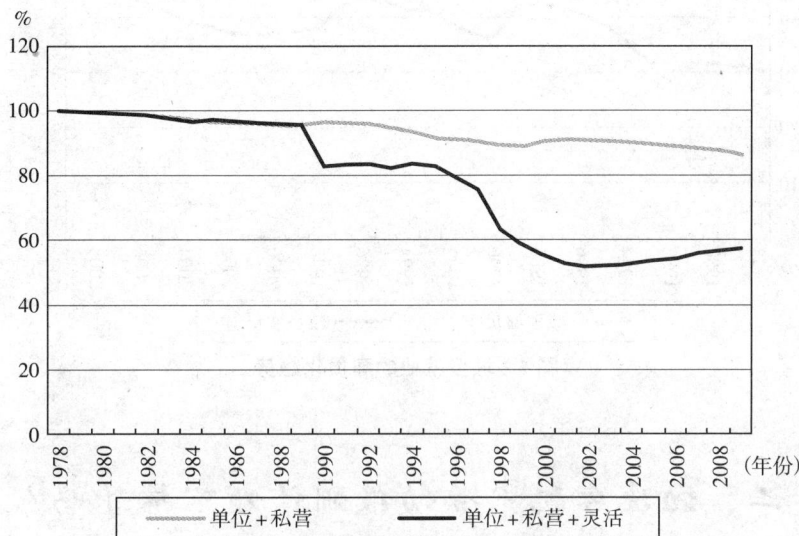

图 4　城镇就业中雇员比例变化

把城乡就业综合在一起来看，我国就业格局发生的一个重大变化就是受雇就业的比例不断上升，就业出现了雇员化趋势。因为，城镇就业中雇员有两个口径，所以，在观察城乡就业的雇员化趋势时，我们也使用两个口径：城乡雇员①=农村雇员+第一个口径的城镇雇员；城乡雇员②=农村雇员+第二个口径的城镇雇员。无论从哪个口径来看，城乡就业的雇员比例都呈现上升趋势（见图 5）。这是就业格局发生的重要变化，这一变化意味着我国工薪收入者劳动者比例不断上升，而通过自我雇用获取收入的劳动者比例在下降，同时也意味着，经济活动中公司化程度在提高。同时，就业格局的这一重大变化，对于理解收入分配格局变化具有重要意义。

在初次分配中，劳动报酬比重是衡量收入格局变化的重要指标，而要理解劳动报酬占比变化的含义，不结合上述就业格局的变化就不能得到有真正意义的结论。

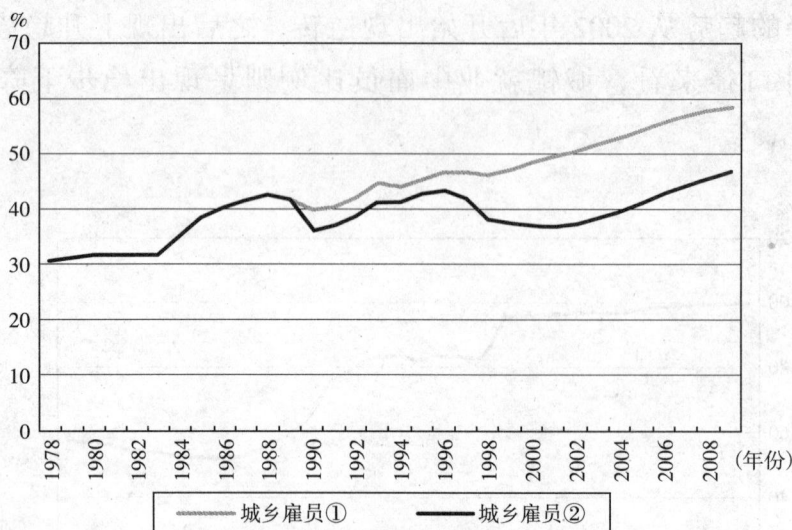

图5　城乡就业的雇员化趋势

二、初次分配中劳动报酬份额下降了吗？

初次分配中劳动报酬占比下降似乎已经成为一个被广泛接受的说法。但对此也有不同的看法：一种看法认为，我国的劳动报酬占比下降并不严重，中国的劳动报酬虽然低于发达国家，但与其他发展中国家相比并不低（贾康等，2010）；还有一种看法认为，我国劳动报酬占比下降主要是统计口径造成的，调整统计口径后，我国劳动报酬占比不仅没有下降，反而出现了上升（华生，2010）。

劳动报酬占比是否下降之所以存在争论，主要在于有关劳动报酬占比的度量方法存在差异，不同的度量方法会得出不同的结论。在进行国际比较时，也存在同样的问题。有研究指出，当把统计数据调整为可比口径后，世界上发达国家和发展中国家劳动报酬收入份额的差异基本上就消失了（Collin，2002）。

从国际上来看，劳动报酬总额数据存在两个统计口径：一个口径是把全部劳动报酬都包括进来的口径，也就是既包括领取工资收入的雇员得到的劳动报酬，也包括非公司化的个体从业人员在个体经营活动中得到的混合收入；另一个口径是仅仅包括雇员劳动报酬收入的统计口径。上述两个口径的主要区别就是是否把自雇劳动者的收入包括进来。一般来说，第一个口径的数据只有少数发达国家才有，且主要是发达国家，大多数国家尤其是发展中国家只能得到第二个口径的数据。联合国公布的数据大多数都是只包括雇员收入的劳动报酬数据。

我国劳动报酬总额统计不规范，数据来源渠道不一，统计口径变化等因素是造成我们到目前为止对我国劳动报酬收入占比是否下降存在争论的重要原因。从国家统计局公布的国民收入账户核算数据来看，能够找到的有关我国劳动报酬总额的数据主要有三个来源：一是投入产出表数据；二是资金流量表数据；三是地区收入法国内生产总值数据。三个来源数据中计算得到的劳动报酬占 GDP 比重变化存在着差异。

投入产出表反映的是国民经济各部门之间的投入和产出之间的关系，是一定时期国民经济系统实际运行情况的缩影。我国国家统计局相继成功编制了 1987 年、1990 年、1992 年、1995 年、1997 年、2000年、2002 年、2005 年和 2007 年的价值型投入产出表。投入产出表测算劳动报酬比重的优点是数据准确全面，但是投入产出表目前只有 9个年份数据可以获得，而且投入产出表还存在数据滞后性问题。图 6是从投入产出表数据中计算得出的我国劳动报酬占 GDP 份额在不同年份间的变动状况。从图中可以看出，劳动报酬占比自 1997 年以来出现了大幅度的下降趋势，从 1997 年的 54.87% 下降到 2007 年的 41.36%，10 年下降了 13 个多百分点。但如果从 1987~2007 年时间段来看，则

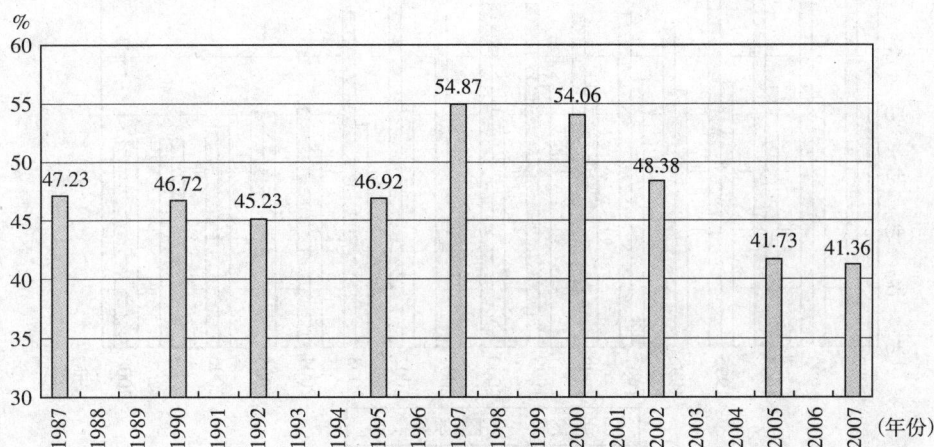

图 6　投入产出表中劳动报酬占 GDP 份额

下降幅度大大减少，仅从 47.23% 下降到 41.36%，仅仅下降不足 6 个百分点。

资金流量表一方面记录了各机构部门以增加值为起点，经过初次分配，形成初次分配总收入，之后经过再分配形成可支配收入的过程；另一方面还反映了初次分配中各种要素收入，以及再分配阶段各种转移支付项目在部门间的分配情况，资金流量表可用来分析国民收入份额分配格局及其变化原因。2004 年经济普查后，国家统计局根据普查结果对资金流量表中的劳动报酬数据进行了修改，并对之前的数据进行了回溯调整，所以，目前能够得到两个序列的资金流量表数据，一个是经过回溯调整的数据，另一个是没有经过回溯调整的数据。

国家统计局自 1992 年开始编制资金流量表数据，最新的数据截至 2008 年。图 7 是两个序列资金流量表数据中得到的劳动报酬占 GDP 份额的变动情况。从图中可以看出，没有经过回溯调整的序列在 2004 年有一个突然的大幅度下降，经过回溯调整的数据则变得比较平稳。根据图 7 的结果，经过回溯调整后中国劳动报酬占 GDP 份额在 1992 年为 54.79%，1995 年为 52.78%，到 2008 年下降到 47.79%。资金流量表数据的一个问题在于非经济普查年份的劳动报酬数据常常根据劳动

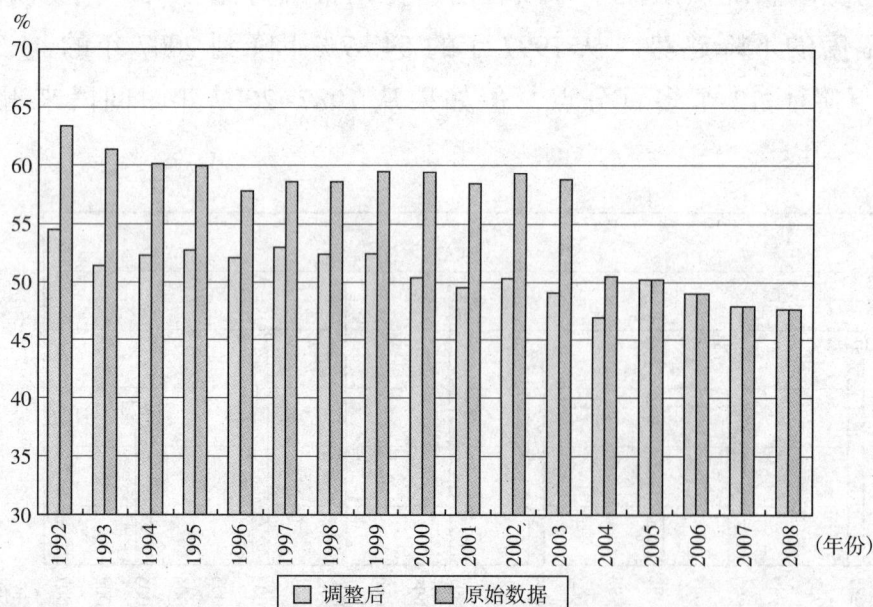

图 7 资金流量表中劳动报酬占 GDP 份额

报酬增长率和居民可支配收入增长率相同来推算得到，这往往导致对劳动报酬的高估（白重恩、钱震杰，2009）。

在地区收入法国内生产总值的核算中，GDP 被分为这样几个部分：劳动者报酬、生产税净额、固定资产折旧和营业盈余。所以，从地区收入法国内生产总值的核算中可以直接计算出劳动报酬占 GDP 份额，这一来源的数据也是目前大家使用最多的数据源。利用省份收入法 GDP 加总计算劳动报酬比重，具有时间连续且跨度长等优点。但是需要注意的是，我国采取分级核算体制，地区 GDP 核算易受地方干预等弊端，可能出现地方 GDP 加总高出全国核算数据的情况，从而可能影响省份 GDP 加总法测度全国劳动报酬比重的准确度。图 8 是地区收入法 GDP 核算的劳动报酬占 GDP 份额变动情况。

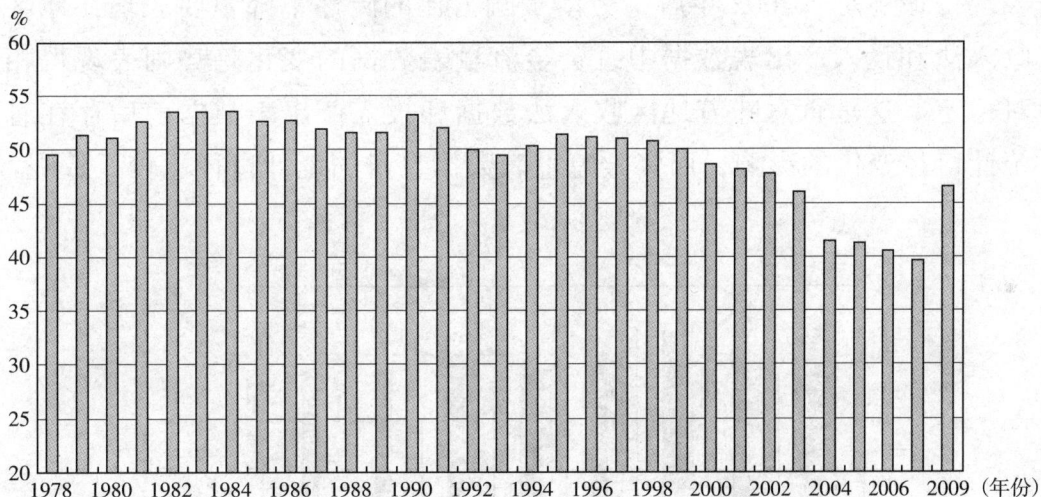

图 8　地区收入法 GDP 核算的劳动报酬占 GDP 份额

根据地区收入法 GDP 核算数据，1978~1984 年中国劳动报酬占 GDP 份额从 49.64% 上升到 53.68% 的顶点；1985~1998 年全国劳动报酬占 GDP 份额基本保持在 50% 以上，处于相对稳定时期；1999 年之后则趋于下降，特别是 2004 年之后开始加速下降，到 2007 年全国劳动报酬占 GDP 份额降至 39.74% 的历史最低水平。需要指出的是，最新的 2009 年的数据又回到了 46.62% 的水平，与 2004 年前的水平大致相当。

需要指出的是，国家统计局在进行劳动报酬的核算时存在着统计口径的调整。在 2004 年之前，国家统计局把个体经营者的全部收入都记入劳动报酬收入，这里的个体经营收入既包括农民的家庭经营性收入，也包括城镇个体工商户的经营性收入。2004年全国经济普查后，国家统计局改变了上述劳动报酬的统计口径，城镇个体工商户的经营性收入不再记为劳动报酬，而是归为企业的营业盈余。同时，农业不再计营业盈余。在地区收入法GDP核算中得到的劳动报酬占GDP份额变化中，2004年的突然下降主要就是统计口径变动的影响，而2009年数据的突然上升是统计口径又一次调整的结果还是反映了劳动报酬份额变动的真实状况？这是一个到目前为止仍然无法解释的问题。

图9比较了三个来源的劳动报酬占GDP份额的变动。从图中可以看出，2000年前，投入产出表数据值最高。2000年后，资金流量表数据最高，地区收入法数据相对来说在三组数据中最低，下降的趋势也表现得最稳定。2002年后，劳动报酬占比的陡然下降主要表现在地区收入法和投入产出表数据中，资金流量表数据的变化趋势则表现得相对稳定。这是否意味着地区收入法数据和投入产出表数据前后存在着统计口径变化的影响，而资金流量表数据自身的统计口径比较一致呢？

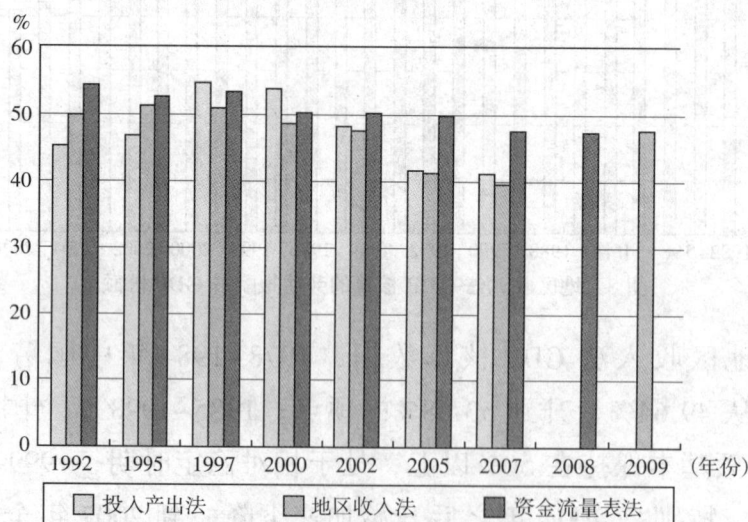

图9　劳动报酬占GDP份额三个来源数据比较

综合上述三个来源的劳动报酬占GDP份额数据可以看到，这些数据之间存在着不一致的情况，同时，不同来源数据还存在着统计口径变化的问题，因此，中国劳动收入份额是否下降的争论在一定程度上和缺乏来源一致的统计数据有关。

我国上述三个来源的数据都是包括自雇者收入的劳动报酬,是一种宽口径的劳动报酬概念。在进行国际对比时,其他国家的数据往往是仅包括雇员收入的劳动报酬数据,而我国缺乏仅包括雇员口径的劳动报酬数据,所以,目前劳动报酬占 GDP 份额的中外比较都存在着统计口径不可比的问题。这种比较实际上是拿宽口径的中国数据和窄口径的其他国家数据进行对比,大大高估了中国的真实情况。即使如此,对比结果仍然是中国劳动报酬占 GDP 份额大大低于世界水平。因此,无论中国劳动报酬占 GDP 份额是否存在下降趋势,但劳动报酬占 GDP 份额水平低则是一个不争的事实。这意味着中国劳动者的总体劳动报酬水平是低的。

当前,初次收入分配格局的变化意味着什么呢?正如前面所指出,这需要我们联系就业格局的变化。在第一部分中,我们看到就业格局的一个重大变化是城乡雇员比例在不断上升,那么,这对收入分配来说意味着什么呢?为此,我们需要了解我国劳动报酬总额中仅包括雇员收入的劳动报酬发生了怎样的变化。

三、谁的劳动报酬收入难以增长?

到目前为止,尚没有任何来源的数据直接提供我国雇员劳动报酬总额,我们只有通过间接的方法对此进行估算。资金流量表提供了非金融企业、金融企业、政府部门和居民部门劳动报酬的获取情况,从中可以区分出雇员部门和自雇部门,从而为研究总体劳动报酬水平的变化趋势提供了线索。

根据资金流量表的部门划分,企业部门(包括非金融企业和金融企业)和政府部门当然属于雇员部门,这两个部门中不存在自雇就业的状况,把这两个部门的劳动报酬加在一起可以得到全国雇员劳动报酬总额,而住户部门显然属于自雇部门。在地区收入法国内生产总值的核算中,住户部门得到的劳动报酬则属于从自我经营活动中的劳动报酬，属于自雇就业者的劳动报酬。图10是从资金流量表中得到的雇员部门和自雇部门劳动报酬占GDP份额的状况。

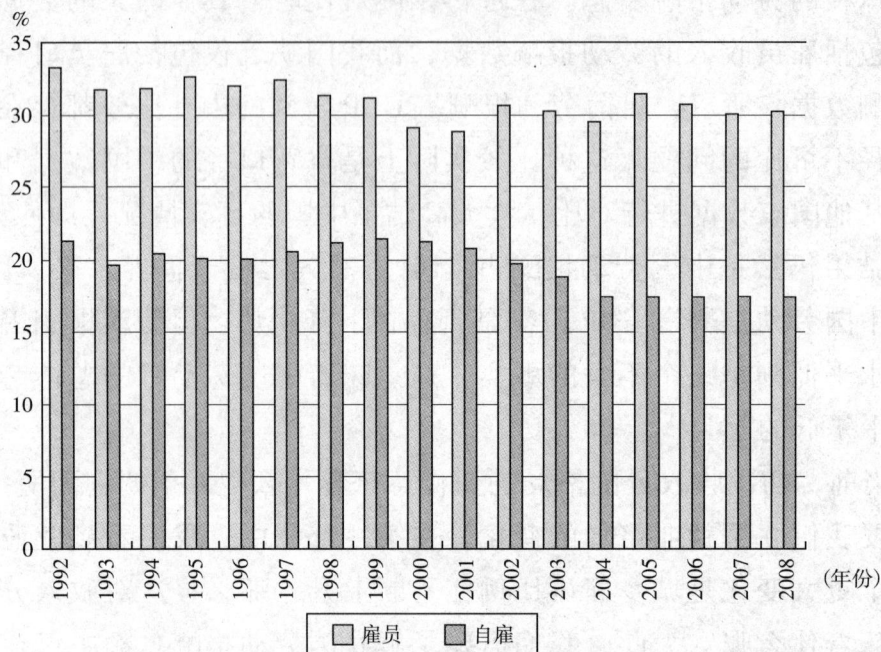

图10　资金流量表中得到的雇员部门和自雇部门劳动报酬占GDP份额

1992年雇员部门劳动报酬占全部GDP的份额为33.28%，2008年为30.26%，期间共下降了3个多百分点；1992年自雇部门劳动报酬占全部GDP的份额为21.51%，2008年为17.55%，期间下降了将近4个百分点。

把雇员和自雇部门劳动报酬占GDP份额变化与就业格局中雇员和自雇就业比例变化结合在一起，可以观察两个部门相对工资水平是如何变化的。我们使用劳动报酬份额/就业份额来观察这一变化，可以看到，随着雇员就业比例的上升和雇员劳动报酬份额比例的下降，雇员的相对劳动报酬水平呈现下降趋势。尤其是1999年以来，这一下降呈加快趋势，这意味着工薪阶层的相对工资水平在下降。如果把城镇灵活就业也包括在雇员中，下降趋势就更加明显（见图11）。

和雇员部门的变化不同，自雇部门劳动报酬水平在2004年之前呈现下降趋势，2004年后则呈现出上升趋势。这里的自雇部门就业包括灵活就业人员（见图12）。

%

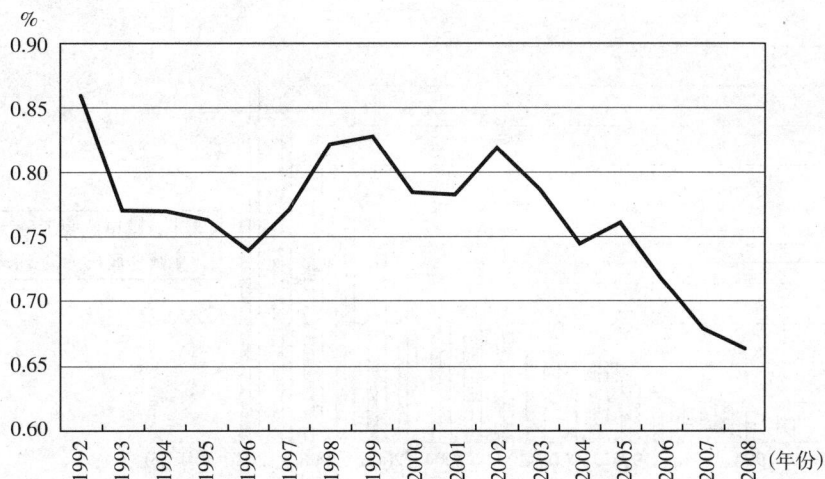

图 11 雇员部门劳动报酬相对水平变化

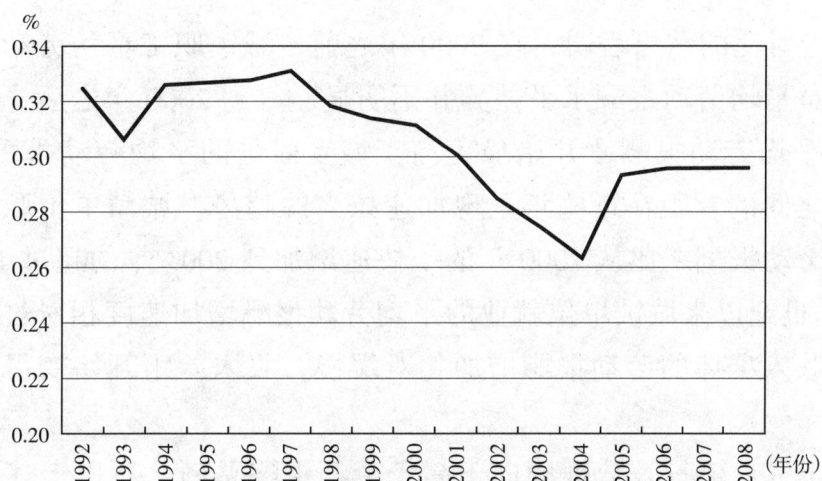

%

图 12 自雇部门劳动报酬相对水平变化

在整体劳动报酬水平下降的情况下，不同群体劳动者劳动报酬水平的相对变化又如何呢？《中国统计年鉴》中公布了城镇单位职工的工资总额数据，这就使得我们有可能看到城镇单位职工平均劳动报酬相对于城乡雇员平均劳动报酬水平的变化。

根据《中国统计年鉴》中提供的城镇职工工资总额数据，再加上社会保险缴费收入，我们计算了城镇单位职工的平均劳动报酬收入。而城乡雇员平均劳动报酬则用雇员劳动报酬总额除以城乡雇员数量得到。图 13 是计算得到的城镇职工平均劳动报酬与城乡雇员平均劳动报酬的对比。

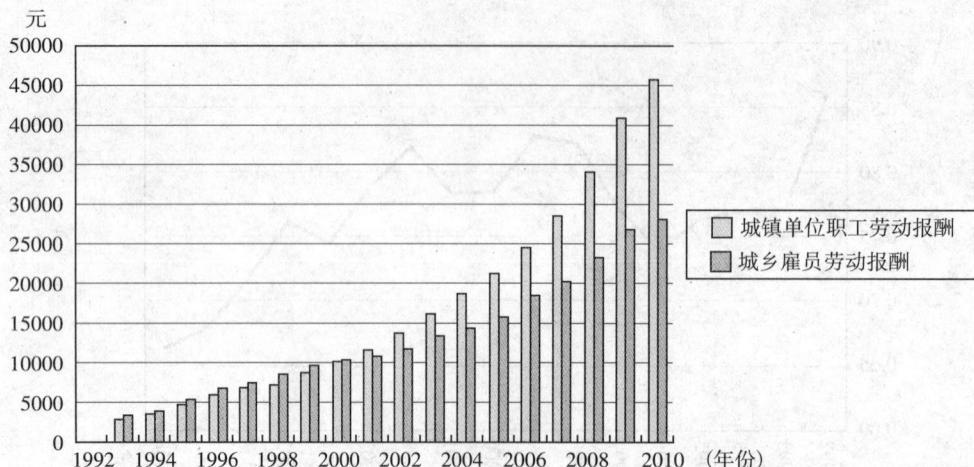

图13　城镇单位职工平均劳动报酬与城乡雇员平均劳动报酬对比

　　二者对比的结果表明，在 2000 年之前，城镇职工平均劳动报酬与城乡雇员平均劳动报酬水平差异并不明显。直到 2000 年之后，城镇单位职工平均劳动报酬才开始显著高于城乡雇员的平均劳动报酬水平，且二者之间的差距在近些年呈现加速拉大的趋势。城镇单位职工与城乡雇员劳动报酬之比从 2000 年的 1 快速增加到 2009 年的超过 1.6。这说明 21 世纪以来城镇单位就业的平均劳动报酬增加速度相对过快，而其他低收入群体的劳动报酬增加相对缓慢，收入差距开始变得越来越突出。

　　由于资金流量表数据倾向于高于劳动报酬总额，所以上述结论有待于使用其他来源的数据进行检验。我们知道，国家统计局每年根据城乡居民收入调查计算城乡居民收入状况，其中城乡居民收入的一个重要来源为工薪收入，据此，我们可以计算出全国的工薪收入总额。使用这一来源的数据我们同样可以计算出全国雇员平均工资（见图14）。这里使用的城镇单位职工平均工资不包括社会保险缴费收入，因为从城乡居民收入调查得到的工薪收入应该是扣除了社会保险缴费后得到的实际货币收入。

　　从图 14 可以看出，在 2000 年之前，城镇单位与城乡雇员工薪收入之比一直在 1.2 以下波动，2000 年之后这一比例迅速上升，到 2009 年上升到 1.62 左右。这和前面的资金流量表数据得出的趋势性结论一致。

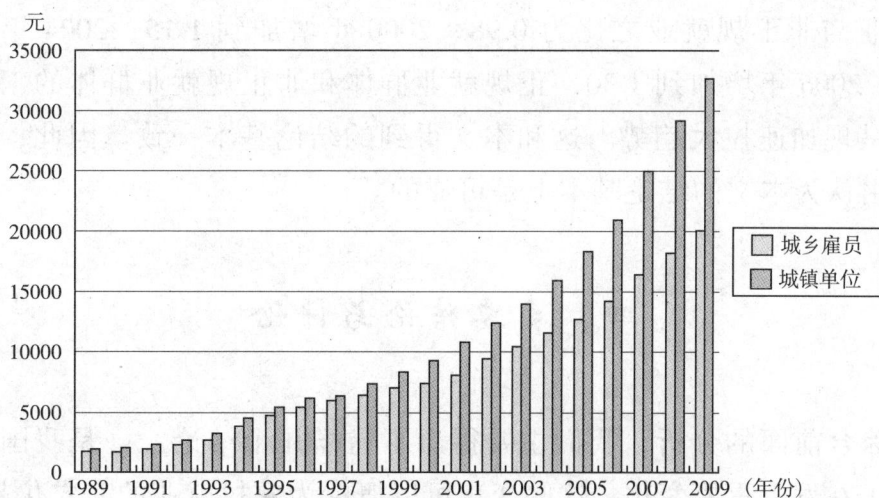

图14　城镇单位与城乡雇员平均工资对比

城镇单位就业人群是劳动力市场正规的就业群体，仅占城镇就业的40%左右，占全部雇员就业的比例仅为33%左右。一般认为，这部分城镇正规就业者不仅得到较好的社会保障，而且收入水平应该大大高于社会平均水平。但前面的研究告诉我们，在2000年之前或者说20世纪90年代中期之前，城镇单位就业群体和其他工薪群体之间的劳动报酬差异并不明显，2000年后二者才初次出现差异并呈逐渐拉大趋势。这说明，我国初次收入分配格局的失衡只是最近10年才出现的事情，目前存在的主要问题是高收入群体劳动报酬增长较快，而普通劳动者或者说低收入工薪阶层的收入增长相对缓慢，初次收入分配格局出现了"极化"倾向。

上述结论似乎出乎我们的意料。在人们的一般印象中，城镇单位就业人员的劳动报酬从历史上来看应该一直高于其他就业群体，而本文的研究表明二者在2000年之前并没有显著差异，二者出现差异并逐渐拉大仅仅是2000年之后的事，这一结论可靠吗？利用微观抽样调查数据（中国健康营养调查，CHNS），有人研究了我国城镇正规就业与非正规就业的工资差距（常进雄、王丹枫，2010），发现1997年之前非正规就业的工资甚至高于正规就业者，之后，正规就业者工资增长迅速，正规就业与非正规就业工资差距开始拉大。例如，1997年，正规就业者的月平均工资为991.21元，非正规就业者为1007.44元，正规就业与非正规就业之比为 0.98，2000 年增加到 1.15，2004 年达到 1.29，2006 年增加到 1.30，正规就业群体和非正规就业群体的工资差距正呈现加速拉大趋势。这和本文得到的结论基本一致。因此，我们有理由认为本文的结论基本上是可靠的。

四、主要结论与评论

综合前面的分析，我们主要得出了这样几个结论：一是我国就业格局正在发生重要变化，这些变化可以概括为农村就业的非农化趋势、城镇就业的非正规化趋势和城乡就业的雇员化趋势。二是随着雇员就业比例的增加，雇员劳动报酬占 GDP 份额并没有上升，反而呈现略微下降的趋势，其结果，工薪收入劳动者的实际工资水平在下降。需要指出的是，得出这一结论依据的是高估了雇员劳动报酬的资金流量表数据，实际的情况可能意味着工薪劳动者的实际工资水平下降得可能更严重。三是在工薪劳动群体内部，2000 年之前收入差距并不显著，城镇单位就业人员和城乡雇员平均劳动报酬差距并不大，但 2000 年之后二者差距不断扩大，尤其是最近几年二者差距呈加剧扩大趋势。

上述结论表明，我国当前收入分配中存在突出问题：一方面是工资总体水平偏低；另一方面是工资增长出现了"极化"现象，相对高收入群体工资增长速度大大高于平均水平，低工薪收入群体劳动报酬增长缓慢。

解决当前收入分配领域面临的问题迫切需要提高我国劳动者的总体工资水平，尤其是低收入工薪阶层劳动者的工资水平。我国目前劳动力市场劳动供求关系已经发生根本性变化，招工难预示着劳动力短缺时代已经到来，劳动者工资的上升似乎是顺理成章的事，但现实的情况是，我们现在看到的工资增长主要体现为高收入正规就业群体的工资增长，而劳动力短缺最严重的普通工薪劳动者的劳动报酬增加则相对缓慢，这说明劳动力短缺并没有带来普通劳动者实际工资水平的上升，市场力量并不会自动带来低工资群体工资的上升，或者说不足以带来这部分人群工资的合理增长。因此，解决低工薪收入劳动者劳动报酬的合理增长更多地需要制度安排，需要政府发挥作用，需要建立起工资正常增长体制机制。

参考文献

1. Gollin D. Getting Income Shares Right. Journal of Political Economy，2012，110（2）：458-475.

2. 华生：《劳动者报酬占 GDP 比重低被严重误读 ——中国收入分配问题研究报告之二》，《中国证券报》2010 年 10 月 14 日第 A21 版。

3. 贾康、韩晓明、刘微：《我国劳动报酬占比处于中等偏上水平》，《中国证券报》2010 年 5 月 11 日。

4. 白重恩、钱震杰：《谁在挤占居民的收入——中国国民收入分配格局分析》，《中国社会科学》2009 年第 5 期。

5. 常进雄、王丹枫：《我国城镇正规就业与非正规就业的工资差异》，《数量经济与技术经济研究》2010 年第 9 期。

我国初次分配中劳动报酬份额问题研究

人口与劳动经济研究所　张车伟　张士斌

我国初次收入分配中劳动报酬占 GDP 份额是否下降是目前全社会关注的热点问题。虽然大多数人认为劳动报酬份额出现了下降，但也有人认为事实并非如此。导致对这一问题出现争论的主要原因在于从国民经济核算角度衡量劳动报酬存在不同的口径，劳动报酬份额的变动会因口径不同而受到影响。通过按国际上可比口径对中国劳动报酬加以调整，本文重点研究了我国劳动报酬占 GDP 份额在近 30 年来的变化问题，发现我国劳动报酬占 GDP 份额虽然在近几年有所下降，但下降程度并不像很多研究认为的那么严重，而是呈现出在近 30 年的时间内保持相对稳定的特征。通过比较工业化国家与我国类似发展阶段劳动报酬份额的变动，本文发现我国初次分配中存在的主要问题并不是劳动报酬份额的下降，而是这一份额长期处于低水平，初次收入分配格局似乎陷入了一种低水平稳定状态。我国劳动报酬份额长期保持在低水平反映了一种不利于劳动者的收入分配格局，它深深植根于中国的经济增长方式和固有的制度之中，反映了中国经济发展的阶段性特征，市场机制自身的力量从短期来看不仅不会扭转这样一种趋势，而且还将继续加剧这种不合理的趋势，这实际上代表了市场的"失败"。要改变目前初次收入分配格局不利于劳动者的局面，校正"市场失败"，就必须依靠政府的作用，要求政府改革当前的收入分配制度，建立一种对更加公平的市场环境，从而让劳动者能够更加公平地分享经济增长的成果。

一、经济发展过程中的要素分配

国民收入的要素分配是经济学研究的古老话题。在古典经济学的概念中，在一定技术条件下，厂商将生产要素投入生产过程，获得产出（商品和服务）；同时，各要素获得相应的回报：资本获得利息，劳动获得工资，土地获得地租，这就是国民收入的功能性分配（Function Distribution，亦称为初次分配）。

在国民收入账户尚未建立的时代，经济学家从微观（家庭和企业）层面探讨要素的分配比例，并将劳动报酬份额作为衡量收入分配状况的粗略指标。20世纪以来，随着发达国家的国民收入账户逐渐完善起来，大量研究逐渐揭示了一个令人惊讶的事实：劳动份额具有长期的相对稳定性。19世纪中期到20世纪中期，资本主义经济高速发展，英国在1880年最终实现了工业国蓝图，美国、德国、法国及日本等国也完成了工业化。在这100年中，生产技术以前所未有的速度进步，工业化国家的人均资本、人均产出、经济结构、人口分布都发生了巨大变化，[①]国民收入中各要素的分配似乎也应该出现较大变动。但实际上，英、美等国国民收入中的劳动份额相当稳定，并没有随人均收入的增长和经济周期的更替而大幅波动。凯恩斯[②]（Keynes，John M.，1939）、卡尔多（Kaldor N.，1961）等先后观察到了这个现象，卡尔多直接将劳动份额的长期稳定性视为经济发展过程中的一个特征事实。

20世30年代以来，经过马丁（R.F.Martin，1936）、金（W.I. King，1930）、库兹涅茨（Simon Kuznets，1951）和约翰逊（D.Gale Johnson，1954）等人的努力，经济学家得以观察发达国家劳动份额的长期波动情况，他们发现英、美等国在快速工业化、城市化过程中，

---

① 以人均产出为例，1870年到1950年，西欧以不变价格计算的人均GDP增长了1.5倍，美国增长了2.9倍，加拿大增长了3.4倍。参见：麦迪逊著：《世界经济千年史》，伍晓鹰等译，世界知识出版社，2004年版，第179页。

② 凯恩斯发现，1920~1935年间，英国和美国的劳动份额都以平均线为中心随机波动，且两国的差距也比较稳定，他认为英美两国劳动份额的差异可以用垄断程度及基础条件的差异来解释。参见：Keynes, John M., "Relative Movements of Real Wages and Output", Economic Journal, 1939, March: 34–51。

劳动份额保持着长期的相对稳定性（见表1）。

表1　美国和英国1860~1940年的劳动份额

单位：%

国家	1860	1870	1880	1890	1900	1910	1920	1930	1940
美国	78.1	78.7	76.5	75.5	77.7	76.0	73.9	76.7	77.6
英国[①]	43.5	38.6	39.8	41.5	40.7	37.8	43.0	41.0	38.2
英国[②]	57.8	53.8		58.7	58.4	56.0	66.6[③]		

注：①指普通工人工资占国民收入的比重。②指国民的劳动者报酬（既包括普通工人的工资和薪水，也包括自雇者、企业家的劳动收入）占国民收入的比重。③为1924年数据。

资料来源：英国1860年数据来自R. Matthews, et al., British Economic Growth, 1856-1973, 164-165；1870~1940年数据来自E.H.Phelps Brown and P. E. Hart, the Share of Wage in National Income, the Economic Journal, 1952, Vol. lxii, 253-277。美国数据来自Joseph D. Phillips, Labor's Share and "Wage Parity", The Review of Economics and Statistics, 164-174；Irving B. Kravis, Relative Income Shares in Fact and Theory, The American Economic Review, 917-949。

　　表1说明1860~1940年间英国劳动份额（工人工资占国民收入的比重）围绕在40.3%上下随机波动，标准差为0.0019，美国围绕在75.1%上下波动，标准差为0.0021，变动幅度都较小。如果将劳动份额和其他经济数据变动结合起来观察，劳动份额的稳定性令人吃惊。表2列出了美国1870~1950年的劳动份额和人均GDP、城市化水平、农业产业结构的变动情况。以1870年为基期，到1950年，即便美国人口增长了近3倍，人均GDP仍然增长了3倍多，城市化水平提高了1.5倍，农业产业的比重下降了82%，但劳动份额仍然围绕着平均线波动，变动幅度明显小于其他指标。

表2　美国1870~1950年一些经济和社会指数

项目＼年份	1870	1880	1890	1900	1910	1920	1930	1940	1950
农业产业变化	100	85	77	99	93	72	53	33	18
劳动份额	100	97	96	99	97	94	97	99	89
城市化水平	100	110	137	155	178	200	219	220	249
人均GDP	100	147	182	222	273	283	327	310	412

资料来源：人均GDP、农业产业变化数据来自吉尔伯特·菲特、吉姆·里斯著：《美国经济史》，司徒淳、方秉铸译，辽宁人民出版社，1981年版，第373~385页；城市化水平的数据来自M.波斯坦、D.科尔曼、彼得·马赛厄斯主编：《剑桥欧洲经济史（第六卷）——工业革命及其后的经济发展：收入、人口及技术变迁》，经济科学出版社，2002年版，第658页；劳动份额数据同上。

　　在其他经济变量都发生明显变化的情况下，为何劳动份额能够保持长期稳定性？理论上，在一个完全竞争的市场中，要素收入取决于其边际生产率，要素之间的分配比例仅取决于要素间的边际替代率，若要素的边际替代率保持不变（或者接近于 1），劳动份额将保持稳定；在技术进步的情况下，要素分配还将取决于技术进步的类型，资本节约型（劳动扩张型）的技术进步将有利于劳动，保持劳动份额不至于下降，而劳动节约型（资本扩张型）技术进步将导致劳动份额的下降。1850~1950 年间，由于美国和英国劳动与资本要素的边际替代率接近于 1，劳动份额对时间的变化接近于零，加上技术进步也倾向于劳动扩张性的技术进步，劳动份额便能保持相对稳定。

在实证研究中，早期研究更多从行业间的变动（Internal Shift）来解释长期稳定性问题，即劳动份额的相对稳定性来源于产业间转变效应的相互抵消。[1] 劳动份额由三个变量决定：工人的数量、平均工资和国民总收入，如果将国民总收入看作一个外生变量，劳动份额便取决于普通工人的数量和实际工资。一方面，机器大生产代替了手工作坊，又吸引了大量农民进入工业部门，工业化导致工人的增长速度比自雇者、家庭工作者和小企业主快，雇佣工人的比例可能增加；但另一方面，工业化过程中的技术进步和生产管理的需要产生了大量的技术工人和管理者，这又会降低雇佣工人的数量，工人数量的变化取决于这两种相反的效应。由于技术工人和管理者的收入不被计入劳动报酬，[2] 普通工人向技术工人和管理者数量的转变会降低国民收入中工资的比例，但它可能同时导致普通工人平均工资的上升，并使得进入到其他部门劳动者的平均工资下降（因为新进入者往往只能获得较低的报酬），从而挣工资报酬劳动者的变动小于整个就业人口平均收入的变动。例如，1881 年，英国挣工资者占总就业人口的比例为 81%，1911 年为 74%，1931 年下降到 72%，但其真实工资则增加了 1 倍多，技能

----

① 布朗和哈特较早从产业间变化来解释劳动份额的稳定性，参见：E.H.Phelps Brown and P. E. Hart, the Share of Wage in National Income, The Economic Journal, 1952, Vol. lxii, 253–277。

② 需要注意的是，在早期的研究中，劳动收入仅包括手工劳动（Manual Labor）的工资，统计对象也只针对挣工资者（Wage-earner），其他劳动者如自雇者、技术工人以及管理者不在统计范围之内，早期对英国劳动份额稳定性的研究主要指手工劳动者的工资在国民收入中的比重，凯恩斯对劳动份额稳定性的论断也是基于对普通劳动者的工资与国民收入之间的关系。参见：E.H.Phelps Brown and P. E. Hart, The Share of Wage in National Income, The Economic Journal, 1952, Vol. lxii, 253–277; Keynes, John M., "Relative Movements of Real Wages and Output", Economic Journal, 1939, March: 34–51。

工人与普通工人的工资比也从 1880 年的 7.5 倍下降到"二战"前的 4.5 倍，挣工资者的劳动报酬在国民收入中的比重得以保持稳定。

19 世纪末期，自由竞争的资本主义逐渐为垄断资本主义取代，资本主义国家的大工业资本、金融资本结合起来，形成了各种类型的垄断集团，自由竞争市场的工资决定理论逐渐演变为垄断加成价格理论（Mark-up）。卡莱克（Calecki，1938）创立了不完全竞争市场上的收入决定理论，他认为，产品市场和要素市场的垄断决定了劳动份额。在不完全竞争市场中，总流通中资本利息和薪水（企业家、管理者的收入）的相对比例近似等于平均的垄断水平，即加成价格（Mark-up Pricing）。由于劳动份额等于 1（国民收入）减去总资本和总薪水的比例，它与厂商在产品市场上的垄断程度呈反向关系，垄断程度越高，劳动份额可能越低，反之亦然。以 1880~1935 年英国的劳动份额的变动情况来看，1880~1913 年，由于厂商的垄断能力增强，资本的回报上升，导致劳动份额下降 9%；1913~1935 年，虽然厂商的垄断力量有所加强，但由于原材料价格的大幅下降，垄断对劳动份额的负作用被抵消，劳动份额得以保持稳定。[①] 但一些早期的实证研究表明厂商的垄断对劳动份额没有显著影响。莫洛聂和艾伦（John Moroney，Bruce Allen，1969）研究了美国 27 个行业的劳动份额情况，采用各行业中四个最大公司的集中度（Four-firm Concentration Ratio）测量厂商的垄断程度，发现劳动份额与垄断之间没有系统联系——在所有 27 个行业中，只有 5 个在统计上负相关，而还有一个正相关，说明垄断力量难以解释劳动份额的变化，而用工资率表示的要素比率有较强的说服力。

另外，工人阶级于 1848 年正式登上历史舞台，工会组织的形成与发展导致劳动力要素市场的垄断，工资得到增长。厂商因为担心价格上涨会削弱其竞争力，可能不会将工资增长的全部份额都转移到加成价格，而宁愿接受一个较低的利润水平。因而，工会可以影响企业的垄断程度，导致利润向工资的分配（特别是在加成价格很高，厂商有能力支付较高工资时），劳动份额得以提高。但如果工资谈判是整个产

[①] 参见：M.Kalecki, The Determinants of Distribution of the National Income, Econometrica, 1938, Vol.6, No.2, 97-112。

业的集体谈判，或者工资增长非常迅速，以至于蔓延到整个产业时，单个公司对竞争力削弱的担心会下降，增长的工资可能全被转移到加成价格，工会对劳动份额的影响相应下降。这样，问题的关键在于劳动需求曲线的弹性：如果劳动需求曲线不变，因为增长的工资中只有部分被转移到价格里面，工资的增长毫无疑问会导致劳动份额的上升；但如果经济中出现了普遍的工资增长，劳动的需求曲线向上移动，工资增长不一定带来劳动份额的提高。森勒尔（N.J.Simler，1968）用各行业集体谈判合约所覆盖工人的比例作为工会化程度的指标，研究了工会组织对劳动份额的影响。他发现工会力量与劳动份额并不存在显著的正关系，工会虽然会导致名义工资的增加，但并不必然导致劳动份额的增加。由于真实工资取决于劳动的边际生产率，当且仅当劳动的边际生产率比平均生产率增长得更快时，劳动份额才会增加，而且雇主在一定程度上可以通过资本替代劳动和选择劳动节约型的生产函数或者单位产出值来对抗工会组织和工资的增长，降低工会对劳动份额的影响。

"二战"之前，美国农业和制造业部门的劳动收入比都相对稳定；"二战"之后到20世纪60年代末，美国的劳动份额发生了变化，农业部门的劳动份额逐渐下降，制造业部门的劳动份额则相对上升，整个经济中的劳动份额有所上升。马丁和哈夫利切克（Marshall Martin，Joseph Havlicek，1977）认为，美国1952~1969年间农业部门的劳动份额从38.6%下降到22.3%；西奥多·莱洛斯（Theodore Lianos，1971）认为，1949~1968年间相应的比例从42.9%下降到20%。对于这个期间总劳动份额的变动，直接的原因可能是：政府部门雇员大量增加，导致总劳动份额的增长；农业部门的劳动收入比较低，且常常容易被低估，农业部门重要性下降使得劳动力从农业部门转移到劳动份额较高的其他部门，导致整个经济中的劳动份额上升；另外，"二战"之后资本折旧的政府补助大幅增长，导致固定资产折旧在总收入中的比重下降。再从技术进步的类型与资本与劳动的边际替代率等角度来说，劳动份额的变动说明，或者是要素的边际替代率发生了变动，或者是技术进步的类型出现转变，或者二者同时出现变动。"二战"之后，美国资本扩张型（劳动节约型）的技术进步降低了劳动者的需求，还使得资本生产率的提升速度快于劳动生产率。虽然制造业和农业都出现了资本深化（劳动节约型的技术进步），但由于美国制造业中，要素的替代弹性小于1，[1] 资本和劳动呈现互补的关系，导致制造业劳动份额上升，而农业的要素替代弹性大于1，[2] 导致农业的劳动份额下降。

20 世纪 60 年代以来，发达国家劳动份额开始经历了一个先升后降的过程。归纳起来看，英语系国家的变动幅度相对较小，欧洲大陆国家的变动幅度相对较大。这些发达国家劳动报酬份额的变化又激起了经济学家探索的热情，很多人开始从石油冲击、高涨的失业率、资本国际化、贸易国际化以及全球化的角度展开了影响劳动份额变动的实证分析。

我国目前正处于快速工业化的过程中，国民收入的要素分配格局是否也向早期工业化国家那样保持相对稳定的格局或者具有什么其他不同的特征呢？本文在接下来的部分将对此进行探讨。

二、关于我国劳动报酬占 GDP 份额的考察

我国国民收入的要素分配格局也一直是经济学界探讨的重要问题。改革开放以来，我国经济迅速发展，收入水平迅速提高。在从计划经济向市场经济的转变过程中，工资开始从制度决定向市场决定转变，工资水平迅速提高，劳动报酬占 GDP 份额出现了上升趋势，有人据此认为国民收入分配中出现了工资侵蚀利润的情况。例如，戴园晨和黎汉明（1988）认为国有企业的劳动定价（工资制度）方式导致了生产成本中工资比例的上升，利润比例的下降，从而工资侵蚀了利润。虽

---

[1] G.E. Ferguson 和 John Moroney 等人发现，60%的劳动份额的变化可以通过资本深化得以解释。但并不是所有的学者都认同制造业上升的观点，如 Damodar Gujarati 就认为，美国制造业的劳动收入比从 1949 年的 55.3 下降到 1964 年的 47.4；Graham Richards 则认为，澳大利亚 1945~1968 年制造业的劳动份额从 59.7 下降到了 50.65，虽然同期的总劳动份额从 1950 年的 51 上升到 1968 年的 58.3。

[2] Marshall Martin 和 Joseph Havlicek 认为，1946~1964 年，美国农业中资本对劳动的替代率为 1.5，远大于 1。参见：Marshall A. Martin and Joseph Havlicek, Southern Journal of Agricultural Economics, 1977, December, 137–141。

然有人对此持不同看法，认为资本所得的减少并不是由于工资份额的上升，而是由于利息份额的上升，国有企业的资本利息最终又被国有银行的控制者——国家所得（唐宗焜，1995），但工资侵蚀利润的看法仍然在某种程度上成为国有企业工资制度改革的重要原因。

20世纪90年代中期以来的劳动力市场改革造成了大批国有企业和集体企业工人的下岗失业，大批正规部门就业岗位被摧毁，劳动者不得不以更加灵活的形式重新就业，劳动力市场在变得更加灵活的同时，就业也出现了非正规化趋势。在这一过程中，经济的高速增长虽然仍使劳动者的收入不断增长，但增长的幅度与国民财富总体增长速度相比相对缓慢，劳动报酬占GDP份额上升的势头被遏制并开始向相反方向发展。

劳动报酬占GDP份额下降一开始并没有受到很多人关注，直到进入21世纪以来，随着收入分配状况的不断恶化，国民收入分配格局的失衡问题才开始被越来越多的人重视并成为研究的热点问题。截至目前，大量研究都揭示我国劳动报酬占GDP份额出现了下降趋势，这一结论似乎已经成为全社会的共识。例如，白重恩、钱震杰（2009）用全国劳动者报酬除以净GDP（总GDP扣除净间接税）的比例来表示劳动份额，认为它从1995年的59.7%下降到2006年的47.3%。李稻葵等（2009）用劳动者报酬除以总GDP表示劳动份额，认为中国劳动份额从1990年的53%下降到2006年的40%左右，他们还认为国际范围内劳动份额与经济发展水平存在"U"形关系，而中国正处在这一曲线的下行区间，这意味着中国劳动份额还将继续降低。罗长远、张军（2009）认为中国劳动份额从1995年51.4%的峰值下降至2003年的46.2%，且在2004年加速下降至41.6%，目前远低于世界多数国家55%~65%的水平。

然而，劳动报酬收入占GDP份额是否下降的问题和如何度量劳动报酬有很大关系，不同的度量方法会得出不同的结论，所以，对于中国劳动报酬占GDP份额下降的结论并非所有人都认同。例如，有研究指出，中国劳动报酬份额下降主要是统计误差造成，其主要原因在于家庭经营纯收入中农林牧渔收入自20世纪90年代初以来在GDP中的比重直线下降了 10 个百分点，当从劳动收入中扣除农村家庭经营收入后，劳动收入份额不仅没有下降，反而会出现上升趋势，全社会公司化和工薪制就业的劳动者报酬在 GDP 中的比重呈现上升趋势（华生，2010）。

（一）不同资料来源的劳动报酬份额

到目前为止，有关中国劳动报酬实际上并没有一个官方的准确数据，研究者所依据的资料来源也不尽相同。归纳起来看，在计算中国劳动报酬占 GDP 份额时所依据的数据主要有这样三个来源，分别是国家统计局公布的投入产出表数据、资金流量表数据、地区收入法国内生产总值数据。虽然从这样三个来源数据中所得到的劳动报酬数据占 GDP 份额的变动趋势基本一致，但它们之间仍然存在差异。

投入产出表反映的是国民经济各部门之间的投入和产出之间的关系，是一定时期国民经济系统实际运行情况的缩影。到现在为止，国家统计局相继成功编制了 1987 年、1990 年、1992 年、1995 年、1997 年、2000 年、2002 年、2005 年和 2007 年的价值型投入产出表，投入产出表中间使用表是逢二、七年份编制，是国家统计局唯一直接给出的全国层面按产业部门分类的要素收入数据。利用投入产出表，不仅可以测算全国的劳动报酬比重，还可以进一步细分分行业的劳动报酬比重。例如，2007 年投入产出表将全部生产活动划分为 123 个部门，将这个 123 个部门分为农林牧渔业、工业、建筑业、交通运输仓储和邮政业、批发和零售业以及其他部门进行增加值的核算（详见国家统计局国民经济核算司编《中国 2007 年投入产出表编制方法》，中国统计出版社，2009 年）。利用投入产出表测算劳动报酬比重的优点是数据准确全面，可以研究劳动报酬占 GDP 份额的结构变化，但是投入产出表目前只有 9 个年份数据可以获得，而且投入产出表还存在数据滞后性问题，利用投入产出表研究劳动报酬占 GDP 份额的变动规律存在着局限性。图 1 是投入产出表数据中劳动报酬占比的变动情况。

资金流量表作为国民经济核算体系的重要组成部分，记录了非金融企业部门、金融机构、政府部门、住户部门和国外部门五大部门间的收支情况。资金流量表采用矩阵结构，主栏列出交易项目，宾栏列

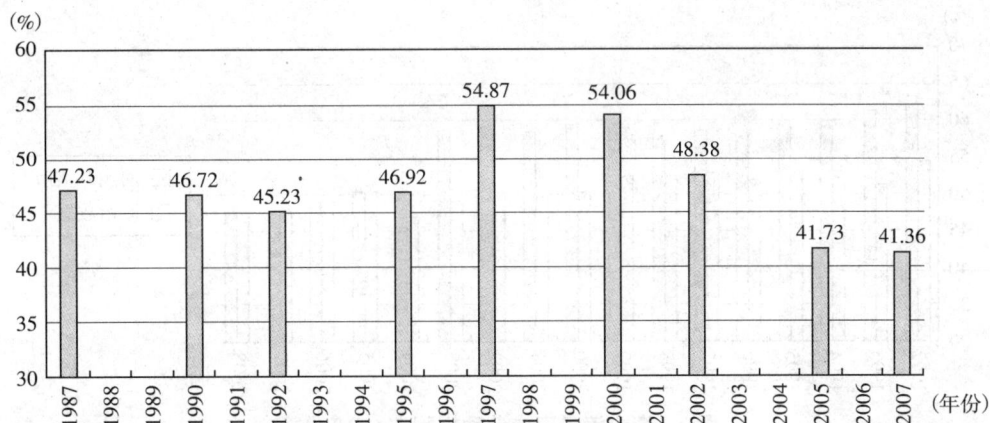

图1 投入产出表中劳动报酬占 GDP 份额

资料来源：历年《中国统计年鉴》。

出各机构部门，而每个机构部门下再列出两个分栏，分别反映该机构部门的资金流入和流出，称为"来源"和"运用"。利用资金流量表可以计算出劳动报酬份额。根据资金流量表，国内劳动报酬来源=国内各部门劳动报酬运用总和+国外部门劳动报酬运用-国外劳动报酬来源。为了便于说明以及国外部门劳动报酬所占比例很小，研究中一般忽略国外部门的劳动报酬，仅看来自国内劳动报酬的状况，这样，把资金流量表中四个国内部门的劳动报酬运用加在一起就可以了。

需要指出的是，2004 年我国进行第一次经济普查后，国家统计局对资金流量历史数据进行了调整，调整后的数据收集在国家统计局编的《中国资金流量表历史资料：1992~2004》中，这样，在利用资金流量表数据时，2004 年的数据往往会得到两个序列，一个是从各相关年份《中国统计年鉴》中资金流量表中得到的数据，另一个是从调整后资金流量表中得到的数据。从两个不同序列资金流量表得到的劳动报酬数据相差较大，正因为如此，到现在为止我们看到的研究中，同样使用资金流量表数据但结果相差甚远。图 2 是两个序列数据得出的结果以及二者的对比。

对比资金流量表中两个序列的劳动报酬占 GDP 份额数据可以看出，没有经过回溯调整的数据在 2003 年和 2004 年出现了一个突然的下降，从 58.9%下降到 50.6%，而在 2003 年之前和之后的数据都表现出了基本稳定的趋势。这一突然下降的原因主要在于 2004 年有关劳动

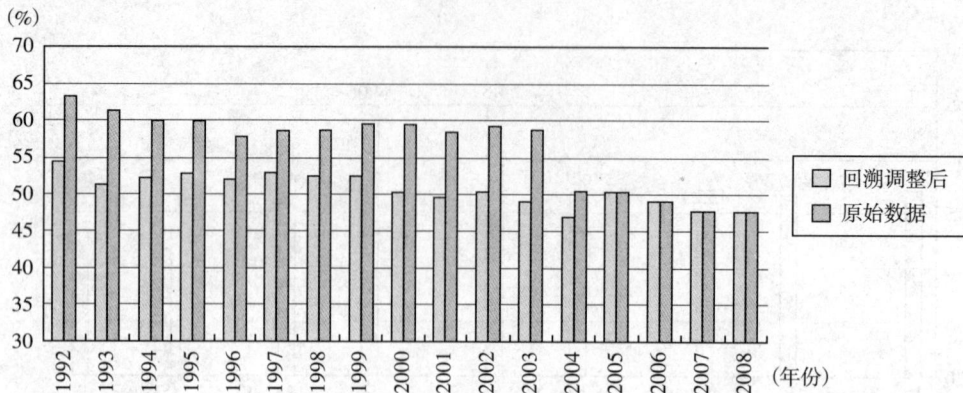

图2　资金流量表中劳动报酬占GDP份额

资料来源：1992~2004年数据来自《中国资金流量表历史资料：1992~2004》，其他各年数据来自《中国统计年鉴》（2008）。

报酬的统计口径发生了变化，一是个体经济业主收入从劳动收入变为营业盈余，二是农业部门不再统计营业盈余。根据劳动报酬统计口径的这一变化，国家统计局重新对之前的资金流量表数据进行了回溯调整，从而出现了一个下降趋势更为平缓的数据序列。劳动报酬份额1992年调整前为63.47%，调整后为54.59%，二者相差将近9个百分点；1995年调整前为60%，调整后为52.78%，二者相差将近8个百分点；2003年调整前为58.9%，调整后为49.2%，二者相差9个多百分点。从1995年到2008年，调整前劳动报酬份额从60%下降到47.78%，下降了12个多百分点；而调整后则仅仅从52.78%下降到47.79%，仅仅下降了4个多百分点，下降幅度减少了近2/3。由此可见，资金流量表调整后的劳动报酬份额数据虽然也呈现出下降趋势，但下降的幅度却大大减轻。

国家统计局公布的地区收入法国内生产总值也是获得劳动报酬数据的来源。在地区收入法国内生产总值的核算中，GDP被分为这样几个部分：劳动者报酬、生产税净额、固定资产折旧和营业盈余。与前两个来源的数据相比，收入法国内生产总值并没有直接给出全国水平的劳动报酬数据，全国劳动报酬占GDP份额一般是通过把各省劳动报酬和GDP分别加总计算得到。由于我国采取分级核算体制，地区GDP核算易受地方干预等弊端，可能出现地方GDP加总高出全国核算数据的情况，从而可能影响省份加总法测度全国劳动报酬份额的准确度。

　　根据这一来源的数据，改革开放以来全国劳动报酬占 GDP 份额总体上趋于下降，但不同时期劳动报酬占 GDP 份额变动较大。1978~1984 年中国劳动报酬占 GDP 份额从 49.64%上升到 53.68%的顶点；1985~1998 年全国劳动报酬占 GDP 份额基本保持在 50%以上，处于相对稳定时期；1999 年之后则趋于下降，特别是 2003 年之后开始加速下降，到 2007 年全国劳动报酬占 GDP 份额降至 39.74%的历史最低水平。从各产业劳动报酬占 GDP 份额来看，农业劳动报酬占 GDP 份额明显高于其他产业，平均达到 85.62%，是第二产业劳动报酬占 GDP 份额平均值（36.93%）的 2.32 倍，是第三产业平均值（43.84%）的 1.95 倍（见表 3）。

表 3　地区收入法 GDP 中劳动报酬占 GDP 份额变化

单位：%

年份＼项目	全　国	第一产业	第二产业	第三产业
1978	49.64	86.67	31.03	43.31
1979	51.45	86.55	31.40	45.79
1980	51.18	87.11	31.76	45.71
1981	52.71	88.40	31.72	45.70
1982	53.58	81.02	32.64	45.19
1983	53.54	87.12	30.95	44.91
1984	53.68	87.48	32.64	45.80
1985	52.74	87.82	34.54	42.72
1986	52.82	82.15	35.13	49.34
1987	52.02	85.56	35.46	43.33
1988	51.69	84.99	36.13	43.08
1989	51.55	84.34	37.25	38.15
1990	53.31	85.64	38.89	43.34
1991	52.12	79.64	39.04	47.67
1992	50.04	84.72	37.33	43.30
1993	49.49	85.69	39.36	42.05
1994	50.35	85.13	39.61	44.10
1995	51.44	86.08	41.52	43.81
1996	51.21	86.54	41.40	43.43
1997	51.03	86.41	42.04	43.67
1998	50.83	86.64	42.44	43.68
1999	49.97	86.47	41.88	43.74
2000	48.71	85.65	40.62	43.92
2001	48.23	85.44	40.29	43.93

续表

年份＼项目	全　国	第一产业	第二产业	第三产业
2002	47.75	84.46	39.92	44.35
2003	46.16	83.44	38.75	43.36
2004	41.55	90.56	33.25	36.18
2005	41.40	—	—	—
2006	40.61	—	—	—
2007	39.74	—	—	—
最大值	53.68	90.56	42.44	45.79
最小值	39.74	79.64	31.03	36.18
平均值	49.68	85.62	36.93	43.84
标准差	3.90	2.18	3.84	2.44
年均变化幅度	0.90	1.81	0.96	1.80

注：1978~1995 年数据来自《中国国内生产总值核算历史资料（1952~1995）》，1996~2002 年数据来自《中国国内生产总值核算历史资料（1996~2002）》，2003~2004 年数据来自《中国国内生产总值核算历史资料（1952~2004）》，2005~2007 年数据来自《中国统计年鉴》（2006~2008）。

　　需要指出的是，地区收入法国内生产总值核算数据劳动报酬在 2003 年和 2004 年也出现了突然下降，从 2003 年的 46.16％下降到 2004 年的 41.55％，这同样反映了 2004 年后劳动报酬统计口径变化的影响。

　　现在让我们来对上述三个来源的数据做一简要小结，看一看它们都展现出了什么样的共同特征。首先，资金流量表数据的回溯调整影响很大，没有经过回溯调整的资金流量表数据大大高于另外两个来源的数据；其次，回溯调整后的资金流量表数据展现出了和另外两个来源数据相似的趋势特征，都表现出了下降趋势，但下降的幅度差异很大。

　　通过对比可以看出，地区收入法得到的劳动报酬在这些比较年份基本上都是最低的，同时下降趋势也最明显，投入产出法得到的劳动报酬份额在 1995 年、1997 年和 2000 年三个年份最高，但呈现出的下降趋势和地区收入法接近，2002 年以来，资金流量表法得到的劳动报酬份额数字最高，且下降趋势也没有另外两个来源数据明显。由于资金流表数据回溯调整了统计口径，消除了统计口径变化的影响，变动趋势特征应该说是比较可信的。另外两个来源的数据因为都没有经过回溯调整，2004 年后统计口径变化使得其趋势变化夸大了实际情况。需要指出的是，国家统计局在编制资金流量表时，经济普查年份数据直接取自普查数据，而非普查年份部分数据通过假设劳动者报酬的增长率与居民人均可支配收入增长率相同推算得到的，在劳动者报酬下降较快的时期，如果其他条件不变，居民可支配收入下降较慢，会高估资金流量表中的劳动者报酬在国民收入中的占比并低估其下降幅度（白重恩、钱震杰，2009b）。因此，尽管调整后的资金流量表数据所反映的趋势比较合理，但其绝对值却可能存在对劳动报酬份额的高估。这实际上也是我们看到2004年后资金流量表数据都显著高于另外两个来源的数据的原因。鉴于资金流量表在普查年的劳动报酬直接取自普查数据，这意味着2004年资金流量表中劳动报酬占GDP比重为47.04%也许比较接近真实，与此相对照，其他两个来源的数据则可能存在系统性地偏低的情况，其中地区收入法2004年劳动报酬份额为41.55%，低于资金流量表数据5个多百分点；投入产出法2005年劳动报酬份额为41.73%，接近地区收入法2004年数据，低于资金流量表同样是5个多百分点。如果说2004年后三个来源数据在统计口径上都按经济普查进行了调整，具有统计口径上的可比性，那么，总的来看，资金流量表数据存在着对劳动报酬数据的高估，而另外两个来源的数据则可能存在着对劳动报酬数据的低估。

综合上述三个来源的数据我们也许可以暂时得出这样的结论，我国劳动报酬份额确实出现了下降趋势，但在多大程度上下降仍然是一个没有答案的问题。事实上，由于国家统计局在如何处理自雇者收入问题上存在着简单化倾向：自雇者收入要么被全部归为劳动报酬，要么被全部归为营业盈余，所以，上述三个来源的数据都不能算真正意义上劳动报酬的含义，因为自雇者的收入是一种混合收入，既包括劳动报酬收入也，包括其他要素收入，无论简单地把这部分收入归为劳动报酬还是营业盈余都会造成对劳动报酬统计数据的扭曲，正确做法是按照一定的比例把这部分混合收入分别归为劳动报酬和营业盈余。

（二）劳动报酬份额的变动与问题

正因为国家统计局对自雇者收入的处理可能会影响到劳动报酬份额的变动趋势，有人认为中国劳动报酬份额下降的主要原因在于家庭经营纯收入中农林牧渔收入自20世纪90年代初以来在GDP中的比重直线下降造成的，要准确了解劳动报酬份额的变动趋势，需要在劳动报酬中把这部分收入剔除掉（华生，2010）。表4是通过这种方法对劳动报酬调整的结果，从这一调整可以看出，在扣除全部农户农林牧渔收入之后，中国纯粹的劳动者报酬及其占GDP的比重大为降低，其变动规律也发生了根本性变化：中国劳动者报酬在初次分配中占GDP的比重并未下降，反而一直在稳定攀升。

表4 调整后的劳动报酬情况

年份	家庭经济性纯收入中农林牧渔收入总和（亿元）	劳动者报酬（亿元）	调整后劳动者报酬（亿元）	GDP（亿元）	家庭经济性纯收入中农林牧渔收入总和/GDP（%）	劳动者报酬/GDP（%）	调整后劳动者报酬/GDP（%）
1992	3895.112	14696.7	10801.59	26923.48	14.47	54.59	40.12
1993	4648.346	18173.4	13525.05	35333.92	13.16	51.43	38.28
1994	6099.630	25206.0	19106.37	48197.86	12.66	52.30	39.64
1995	7873.519	32087.4	24213.88	60793.73	12.95	52.78	39.83
1996	9351.182	37085.8	27734.62	71176.59	13.14	52.10	38.97
1997	9832.547	41870.4	32037.85	78973.03	12.45	53.02	40.57
1998	9447.927	44337.2	34889.27	84402.28	11.19	52.53	41.34
1999	9343.718	47177.9	37834.18	89677.05	10.42	52.61	42.19
2000	8816.649	50075.9	41259.25	99214.55	8.89	50.47	41.59
2001	8963.170	54444.8	45481.63	109655.2	8.17	49.65	41.48
2002	8880.275	60732.0	51851.72	120332.7	7.38	50.47	43.09
2003	9188.229	66925.0	57736.77	135822.8	6.76	49.27	42.51
2004	10583.940	75366.2	64782.26	159878.3	6.62	47.14	40.52
2005	10954.990	92948.8	81993.81	183217.4	5.98	50.73	44.75
2006	11218.390	105555.3	94336.91	211923.5	5.29	49.81	44.51
2007	12695.750	125359.1	112663.40	257305.6	4.93	48.72	43.79

资料来源：华生：《劳动者报酬占GDP比重低被严重误读——中国收入分配问题研究报告之二》，《中国证券报》2010年10月14日第A21版。

然而，上述调整的思路虽然是正确的，但具体做法却存在问题。因为既然农户农林牧渔收入属于混合收入，那就不应该将其全部扣除，而应该仅扣除其中资本和土地要素的收入，属于劳动要素的贡献仍然应该被归为劳动收入并参加到劳动报酬占GDP份额的计算中，把这部分混合收入全部剔除的做法显然是不恰当的。

事实上，为了更准确衡量劳动报酬占GDP份额，对自雇者收入数据进行调整是通行的做法。例如，约翰逊（Johnson，1954）将企业家收入以及农民收入的2/3划归劳动报酬，1/3归资本性收入，这种方法被广泛接受。① 目前国际上存在多种对劳动者报酬的调整方法（见表5），这些方法各有其优缺点。

表5　自雇者经营收入的调整方法

	调整方法	研究的国家和地区
扬（Young，1994）	自雇者与部门、性别、年龄和教育程度相同的雇员具有同样的小时工资	韩国、中国香港、中国台湾、新加坡
约翰逊（Johnson，1954）	农业自雇者的收入有64%，非农业自雇者的收入有2/3是劳动报酬	美国
戈林（Gollin，2002）	①自雇者的所有收入均属于劳动报酬；②自雇者与公司经营者的资本与劳动份额相同；③自雇者与雇员有相同的劳动报酬	42个不同发展水平的国家和地区

资料来源：根据相关文献整理，具体见参考文献。

从理论上讲，扬（Young）方法能够比较准确地计量自雇者的资本性收入和劳动收入，但需要两个基本条件，一是翔实的微观数据，包括劳动者行业、性别、年龄、教育程度和工作时间等信息；二是较高的劳动力市场一体化程度，如果劳动力市场分割严重，自雇者的收入函数与雇员的收入函数差别大，自雇者与性别、年龄和教育等相似雇员的劳动收入差距就可能较大，扬（Young）方法计算出的雇员劳动报酬便难以准确代表自雇者的劳动报酬。约翰逊（Johnson）方法主要依据其对美国农业部门和非农业部门企业家和自雇者收入的研究，在计算工业化国家企业家和自雇者的收入时具有较强指导意义，但在将其用来计量中国劳动份额时需要谨慎对待。戈林（Gollin）的第一种方法就是中国国家统计局使用的方法（即未调整的劳动者报酬数据），它把自雇者所有收入计入劳动报酬，这种方法对那些缺乏自雇者收入数据的发展中国家具有一定意义，但明显忽略了自雇者经营收入中的资本和土地收入；戈林的第三种方法假定自雇者的劳动报酬与雇员的劳动报酬相同，实际上就是扬（Young）方法，明显不适合中国。中国城乡差距大，劳动力市场严重分割，农民纯收入远低于城镇职工，用职工

---

① Karis（1995）较早接受约翰逊的计算方法，将企业家收入中的65%划为劳动者报酬，35%划分为资本性收入。另一些学者的研究也证明该估计符合工业化国家的事实。Englander，Gurney（1994）发现，OECD国家资本收入份额普遍在0.3~0.35变动。Young（1994）则估计韩国的资本份额为0.32，中国台湾为0.29，新加坡为0.53，中国香港为0.37。

工资代表城乡个体户和农民的劳动报酬将严重高估中国农民的劳动报酬。

鉴于各种方法的优缺点和中国的实际情况，本研究比较了约翰逊调整方法和戈林的第二种调整方法，结果发现，约翰逊方法和戈林方法计算的中国自雇者劳动报酬非常相近。按照约翰逊方法，农民的家庭经营收入中有 2/3 属于劳动报酬，1/3 属于资本（土地）所有；按照戈林第二种调整方法，中国第二和第三产业劳动收入与资本收入之比也大约为 2∶1（劳动份额为 40% 多，企业盈余份额为 20% 多），那么，自雇者收入中也是 2/3 属于劳动报酬，1/3 属于资本和土地。因而本研究对中国劳动报酬数据的调整主要依据约翰逊方法，即城乡自雇者的经营收入中 2/3 属于劳动报酬，1/3 属于资本收益。

具体来看，我国劳动者报酬主要有两个地方需要调整。一是农民的经营性收入。1978 年以来我国农村实行家庭联产承包责任制，农民属于典型的自雇者，其家庭经营收入有部分来自资本和土地，但国家统计局将农民所有经营性收入都计入劳动报酬。考虑到中国农民数量极其庞大，这种方法将严重高估农业劳动份额，进而高估全国总劳动份额。二是城镇个体户经营性收入。国家统计局 1978~2003 年将城镇个体户经营收入全部算入劳动报酬，2004 年之后又将其经营性收入全部划为资本性收入。由于改革开放后城镇个体户经营性收入增长迅速，把城镇个体经营性收入全部算入劳动报酬将高估全国劳动份额，而将其全部算入资本性收入又会低估全国劳动份额。

考虑到不同时期农民劳动报酬的统计口径不同，本研究采取了有差别的调整方式。1978~1984 年农民纯收入来源分为从集体统一经营中获得的收入、从经济联合体获得的收入、农民家庭经营收入及其他收入（借贷性收入等）。借贷性收入无疑不属于劳动报酬的范畴；而与家庭经营收入一样，早期农民从集体统一经营和经济联合体得到的收入也是一种混合收入，包含了资本和土地收益。[①] 因此，在计算 1978~

---

① 近年来《中国农村统计年鉴》将 1978~1984 年农民从集体统一经营和经济联合体中得到的收入作为工资性收入，从而也列出了按照工资性收入、家庭经营收入、财产与转移性收入的纯收入来源。如果按照此数据来调整劳动份额，1978~1984 年中国农业劳动份额将大大提高。但考虑到多方面因素，本研究认为农民从集体统一经营收入和经济联合体获得的收入仍然是一种混合性收入。

1984 年的农民劳动报酬时，我们剔除了农民集体统一经营和经济联合体收入中的资本和土地收益，调整方式仍然是 2/3 归劳动所有，剩下的归土地和资本所有。1985 年以后农民收入来源分为劳动者报酬、家庭经营收入、财产和转移性收入，我们在计算 1985 年之后的农民劳动报酬时仅调整农民家庭经营收入，农民的工资性收入不予调整。城镇个体经营性收入也采用类似的调整方法。

如果用 L_s' 表示调整后的劳动份额，W 为未调整（统计年鉴）的劳动者报酬数据，W' 为调整后的劳动者报酬数据，Y 为国民收入（GDP），W_a 为未调整（统计年鉴）的农业劳动者报酬数据，W_n 为非农业劳动者报酬数据，I_{am} 为农民的经营性收入，I_{nm} 为城镇个体工商户的经营性收入，则劳动者报酬的调整公式为：

$$L_s' = \frac{W'}{Y} = \frac{(W_a - \frac{1}{3}I_{am}) + (W_n - \frac{1}{3}I_{nm})}{Y}$$

依据上述调整方法，我们对来自地区收入法 GDP 核算中的劳动报酬数据进行了调整，调整结果见表 6。

表 6　调整后 1978~2007 年劳动报酬占 GDP 份额

单位：亿元，%

年份	调整前劳动报酬①	需剔除的资本性收入		调整后劳动报酬=①-②-③	GDP	调整后劳动报酬占 GDP 份额
		农户②	城镇③			
1978	1708	327	—	1382	3442	40.1
1979	2017	381	—	1636	3920	41.7
1980	2238	448	—	1790	4372	40.9
1981	2512	528	—	1984	4766	41.6
1982	2840	658	—	2181	5300	41.2
1983	3186	745	—	2441	5951	41.0
1984	3807	771	—	3036	7092	42.8
1985	4537	797	9	3732	8602	43.4
1986	5092	847	9	4236	9640	43.9
1987	5950	940	10	5000	11438	43.7
1988	7466	1107	16	6344	14445	43.9
1989	8437	1205	20	7213	16366	44.1
1990	9846	1454	23	8369	18470	45.3
1991	11078	1477	26	9575	21255	45.0
1992	13030	1591	31	11409	26038	43.8
1993	16935	1930	45	14959	34219	43.7
1994	22829	2519	70	20240	45345	44.6

续表

年份	调整前劳动报酬①	需剔除的资本性收入		调整后劳动报酬=①-②-③	GDP	调整后劳动报酬占GDP份额
		农户②	城镇③			
1995	29597	3225	85	26286	57535	45.7
1996	34704	3864	144	30695	67764	45.3
1997	38954	4132	221	34601	76339	45.3
1998	41960	4063	259	37638	82558	45.6
1999	44082	3961	324	39798	88216	45.1
2000	47978	3846	377	43755	98504	44.4
2001	52351	3871	439	48041	108546	44.3
2002	57577	3877	556	53144	120571	44.1
2003	64272	3948	705	59618	139250	42.8
年份	调整前劳动报酬④	农户资本收入⑤	城镇个体劳动报酬⑥	调整后劳动报酬=④-⑤+⑥	GDP	调整后劳动报酬占GDP份额
2004	69640	4405	1787	66972	167587	40.0
2005	81885	4583	2547	79792	197789	40.3
2006	93831	4746	3114	92136	231053	39.9
2007	101283	5320	3724	99614	254864	39.2

注：需要剔除的资本性收入按照城乡个体户经营收入的1/3来计算。2004年之后，城镇个体经营收入的统计口径变化，其从全部计入劳动者报酬变为全部计入营业盈余。因而，在计算劳动者报酬时，就不需要再从国民总劳动报酬中扣除城镇个体经营的资本性收入，反而应该将城镇个体经营收入中的劳动者报酬加入到国民的劳动者报酬中，计算方法同上。

资料来源：根据《中国国内生产总值核算历史资料（1952~1005）》、《中国国内生产总值核算历史资料（1996~2002）》，《中国国内生产总值核算历史资料（1952~2004）》、《中国统计年鉴》（2006~2008）计算得到。

通过分析调整后的劳动份额，本研究发现中国劳动份额显示了相对稳定性，其最高值为1995年的45.7%，最低值为2007年的39.2%，而1978年与2007年的劳动份额相差仅为0.1个百分点。分阶段来看，1978~1990年，中国劳动份额逐步上升，从40.1%上升到45.3%，上升了5.2个百分点，1990~2002年劳动份额则趋于稳定，维持在43.7%~45.7%；从2002年开始中国总劳动份额下降趋势比较明显，从2002年的44.1%下降到2007年的39.2%，下降了4.9个百分点。由于劳动份额在轻微上升之后又轻微下降，1978~2007年中国总劳动份额保持着相对稳定（见图3）。

调整前后劳动份额的变化主要体现在两个方面。一是总劳动份额变动规律发生了改变。调整后的劳动份额一直处于较低水平，直到2007年，全国劳动份额仍然与1978年大致相当，其标准差也从3.90下降到1.96，并没有像调整前一样，存在一个明显的劳动份额从高水平下降到低水平的过程，这说明1978~2007年中国劳动份额是基本稳

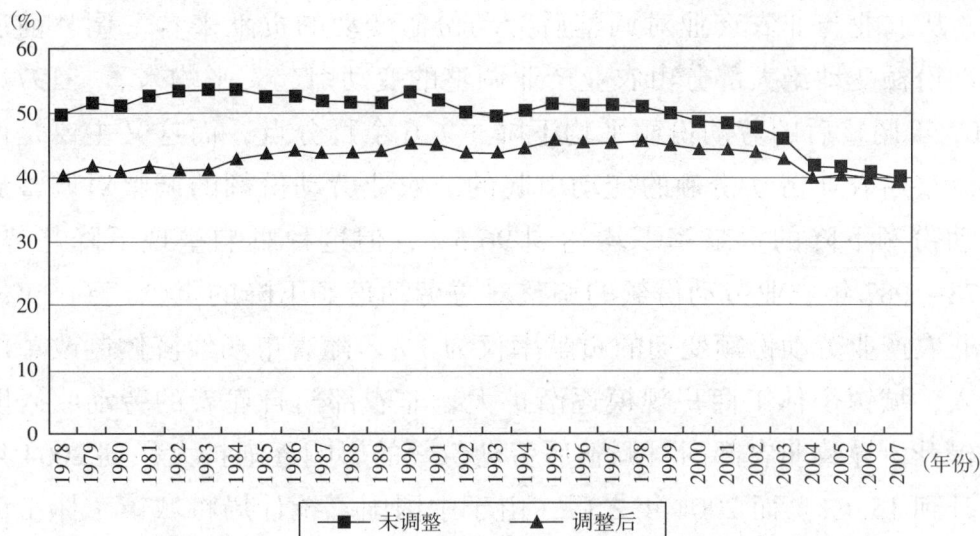

图3 调整前后劳动报酬占 GDP 份额对比

定的。分阶段来看，1978~1990 年，调整前的平均劳动份额为 52.3%，调整后的劳动份额为 42.56%，两者相差接近 10 个百分点，但调整前的劳动份额标准差低于调整后，说明调整后的劳动份额波动较大；1991~2002 年，调整前的劳动份额平均为 50.09%，调整后下降为 44.75%，相差 5 个百分点；2003~2007 年，调整前劳动份额为 41.89%，调整后则为 40.45%，两者相差仅为 1 个百分点。二是农业劳动份额与非农劳动份额的差距明显缩小，由调整前的相差一倍逐渐缩小到相差不到 1/2。调整后 1978~1981 年农业劳动份额相对较高，1982~1991 年有所下降，而资本和土地收益比例上升，这说明家庭联产承包责任制明显提高了资本和土地的配置效率，提升了其边际生产率。非农劳动份额也总体呈现上升趋势，虽然 1998 年以后有轻微下降，但直到 2004 年非农劳动份额仍然明显高于 1978 年。

表7 劳动份额调整前后的对比

时间段	调整前		调整后	
	平均值	标准差	平均值	标准差
1978~1990 年	52.30	1.14	42.56	1.54
1991~2002年	50.09	1.29	44.75	0.66
2003~2007年	41.89	2.23	40.45	1.25
1995~2007年	46.82	4.27	43.23	2.38
1978~2007年	49.68	3.90	43.09	1.96

　　从农业与非农产业对调整后劳动份额变动的贡献来看，调整前后劳动份额变动绝大部分由农业产业调整的变动引起。平均来看，1978~2007年调整后的劳动份额平均下降了6.6个百分点，而这又主要是由于调整后农业劳动份额的变动引起的。农业劳动份额的调整对调整后劳动份额下降的贡献率平均达到96.5%，但这种影响呈现下降趋势。1978~1987年农业劳动份额的调整对总劳动份额下降的贡献达到99%，而非农产业劳动份额变动的贡献率仅为1%。随着市场经济体制改革的深入，城镇个体工商户规模逐渐扩大，非农部门自雇者的劳动收入明显提升，导致非农部门对调整后劳动份额的影响逐渐扩大，到2004年上升到15.4%。而2004年之后，由于中国国家统计局将城镇个体工商户的经营性收入都纳入到资本性收入中，本研究按照劳动者报酬的内涵，将部分经营性收入调整到劳动者报酬，导致非农产业对劳动份额变动的影响为负。从农业和非农产业对调整后劳动份额变动的影响来看，2004年之后，对农业劳动者报酬的调整对全国总劳动份额下降的贡献非常大，最高时超过333%，但由于调整后的非农部门劳动者报酬增长非常迅速，其阻止劳动份额下降的影响越来越明显，使得全国总劳动份额的下降相对较小。

表8　农业和非农产业劳动份额调整对调整后总劳动份额变动的贡献

单位：%

年　份	劳动份额的变动值	农业产业的贡献	非农产业的贡献
1978	9.49	100.00	0.00
1979	9.74	99.90	0.10
1980	10.28	99.70	0.30
1981	11.13	99.60	0.40
1982	12.49	99.50	0.50
1983	12.60	99.40	0.60
1984	11.00	98.80	1.20
1985	9.36	99.00	1.00
1986	8.88	99.00	1.00
1987	8.30	99.00	1.00
1988	7.78	98.50	1.50
1989	7.48	98.40	1.60
1990	8.00	98.40	1.60
1991	7.07	98.30	1.70

年　份	劳动份额的变动值	农业产业的贡献	非农产业的贡献
1992	6.22	98.20	1.80
1993	5.77	97.80	2.20
1994	5.71	97.30	2.70
1995	5.75	97.50	2.50
1996	5.91	96.50	3.50
1997	5.70	95.00	5.00
1998	5.24	93.90	6.10
1999	4.86	92.40	7.60
2000	4.29	91.00	9.00
2001	3.97	89.80	10.20
2002	3.67	87.60	12.40
2003	3.35	84.60	15.40
2004	1.56	168.30	−68.30
2005	1.03	225.10	−125.10
2006	0.71	290.80	−190.80
2007	0.58	333.40	−233.40
平均值	6.60	96.50	3.50
标准差	3.31	4.06	4.06
变异系数（标准差/均值）	0.50	0.04	1.16

资料来源：同表6。

综上所述，考虑到统计口径变化的影响并对劳动报酬数据进行调整后，中国劳动报酬占 GDP 份额的下降趋势大大减弱，同时，从一个相对长的时间来看，劳动报酬占 GDP 份额保持了相对稳定的特征。那么，中国的劳动报酬占 GDP 份额与其他国家工业化进程中这一份额的变动相比有什么不同呢？

三、我国劳动报酬份额变动的"非典型"特征：低水平稳定

在进行劳动报酬占 GDP 份额的国际比较时同样受到劳动报酬统计口径变化的困扰。如果不对劳动报酬口径加以区分，把一种口径的数据同另一种口径的数据相比较，就会得出不正确甚至南辕北辙的结论。

按照国家统计局的定义，劳动者报酬是指劳动者因生产活动所获

得的全部报酬，包括劳动者获得的各种形式的工资、奖金和津贴，既包括货币形式的，也包括实物形式的，还包括劳动者所享受的公费医疗和医药卫生费、上下班交通补贴、单位支付的社会保险费、住房公积金等。从劳动报酬的定义看出，和劳动者有关的劳动收入都应归为劳动报酬。然而，由于个体经营活动取得收入者的劳动报酬不容易计算，国际上衡量劳动报酬时也就有了两种统计口径：一种口径是仅核算雇员或者说领取工资劳动者的劳动报酬，而那些从事个体经营活动者的劳动报酬不被包括在内，这种方法虽然简单易行，但并没有包括所有劳动者的收入，属于窄口径的劳动报酬统计；另一种口径既包括雇员的劳动报酬也包括自雇者（从事个体经营活动者）的劳动报酬，属于宽口径的劳动报酬统计，但这种方法因为在如何衡量自雇者收入中劳动应得份额时缺乏一个普遍遵守的标准，核算的结果往往因核算方法不同而不同。需要指出的是，上面提到的我国劳动报酬的各种来源数据，无论是地区收入法GDP核算的劳动报酬还是资金流量表中的劳动报酬和投入产出表劳动报酬数据，都使用了宽口径的概念。这里的劳动报酬不仅包括工资领取者（雇员）的劳动报酬，也包括从事个体经营活动者的劳动收入。

前面提到的华生使用的中国劳动报酬数据来自《资金流量表》，是宽口径的劳动报酬数据，他试图通过调整使之变为窄口径数据以便进行国际对比。但在调整中他仅扣除了农村家庭经营收入，而仍有大量城乡个体从业者的劳动报酬收入没有被扣除，这样的调整因而是不彻底的，也无法做到和窄口径劳动报酬数据相一致。他用来和中国做对比的其他国家的劳动报酬数据取自联合国的数据，是仅包括雇员劳动报酬的窄口径概念。由于对比了统计口径不一致的劳动报酬数据，他因此得出这样的结论："不用说和其他发展中国家，即使与中等发达国家相比，我国劳动者报酬占GDP的比例还是排在前列。'金砖四国'中除印度外，巴西和俄罗斯的人均GDP都远超中国，但我国劳动者报酬占GDP44%比重则一点也不落后。"（华生，2010）

和华生相类似，贾康等人（2010）也是使用中国资金流量表中宽口径的劳动报酬数据和国际上其他国家窄口径劳动报酬数据做对比，得出了中国劳动报酬占比并不低的结论。利用联合国数据，贾康等选择了 7 个具有代表性的发达国家（澳大利亚、加拿大、法国、德国、日本、英国和美国）、3 个新兴经济体以及发展中国家（"金砖四国"的另外 3 个国家：巴西、印度和俄罗斯）和中国进行对比，发现中国劳动报酬占比虽然低于发达国家，但大大高于其他发展中国家，与世界和各国相比，处于中等偏上水平，高于"金砖四国"中的其他三国 10~23 个百分点。

（一）劳动报酬份额的国际比较

一般来说，有关国外劳动者报酬及其占 GDP 份额的数据存在多种来源，《国际统计年鉴》和《联合国国民收入核算账户》等统计资料上都列示了劳动者报酬及 GDP 的相关数据。利用上述数据计算劳动报酬占 GDP 份额并不复杂，但这些数据有一个共同特点，其核算的劳动者报酬都是雇员劳动报酬（Employee Compensation），其中并未包括自雇者的劳动报酬，由此计算得到的劳动报酬占 GDP 份额也仅仅是雇员的劳动报酬占 GDP 份额，而非整个经济体的劳动报酬占 GDP 份额。[①] 一般来说，经济越发达，自雇部门在经济中的比重就越小，雇员劳动报酬占 GDP 比重就会越高；而经济越不发达，自雇部门在经济中的比重就越高，雇员劳动报酬占 GDP 的比重就越低。在有些最不发达国家雇员劳动报酬占 GDP 比重甚至只有百分之几或者百分之十几。

表 9 是按照《国际统计年鉴》相关数据计算得出的雇员劳动报酬占 GDP 份额数据，[②] 从中可以看出 1970~2005 年发达国家劳动报酬占 GDP 份额明显高于发展中国家。其中，美国劳动报酬占 GDP 份额最高，平均达到 59.8%；英国次之，平均约为 56.8%；新兴国家韩国 1970~2005 年的平均劳动报酬占 GDP 份额明显低于美国和英国，平均为 41.9% 左右；墨西哥劳动报酬占 GDP 份额则远低于英、美等发达国家，平均约

---

① 戈林对各国自雇者的劳动者报酬进行了调整，发展中国家劳动报酬占 GDP 份额明显提升，由此世界各国的劳动报酬占 GDP 份额集中于 60%~85%。参见：Gollin, Douglas, Getting Income Shares Right, Journal of Political Economy, 2002, 110（2）: 468–472.

② 另一种数据来自《联合国国民收入核算账户》统计年鉴，本研究也用此数据计算了 1970~2005 年各国的劳动报酬占 GDP 份额，发现该结果与利用《国际统计年鉴》数据计算的劳动报酬占 GDP 份额有一定差异，但是差异并不明显。

为 31.7%，仅为美国一半左右。我们这里依据地区收入法 GDP 核算数据，通过从中扣除城乡个体劳动者劳动报酬收入而得到了中国雇员劳动者报酬数据。1980~2005 年中国雇员劳动报酬占 GDP 份额平均仅为 38.9%，大大低于英美等国已经完成工业化的国家，而和墨西哥这样的陷入中等收入陷阱的国家相类似。

表9　根据国际统计年鉴相关数据计算的各国雇员劳动报酬占 GDP 份额

单位：%

国家＼年份	1970	1980	1985	1990	1995	2000	2005
英　国	59.3	59.7	55.4	57.5	54.4	55.5	55.7
德　国	53.2	58.5	56.0	54.3	54.7	53.4	50.4
日　本	43.5	54.3	54.3	53.6	56.7	53.9	51.7
加拿大	55.3	55.7	54.3	56.0	54.9	50.6	50.6
美　国	61.3	61.0	59.6	60.4	60.1	59.3	56.9
韩　国	33.8	39.6	39.5	45.5	46.8	42.8	45.0
西班牙	45.2	51.3	45.8	47.8	46.4	49.5	47.0
墨西哥	35.6	36.0	28.7	29.5	31.1	31.3	29.6
中　国	—	35.8	37.3	40.6	42.3	41.7	35.8*

注：* 为 2004 年数据。
资料来源：根据相关年份的《国际统计年鉴》中劳动者报酬和 GDP 数据计算而来。

　　事实上，戈林（Gollin，2001）认为，发展中国家农业就业比例普遍较高（多数属于家庭劳动者），且工商业部门也存在大量自雇者，仅核算雇员劳动报酬的计算方法严重低估了发展中国家的劳动报酬占 GDP 份额，这是导致发展中国家劳动报酬占 GDP 份额明显低于发达国家的重要原因，他因此认为应该在考虑自雇者劳动报酬的基础上来比较发达国家和发展中国家劳动报酬占 GDP 份额的差异。他的研究表明，当统一考虑了发达国家和发展中国家自雇者劳动报酬和雇员劳动报酬收入后，劳动报酬占 GDP 份额在发达国家和发展中国家间的巨大差异就消失了。

　　鉴于联合国的数据大多都使用雇员劳动报酬的口径，所以使用包括自雇者劳动报酬占 GDP 份额的宽口径数据进行国际比较就变得很困难。我们这里收集了国外有关劳动者报酬研究的一些文献，整理出了 1970~2000 年部分国家包括自雇者劳动者报酬占 GDP 份额的宽口径数据，结果见表 10。从表 10 可以看出，与仅核算雇员的劳动报酬占GDP 份额相比，包括自雇者的劳动报酬占 GDP 份额明显提高。1970~2000 年，日本、美国和英国劳动报酬占 GDP 份额都达到 70%，比仅包括雇员劳动报酬占 GDP 份额高出 10 多个百分点。中国包括自雇者的劳动报酬占 GDP 份额也有所提高，平均达到 42.8%，比仅包括雇员劳动报酬占 GDP 份额高出近 4 个百分点。同时，从包括自雇劳动者的全口径劳动报酬数据来看，中国劳动报酬占 GDP 份额仍然大大低于发达国家；与仅包括雇员劳动报酬口径的比较相比，中国低于发达国家的程度并没有降低，中国比这些国家低至少 20 个百分点。

表 10   1970~2000 年各国包括自雇者的劳动报酬占 GDP 份额

国家＼年份	1970	1975	1980	1985	1990	1995	2000
日本	—	70.4	69.1	68.3	68.0	71.8	70.2
德国	64.1	67.5	68.7	68.7	62.1	62.1	61.7
美国	72.1	72.0	72.3	72.3	71.4	71.2	71.4
英国	71.5	73.8	70.8	67.9	71.8	68.3	73.1
中国	—	40.1*	40.8	41.4	44.3	45.7	44.4

注：* 为 1978 年数据。

资料来源：Nicoletta Batini，Brian Jackson and Stephen Nickell. Inflation Dynamics and the Labor Share in the UK. MPC Discussion Paper No.2：4–44。中国的数据同表 4。

除了数据的可比性问题之外，在比较分析不同国家劳动报酬占GDP 份额的数据时还必须重视发展阶段性问题。改革开放以来，中国经济从工业化初级阶段逐渐向工业化中级阶段转变，当前仍然处于快速工业化、城镇化过程中，要了解中国目前劳动报酬占 GDP 变动的特征，还应该把中国和那些已经工业化的国家在处于和我国类似发展阶段时的数据相对比。

（二）中国劳动报酬占 GDP 份额变动的"非典型"特征

有研究指出，劳动报酬占 GDP 份额的变动和经济发展阶段有关系，二者会呈现出"U"形的变动规律，即在工业化之前或工业化初期，劳动报酬占 GDP 份额相对较高，随着经济的发展，劳动报酬占GDP 份额将会下降；但在劳动报酬占 GDP 份额降至最低点后会出现一个拐点，自此之后劳动报酬占 GDP 份额将趋于上升（李稻葵等，

2009）。然而，从国际经验来看，这样的看法并没有得到发达国家时间序列数据的支持。

从已有研究文献来看，早期工业化国家经济发展（工业化）过程中劳动报酬占GDP份额普遍表现出相对稳定的"卡尔多"特征事实，并未呈现出"U"形规律。凯恩斯（Keynes, John M., 1939）发现英国1911~1935年工人工资占国民收入的比重在40.7%~43.7%小幅波动，美国1919~1934年的工资比重则在34.9%~39.3%，且两国工资比重的差距也相当稳定。布朗和哈特（Phelps Brown 和 P. E. Hart, 1952）也发现1870~1950年英国工资比重稳定在36.6%~42.7%，而工资加薪水占国民收入的比重在1856~1913年也稳定在53.8%~56.7%。卡尔多（Kaldor, N., 1961）则直接指出，尽管技术进步、人均资本积累和实际收入等都发生巨大变化，但发达资本主义经济在过去100年的劳动报酬占GDP份额却令人吃惊地稳定，成为经济发展过程的特征事实。

而稍后实现工业化的国家在快速工业化过程中劳动报酬占GDP的变动往往呈现出快速上升的趋势，也没有表现出先下降后上升的"U"形规律。总的来看，在劳动报酬占GDP份额统计口径可比的情况下，世界各国在工业化过程中劳动报酬占GDP份额的变动并没有表现出统一的模式，而是呈现出不同类型和特征：一种是劳动报酬占GDP份额长期在较高水平上保持稳定，另一种是在工业化过程中劳动报酬占GDP份额快速上升。同时，目前仍未完成工业化的拉美国家和正在工业化进程中的国家，如中国、印度等国劳动报酬占GDP份额表现出长期低水平的相对稳定性，展现出一种和已经完成工业化国家不同的"非典型"特征。

1. 工业化过程中劳动报酬占GDP份额的高水平稳定

一些国家在工业化初期甚至工业化之前劳动报酬占GDP份额就相对较高，而在工业化过程中，尽管人均收入、人均资本和人口城乡分布等都发生了巨大变化，其劳动报酬占GDP份额仍然保持在较高水平，且一直相对稳定，英国和美国是劳动报酬占GDP份额高水平稳定的代表。

英国是最早成功完成工业化的国家，其于19世纪80年代就完成了工业化。由于缺乏更早期的数据，我们仅能得到英国1850年之后的劳动报酬占GDP份额数据，从这一数据可以看出，英国劳动报酬占GDP份额具有相对稳定的特征（见表11）。1856~1913年英国总劳动报酬占GDP份额相当稳定，仅在53.8%~58.7%轻微波动，波动幅度不超过10%。而且，英国总劳动报酬占GDP份额的波动幅度明显小于各行业劳动报酬占GDP份额的波动幅度，说明行业间劳动报酬占GDP份额的波动具有相互抵消的性质。

表11　英国1856~1913年的劳动报酬占GDP份额

单位：%

项目 ＼ 年份	1856	1873	1890	1900	1913
工资占国民收入比重	43.5	41.4	41.5	40.7	36.6
薪金占国民收入比重	6.9	6.3	9.8	10.2	11.9
雇主劳动收入占国民收入比重	0	0	1.0	1.0	1
自雇者劳动收入占国民收入比重	7.4	6.1	6.4	6.5	6.5
劳动报酬占GDP份额合计	57.8	53.8	58.7	58.4	56.0

资料来源：R.C.O. Matthews, C.H. Feinstein, and J.C. Odling-Smee (1982), British Economic Growth, 1856-1973, Clarendon Press, 164-165.

美国工业化过程中劳动报酬占GDP份额更清晰地表现出高水平的相对稳定性特征（见表12）。1850~1920年是美国的高速城镇化阶段，其城镇化率从1850年的15.3%猛增到1920年的51.2%，上升了2倍多；人均GDP从1850年的1885元（国际元）迅速增长到1920年的5536元，增长了1.9倍；资本积累也快速增长，投资率从1850年的13%上升到1900年的30%，增长了1.3倍。但令人吃惊的是，美国劳动报酬占GDP份额一直相当稳定，仅在73.9%~78.7%轻微波动，既不存在上升趋势，又不存在下降趋势，是典型的长期高水平稳定型。

2. 工业化过程中劳动报酬占GDP份额的上升

晚于欧美国家实现工业化的国家和地区，劳动报酬占GDP份额的波动呈现另外一种情况，即随着工业化不断深入，劳动报酬占GDP份额呈现出持续上升趋势。在这些国家和地区中，有的劳动报酬占GDP

份额从低水平快速上升到高水平，如韩国；有的劳动报酬占 GDP 份额则从中位水平逐渐上升到更高水平，如日本和中国台湾地区。

表 12 美国 1850~1920 年劳动报酬占 GDP 份额、城镇化、人均 GDP 与投资率

年 份	城镇化率（%）	人均 GDP（国际元）	劳动报酬占 GDP 份额（%）	投资率（%）
1850	15.3	1885	78.1	13
1860	19.8	2147	78.7	15
1870	25.7	2445	76.5	24
1880	28.2	2941	75.5	25
1890	35.1	3542	77.7	28
1900	39.7	4225	76.0	30
1910	45.7	5104	73.9	—
1920	51.2	5536	76.7	—

资料来源：城镇化率来自彼得·马赛厄斯等编：《剑桥欧洲经济史》（第 6 卷），王春法等译，经济科学出版社，2002 年版，第 658 页；投资率来自彼得·马赛厄斯等编：《剑桥欧洲经济史》（第 7 卷上），王春法等译，经济科学出版社，2002 年版，第 30 页；劳动报酬占 GDP 份额来自 Joseph D. Phillips, Labor's share and "wage parity", The Review of Economics and Statistics, 164–174, and Irving B. Kravis, Relative income shares in fact and theory, The American Economic Review, 917–949；人均 GDP 来自安格斯·麦迪森著：《世界经济千年史》，伍晓鹰等译，北京大学出版社，2003 年版，第 178~181 页。

韩国在 20 世纪 50 年代中期开始工业化，快速工业化带来了经济社会的巨大变化（见表 13）。韩国人均 GDP 从 1955 年的 1054 元（国际元）上升到 1993 年的 10280 元，增长了近 9 倍；非农就业也从 1955 年的 28%上升到 1990 年的 82%，城镇化率则从 1955 年的 24.4%上升到 1993 年的 78.3%。与此同时，韩国劳动报酬占 GDP 份额从 1955 年的 30.1%迅速上升到 1993 年的 60.6%，上升了 1 倍多。

表 13 韩国工业化过程中城镇化率、人均 GDP、劳动报酬占 GDP 份额与非农就业比例

年 份	城镇化率（%）	人均 GDP（国际元）	劳动报酬占 GDP 份额（%）	非农就业比例（%）
1955	24.4	1054	30.1	28
1960	27.7	1105	37.4	35
1965	32.4	1295	37.8	—
1970	40.7	1954	41.4	50
1975	48.0	3162	40.6	—
1980	56.9	4114	52.1	34
1985	64.9	5670	53.9	75
1990	73.9	8704	59.0	82
1993	78.3	10280	60.6	85

资料来源：城镇化率来自联合国（1998）：Word Urbanization Prospects, New York：Litho in UN, 88–95；人均 GDP 来自安格斯·麦迪森著：《世界经济千年史》，伍晓鹰等译，北京大学出版社，2003 年版，第 302 页；劳动报酬占 GDP 份额和非农就业比例来自 Dong–Se Cha etc.（1997），The Korean Economy 1945–1995：Performance and Vision for the 21st Century, Seoul：Korea Development Institute。

日本工业化初期的劳动报酬占 GDP 份额就已经处于较高水平，在工业化过程中又呈现稳步上升趋势（见表 14）。20 世纪初以来，日本经济社会变化巨大，城镇化率从 1920 年的 18.1%飞速上升到 1960 年的 63.5%，40 年上升了 2.5 倍；其人均 GDP 和投资率也普遍增长了 2 倍。在这个过程中，虽然"二战"期间劳动报酬占 GDP 份额有所下降，但劳动报酬占 GDP 份额总体上呈逐步上升趋势，从 1910 年的 55%上升到 1960 年的 67.1%，上升了 12.1 个百分点。

表 14   日本城镇化率、人均 GDP、劳动报酬占 GDP 份额以及投资率

年　份	城镇化率（%）	人均 GDP（元）	劳动报酬占 GDP 份额（%）	投资率(%)
1910	16.0[①]	1304	55.0[②]	12.75
1920	18.1	1696	56.9	16.46
1930	24.1	1850	57.2	15.13
1940	37.8	2874	48.1[③]	20.53
1950	37.5	1926	—	—
1955	56.3	2772	70.3	29.74
1960	63.5	3988	67.1	36.42

注：①为 1890 年数据。②为 1915 年数据。③为 1938 年数据。
资料来源：城镇化数据来自 Francks London（1999），Japanese Economic Development：Theory and Practice/Penelope；New York：Routledge；人均 GDP 来自安格斯·麦迪森著：《世界经济千年史》，伍晓鹰等译，北京大学出版社，2003 年版，第 198~199 页；投资率来自彼得·马赛厄斯等编：《剑桥欧洲经济史》（第 7 卷上）王春法等译，经济科学出版社，2002 年版，第 139~142 页；劳动报酬占 GDP 份额来自 Samuel Bentolila and Gilles Saint-Paul（2003），Explaining Movements in Labor Share. Contributions to Macroeconomics，3(1)：1-31；Ryoshin Minami and Akira Ono，Behavior of Income Shares in A Labor Surplus Economy：Japan's Experience，Economic Development and Cultural Change，309-324.

中国台湾地区 20 世纪 50 年代以来的劳动报酬占 GDP 份额也呈上升趋势。50 年代中国台湾地区进入工业化进程，当时其劳动报酬占 GDP 份额就已经超过 60%（1950~1969 年台湾劳动报酬占 GDP 份额在 63%~67%轻微波动），高于许多发达国家工业化初期的水平。从 20 世纪 70 年代开始，随着工业化和产业结构加速变动，台湾地区劳动报酬占 GDP 份额稳步上升，到 20 世纪末上升到 75%，比最低时的 63%（1969 年）上升了 12 个百分点，上升幅度接近 20%。[①]

---

① 数据来自于李稻葵、何梦杰、刘霖林：《我国现阶段初次分配中劳动收入下降分析》，《经济理论与经济管理》2010 年第 2 期，第 13~19 页。在该文中，作者将我国台湾地区劳动报酬占 GDP 份额视为工业化过程中劳动报酬占 GDP 份额呈 "U"形变化的证据。然而，劳动报酬占 GDP 份额的相对稳定并不是劳动报酬占 GDP 份额绝对不动，而是指波动幅度明显低于其他经济变量的波动幅度。1950~1967 年台湾地区劳动报酬占 GDP 份额在 63%~67%波动，波动最大幅度仅为 6%，属于典型的相对稳定特征，并未呈现下降趋势；而从 1969~1999 年，台湾劳动报酬占 GDP 份额从 63%上升到 75%，上升幅度达到 20%，呈现出稳步上升趋势。

3. 中国劳动报酬占 GDP 份额变动的"非典型"特征

中国目前正处在快速工业化过程中，劳动报酬占 GDP 份额水平与工业化国家相比很低，且在较长时期内保持了稳定甚至下降的趋势，展现了不同于其他工业化国家的非典型特征（见表 15）。1978 年以来，中国以不变价格计算的人均 GDP 增长了 10 倍，增长速度与 1955～1993 年的韩国大致相当，高于日本和美国。非农就业的比例从 1978 年的 29.5% 上升到 2007 年的 59.2%，增长了近 1 倍。另外，城镇化率也从 1978 年的 17.92% 上升到 2007 年的 44.94%，与 1860～1910 年美国城镇化率的变化情况接近。除变化速度不同之外，中国许多经济变量与其他国家工业化过程中的趋势是一致的。

表 15　中国城镇化率、人均 GDP、非农就业比例和劳动报酬占 GDP 份额

年　份	城镇化率（%）	人均 GDP（元）	非农就业比例(%)	劳动报酬占 GDP 份额(%)
1978	17.92	381.2	29.5	40.1
1980	19.39	431.0	31.3	40.9
1985	23.71	669.0	37.6	43.4
1990	26.41	904.6	39.9	45.3
1995	29.04	1519.6	47.8	45.7
2000	36.22	2193.9	50.0	44.4
2005	42.99	3357.6	55.2	40.3
2007	44.94	4151.8	59.2	39.2

资料来源：劳动报酬占 GDP 份额来自表 6，其他数据来自相关年份《中国统计年鉴》。

然而，1978～2007 年中国劳动报酬占 GDP 份额却保持了低水平的稳定甚至下降趋势，平均约为 42%，最高值不过 45.7%。就世界各国工业化过程中劳动报酬占 GDP 份额的情况来看，美国 1850～1920 年劳动报酬占 GDP 份额平均为 76%，比中国高 30 多个百分点；20 世纪 50 年代韩国开始工业化时，劳动报酬占 GDP 份额还低于中国，到 1970 年韩国劳动报酬占 GDP 份额为 41.4%，与中国 20 世纪 80 年代大致相当，以后随着韩国劳动报酬占 GDP 份额迅速提升，到 1990 年韩国劳动报酬占 GDP 份额要比中国高出 15 个百分点；1910 年日本劳动报酬占 GDP 份额为 55%，1960 年日本劳动报酬占 GDP 份额达到 67%，而中国 1978～2007 年的劳动报酬占 GDP 份额仅在 39%～46% 徘徊，两国工业化过程中劳动报酬占 GDP 份额差距越来越大。

中国劳动报酬占 GDP 份额的变动展现了和拉美以及印度等国家类似的低水平稳定特征。20 世纪 70 年代以来许多拉丁美洲雇员劳动报酬占 GDP 份额也保持着相对稳定性，其 1970~1995 年雇员劳动报酬占 GDP 份额集中在 39%~44%，而中国 1980~2003 年雇员劳动报酬占 GDP 份额在 36%~42%波动，拉丁美洲雇员劳动报酬占 GDP 份额甚至还高出中国 2~3 个百分点。由于 90 年代以来拉美国家劳动报酬占 GDP 份额轻微下降，从平均 42%~44%下降到 39%~40%，这些国家劳动报酬占 GDP 份额的变动似乎出现了一种向低水平收敛（约为 40%）的趋势。①

中国工业化进程中劳动报酬占 GDP 份额不仅没有像其他工业化国家那样出现上升，而且出现了在低水平上保持稳定甚至下降的状况，这和卡尔多所描述的劳动报酬占 GDP 份额相对稳定的典型特征事实具有本质的不同，卡尔多特征事实描述的是劳动报酬占 GDP 份额在相对较高的水平上保持稳定的情况，而中国的劳动报酬占 GDP 份额却在低水平上保持稳定，中国的情况应该说是工业化进程中的一种非典型特征事实。

四、为什么中国劳动报酬占 GDP 份额难以上升

为什么中国劳动报酬占 GDP 份额在低水平上保持稳定甚至还出现下降趋势呢？这是一个非常复杂的问题，难以用单一的原因加以解释，需要从各个方面和多种角度加以理解。

（一）经济结构转变不利于劳动份额上升

我国目前正处于快速结构转变之中，农业部门不断萎缩，非农产业部门快速扩张。很多西方国家在这一过程中劳动报酬份额都出现了

---

① 总体上说，虽然拉丁美洲地区的雇员劳动报酬占 GDP 份额比中国稍高，但也有一些拉丁美洲国家，如墨西哥劳动报酬占 GDP 份额在 1975~1982 年为 35%~40%，1983~1997 年为 30%~35%，比中国稍低。参见：Ishac Dowam. Labor Shares and Financial Crises, The World Bank Working Paper, 1999 (11)。

上升，但我国却出现了下降的趋势，一个关键的原因就在于与这些西方国家相比我国各产业劳动份额有这样两个特点：一是我国农业部门劳动份额过高，农业部门的萎缩直接意味着劳动份额的降低；二是我国非农产业部门尤其是工业部门劳动份额偏低，这使得经济结构在从农业向非农产业的转变过程中，劳动报酬份额难以提高。

中国农业劳动份额明显高于发达国家。从表16可以看出，数据调整前中国农业劳动份额高达80%以上，与世界其他国家相比显得出奇的高，这也从一个侧面说明农业劳动报酬中可能包括了其他要素的收入，确有必要进行调整。即使从调整过的农业劳动份额来看，1980~2002年中国农业劳动份额皆超过50%，是所列国家中平均值最高的国家。相比之下，韩国农业劳动份额在10%~13%波动，仅为中国的20%~25%，日本劳动份额也在20%上下波动，仅为中国的40%左右，美国、德国和英国劳动份额则在22%~43%波动，都明显低于中国。

表16　各国农业劳动份额比较

单位：%

国家＼年份	1980	1985	1990	1995	2000	2002
韩国	10.39	12.86	11.84	10.61	10.60	10.03
日本	18.81	23.29	21.05	24.42	22.32	—
印度	88.51	20.34	18.58	49.08	42.04	41.93
美国	22.63	22.82	27.29	33.70	39.24	38.16
德国	22.27	22.24	20.22	43.39	39.51	43.05
英国	37.58	35.35	33.06	25.40	36.96	36.12
中国（未调整）	87.11	87.82	85.64	86.08	85.65	84.46
中国（调整后）	53.90	50.00	53.70	58.70	59.60	60.40

资料来源：国际资料来自历年《国际统计年鉴》，中国数据来自表3和表6。

与农业劳动份额高于这些发达国家不同，中国的第二、第三产业劳动份额却较低。由于只能从《联合国国民收入核算账户》资料中获得其他国家工业部门雇员劳动报酬占GDP份额数据，所以这里只能对工业部门雇员的劳动报酬占GDP份额进行国际比较（见表17）。中国工业部门雇员劳动报酬占GDP份额在1980~1995年有一个上升的过程，从27.8%上升到41.0%，之后却有所下降，2002年为38.8%，2004年更是降至35%。2002年中国工业部门雇员劳动报酬占GDP份额比德国低 32.5 个百分点，比英国和美国低 20 个百分点左右，比加拿大、韩国低 6~7 个百分点。同时，与发达国家工业化中后期工业产值比重相对下降不同，1978 年以来中国工业产值比例一直较高，并没有呈现明显的下降趋势。工业部门雇员劳动报酬占 GDP 份额水平低和工业产值比例长期较高是中国总劳动报酬占 GDP 份额相对低水平稳定的重要原因。

表 17　1970~2002 年各国工业雇员的劳动份额

单位：%

年份 国家	1980	1985	1990	1995	2000	2002
德　国	65.0	64.9	65.9	73.7	71.9	71.3
英　国	67.9	59.2	66.7	57.0	58.6	60.4
美　国	64.6	60.1	58.4	56.5	52.4	57.9
日　本	47.4	47.8	48.7	58.8	50.4	—
加拿大	52.7	51.3	55.9	47.6	41.4	45.4
韩　国	40.6	39.3	44.8	37.6	42.5	45.2
中　国	27.8	30.2	35.2	41.0	38.9	38.8
印　度	—	33.1	32.3	30.0	32.5	29.2

资料来源：根据 1984 年、1995 年、2006 年《联合国国民收入核算账户》相关数据计算。

再从第三产业雇员劳动份额来看，中国也明显低于发达国家（见表 18）。2002 年中国第三产业雇员劳动份额比韩国低 16.9 个百分点，比英国低 25.4 个百分点。但值得注意的是，中国并不是所有行业的劳动份额都低于发达国家，中国政府机关和社会服务业的劳动份额并不

表 18　各国第三产业雇员的劳动份额

单位：%

年份 国家	1980	1985	1990	1995	2000	2002
英　国	67.1	64.1	62.6	60.3	62.5	61.6
加拿大	67.0	64.1	69.3	58.6	59.6	59.6
美　国	59.3	57.1	58.5	57.9	59.2	58.3
德　国	55.3	55.3	53.5	56.4	56.6	55.6
韩　国	46.9	47.3	50.8	49.5	52.7	53.1
印　度	—	45.0	45.8	38.3	42.2	38.6
中　国	45.7	42.7	43.3	43.8	43.9	36.2
日　本	55.5	54.8	53.0	54.5	40.1	—

资料来源：根据 1984 年、1995 年、2006 年《联合国国民收入核算账户》相关数据计算。

低，甚至还稍微高于部分发达国家。但由于中国第三产业的邮电运输业、商业和房地产服务业的劳动份额明显低于发达国家，加上这几个行业的产值比重又相对较高，中国第三产业的劳动份额明显低于发达国家，进而总劳动份额明显低于发达国家。

那么，中国产业结构的变动对劳动份额的变动产生了什么影响呢？现在让我们首先来看一看1978年以来中国主要行业劳动份额波动的情况。目前能够获得的数据包括1978~2002年农业、工业、建筑业等13个行业的增加值和劳动者报酬。由于文化、体育和卫生事业产出占总产出的比例过小，这里将它们与教育科学研究产业综合起来，进而总行业被缩小为10个，分别为农业、工业、建筑业、邮电运输业、商业、金融保险业、房地产服务业、社会服务业、教育体育文化卫生业和国家机关部门（见表19）。

表19 1978~2002年中国各行业劳动份额及其变动

产业	权重	1978年	1985年	1990年	1995年	2000年	2002年	方差
农业	0.300	0.539	0.500	0.537	0.587	0.596	0.604	0.0027
工业	0.469	0.268	0.302	0.352	0.410	0.389	0.388	0.0026
建筑业	0.052	0.697	0.672	0.686	0.620	0.625	0.599	0.0035
邮电运输业	0.043	0.323	0.360	0.355	0.479	0.452	0.431	0.0041
商业	0.059	0.448	0.429	0.499	0.525	0.513	0.512	0.0010
金融保险	0.022	0.091	0.103	0.091	0.154	0.265	0.316	0.0041
房地产服务	0.013	0.069	0.063	0.061	0.098	0.127	0.137	0.0009
社会服务	0.010	0.591	0.567	0.553	0.599	0.584	0.577	0.0005
教体文卫	0.016	0.794	0.767	0.776	0.792	0.779	0.801	0.0003
国家机关	0.011	0.818	0.813	0.778	0.845	0.833	0.848	0.00019

注：权重为1978年（基期）的各行业产出增加值与全部产出增加值的比例。

从表19可以看出，虽然我国总劳动份额呈下降趋势，但并不是所有行业的劳动份额在1978~2002年都有所下降。一些行业，如农业、邮电运输业、社会服务、教育体育文化卫生业和国家机关劳动份额保持着相对稳定，而工业、商业、房地产、金融保险业劳动份额则明显上升。因而，1978~2002年中国总劳动份额的下降并不是由于行业内劳动份额的下降引起的，而主要是由产业结构的变动引起的。

表19的结果还表明，不仅各行业间劳动份额存在较大差异，从最

低的工业部门（0.268）到国家机关部门最高的（0.818），相差了三倍
多，而且不同行业劳动收入的变动也存在较大差异，邮电运输业、金
融保险和建筑业劳动份额的变化最大（其方差分别为 0.0041、0.0041
和 0.0035），房地产服务和国家机关的劳动收入变动则相对较小（方差
分别为 0.0009 和 0.00019）。通过计算，1978~2002 年中国劳动份额的
总变化（方差为 0.000214），明显不同于在增加值权重不变假定性的劳
动份额的变动（方差为 0.00084），这说明了两个问题：第一个问题是
行业内劳动份额的变动较为明显，是总劳动份额变动（方差）的近 4
倍；第二个问题是产业间劳动收入占比的变动并不是独立的（实际方
差与理论方差存在较大差异），它们之间存在较强的相关性，呈反方向
运动，从而导致各自的劳动收入变动相互抵消。

　　我们可以采用不变基期产业结构的方法[①]来研究产业结构变动对
劳动份额波动的影响（见表 20）。我们研究发现，1978~2007 年产业结
构变动是引起全国劳动份额变动的重要因素，且总体上不利于劳动者。
如果以 1978 年的产业结构为基础保持不变，中国 2002 年的劳动份额
将会是 48.2%，比当年实际劳动份额（43.7%）高 4 个多百分点；如果
保持 1990 年产业结构不变，则 2002 年的劳动份额会是 47.7%，比实
际值也高 4 个多百分点，因此，1978~2002 年劳动份额变化主要是产
业结构变化造成的，同时，产业结构对全国劳动份额的影响主要是 20
世纪 90 年代以后开始发生的，1978~1990 年产业结构变动对劳动份额
的影响相对较小。

表 20　产业结构变动对劳动份额的影响

单位：%

项目＼年份	1978	1985	1990	1995	2000	2002
以 1978 年产业结构计算的标准值	40.0	40.2	43.9	48.8	48.1	48.2
以 1990 年产业结构计算的标准值	39.3	39.4	42.6	47.6	47.4	47.7
实际的劳动份额	40.0	41.4	43.5	45.0	44.0	43.7

　　资料来源：根据相关数据计算得到。

---

　　① Solow（1958）利用劳动份额时间序列的方差来表示劳动份额变动的大小，并从国民经济中产业结构变动的角度分析了劳动份额的变动。

在给定各产业劳动报酬份额不变的情况下，如果中国产业结构转变和其他国家一样，劳动份额会增加还是降低呢？表21是按照其他国家产业结构计算的中国劳动份额。从总的情况来看，虽然产业结构升级会导致中国劳动份额有某种程度的上升，但提升的幅度并不大，这也就是说，如果中国产业内劳动份额无法提高，仅仅靠产业结构的升级并不会从根本上提高劳动报酬份额。具体来看，如果达到日本产业结构的水平，中国劳动份额增加最明显，这主要是因为日本政府、社会和私人服务部门的产值比重较高，达到31%，明显高于其他国家（韩国17%，加拿大21%，美国和德国23%，英国22%），而金融业日本又明显低于其他国家，日本为18%，韩国22%，加拿大26%，美国32%，德国29%，英国30%，中国政府、社会和私人服务部门劳动份额是金融业劳动份额的3倍多，因此产业结构向政府、社会和私人服务业的转移将有助于提升中国劳动份额。

表21 按照其他国家产业结构标准化的中国劳动份额

单位：%

年份 项目	1980	1985	1990	1995	2000	2002
按照韩国标准化	42.5	41.4	43.4	47.4	45.8	45.4
按照日本标准化	42.4	42.7	44.6	49.1	48.1	49.3
按照美国标准化	46.1	42.4	42.1	45.8	45.4	45.8
按照加拿大标准化	40.1	38.5	40.3	45.0	45.3	46.1
按照德国标准化	44.0	43.5	46.2	45.5	46.1	46.3
按照英国标准化	41.2	40.3	41.4	45.8	46.2	46.5
按照丹麦标准化	47.2	45.0	45.4	47.0	47.1	47.6
中国实际劳动份额	40.8	41.4	44.3	45.7	44.4	44.1

那么，为什么一些新兴工业化国家如韩国等在快速工业化过程中实现了劳动报酬份额的迅速提升而中国却不能呢？与中国不同，韩国工业化过程中劳动份额迅速上升，主要有三种原因：一是韩国农业份额较低，明显低于其他产业，产业结构从农业向其他产业的转移有利于劳动份额的提高；二是工业化过程中韩国各行业劳动份额也普遍迅速上升，即便是产业结构不变，行业内劳动份额的上升也能推动总劳动份额提高；三是韩国工业化过程中劳动份额高的服务业部门的产值

上升迅速，加速了韩国总劳动份额的提高。中国劳动份额的变动则没有出现类似韩国的情形。首先，中国农业部门劳动份额较高，明显高于第二、第三产业的劳动份额。农业向第二、第三产业的转移不仅不会提高劳动份额，还会降低劳动份额。其次，当前中国产业结构主要是从第一、第二产业向第三产业转移，第三产业既有明显高于第二产业的部门，如社会服务业、政府服务部门，也有明显低于第二产业的部门，如金融业和房地产服务业，而发达国家恰好是金融业和政府、社会服务业的比重较高，虽然产业向政府、社会服务业的转移能够提高中国总的劳动份额，但向金融和房地产服务业的转移则会明显降低中国总的劳动份额，因此，产业结构变动对劳动份额的影响被相互抵消了，在给定产业内劳动份额不变的情况下，单纯产业结构的升级难以使劳动份额得以提升。因此，中国目前劳动报酬份额偏低并在低水平上保持稳定主要在于非农业产业内部劳动份额偏低，提高劳动报酬份额的关键是改变各行业内劳动报酬份额偏低的情况。

（二）经济增长方式不利于劳动要素的利用

长期以来，中国的经济增长更多地靠投资和出口拉动，其结果，中国虽然是劳动力资源丰富的国家，但中国并没有出现劳动扩张型的技术进步，相反，却出现了资本扩张型的进步，这是一个不利于劳动报酬份额提高的技术进步方式。一般来说，劳动扩张型技术进步使得生产中劳动投入增长速度快于资本增长速度，劳动份额将可能提高，而资本扩张型技术进步有可能降低劳动份额。我们可以通过劳动份额与劳动生产率的关联来粗略判断中国改革开放以来技术进步的类型。劳动生产率的提高既可能源于劳动者人力资本和技能水平的提高，也可能源于新机器、新设备等物质资本投资，如果劳动生产率与劳动份额之间呈正相关，我们便认为劳动生产率的提高主要源于劳动者能力的提高，劳动者应该从中获得更多回报，则技术进步属于劳动扩张型技术进步；反之，如果劳动生产率与劳动份额呈负相关，可以认为劳动生产率的提高主要源于物质资本投资，资本应该从劳动生产率提高中获得更多回报，则技术进步属于资本扩张型技术进步。[①]

图4展示了1978~2007年中国劳动份额与劳动生产率的关系，它表明中国技术进步经历了从劳动扩张型转变为资本扩张型的过程：1997年以前，中国的技术进步以劳动扩张型技术进步为主，而1998年之后，中国技术进步则逐渐以资本扩张型技术进步为主。一个明显的例证就是中国出口贸易中资本品比重迅速提高。改革开放以来，资本品出口占总出口的比重持续增长，从1980年的4.7%增长到2007年的47.4%，增长了9倍多，资本品出口增长迅速必然要求大量投资，新机器和新设备等物质资本投资成为劳动生产率提升的主要源泉，进而导致劳动者从劳动生产率提高中获得的回报相对减少。

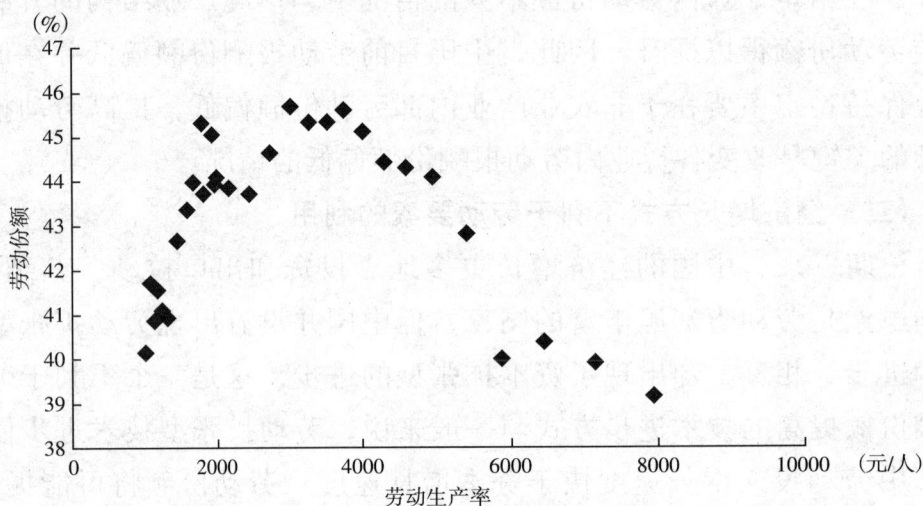

图4　劳动份额与劳动生产率散点图

（三）劳动力市场变化使劳动者处于弱势地位

中国存在明显的二元经济特征，虽然农村劳动力不断向城镇非农部门转移，城镇化速度不断加快，但这一过程远未结束，农村劳动力向非农产业的转移还将在相当长一段时间内持续下去。在这样的发展

---

① Guscina（2007）在分析全球化对劳动份额的影响时采用了这种思路，他认为全球化会影响各国技术进步的类型，导致工业化国家使用劳动节约型的技术，从而降低劳动份额。通过实证研究，他发现在前全球化时代（1985年以前），劳动生产率的提升提高了劳动收入比：劳动生产率提升1%使得劳动份额增长41.5%，说明1985年以前发达国家的技术进步是劳动扩张型的；而在后全球化时代（1985年以后），劳动生产率的提升却降低了劳动份额：劳动生产率提高1%却导致劳动份额下降31.5%，说明全球化导致工业化国家的企业放弃劳动扩张型的技术进步，转而选择资本扩张型的技术进步。

阶段，非农劳动者的工资水平并不取决于其边际劳动生产率，而是由农业部门的收入决定，因为只要非农部门的工资高于农业就业的收入就会继续吸引农村劳动力向非农部门转移。中国长期以来存在工农业"剪刀差"，农业劳动力价格较低，由此转移到非农部门的农村劳动力的工资也相对较低。转移到非农产业就业的农民工工资在 2003 年之前一直维持在 600 元左右，几乎没有增长；而从 1978 年到 2003 年，非农产业劳动生产率增长非常迅速，年均达到 6.2%，劳动生产率的增长未能带来工资同步上涨。2003 年以来，尽管农民工工资增长速度有所加快，从 700 多元涨到 1400 元，但仍然大大低于非农部门劳动生产率的增长速度，劳动者尤其是广大中低收入劳动者收入水平低、增长缓慢是造成劳动报酬占 GDP 份额低水平稳定的又一重要原因。

同时，城镇部门劳动力市场的改革使得劳动力市场出现了非正规化趋势，与资本相比，劳动者处于更加弱势的地位。图 5 表明了 1978 年以来中国劳动力就业情况的一些变化。从 1978 年到 2007 年，城镇国有单位、集体单位就业比例从 98.5% 下降到 25%，而其他类型就业则从不足 2% 上升到 70%。其他类型的就业多属非正规就业，从 20 世纪 90 年代中期开始，越来越多的城镇新增就业人员只能进入非正规部门。例如，2002 年进入现职的城镇就业人员的非正规就业比例达到

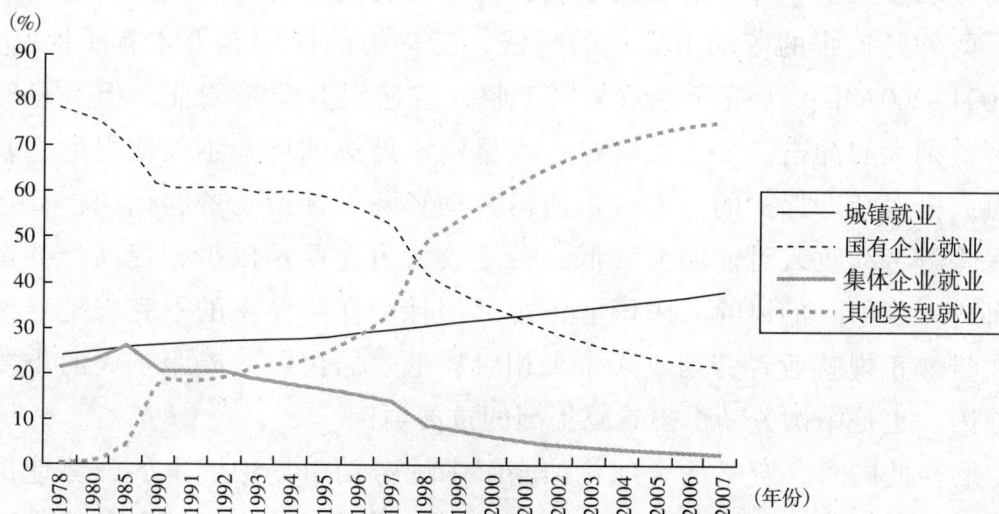

图 5　1978~2007 年中国城镇就业类型变化

资料来源：历年《中国统计年鉴》。

77%，对于初次进入劳动力市场的求职者，非正规就业的比例为77%，而遭受就业冲击后，非正规就业的比例则高达93%。非正规部门就业者缺乏与雇主谈判的能力，不仅工资水平较低，社会保障也比较缺乏，使得本来应该属于劳动收入的很大一部分社会保险金（多数由雇主提供）缺失，而缺失的这一部分多为雇主（资本）获得。众所周知，中国存在明显的劳动力分割市场，正规部门的社会福利好，工资相对较高，就业稳定，而非正规部门的社会福利较差，工资相对较低，就业不稳定，非正规就业规模的扩大给劳动收入占比带来了不利的影响。

中国30年来的就业是从农村、农业就业逐渐向城镇、非农就业的转变过程，也是以国有企业就业为主，逐渐向个体、私营以及其他类型企业转变的过程，这种变化大大削弱了劳动者获得劳动福利的权利。大量资本的进入虽然在某种程度上导致了劳动力需求的上升，但中国庞大的接近无限供给的劳动力资源使得资本对劳动的讨价还价的优势非常强，进入非正规部门的大量私有和国际资本无须给予非正规就业者社会保障方面的补偿，劳动者收入下降，资本收益上升；同时，私有和国际资本的高收益率又进一步诱使正规部门（国有和集体单位）在选择新增劳动力时，宁愿雇用农村流动劳动力或临时工作者，以降低劳动力成本，增强企业竞争力。在这种情况下，正规和非正规部门的劳动收入水平都可能受到不利影响。只有当劳动力的供给不能满足厂商外延扩张的劳动力需求的时候，劳动力的谈判能力才有所提高，2004~2007年民工荒所导致的民工收入普遍提升便是明证。但一旦经济受到大的冲击，如金融危机，大量资本外逃的风险不仅使得地方政府放松对劳动保护的动力，也使得劳动者降低保留工资的预期，社会保险等劳动收入可能明显降低，劳动收入占比便难以得到提高，甚至有进一步下降的风险。中国非正规部门社会保障体系的不完善是导致大量非正规就业者劳动收入水平相对较低、居民收入差距扩大的重要原因，也是中国劳动份额难以提高的重要原因。

与此同时，资本的全球化加剧了中国劳动市场中资本的强势地位和劳动的弱势地位，使得劳动者报酬增长缓慢，这也是中国劳动份额长期低水平稳定的重要原因。全球化带来了资本的大规模国际流动

（FDI），强化了劳动力在流动性方面的劣势，使资本拥有更强的讨价还价能力，从而有利于提高资本的回报，不利于劳动收入提高。而发展中国家的地方政府为了 GDP 增长而展开吸引 FDI 的激烈竞争，导致了竞次均衡状态的出现：当忙于 GDP 竞赛的地方政府意识到低廉的劳动力价格可以使得企业在全球竞争中赢得比较价格优势时，为最大限度地发挥这种优势，地方政府可能出台一些不利于劳动保护、有利于资本收益的政策，以吸引资本进入本地，导致工人工资低于其劳动生产率水平，资本获得更丰厚的利润，劳动份额维持在低水平。事实上，虽然 1978 年以来中国国际贸易不断增长，但直到 20 世纪 90 年代末期，我国的出口总额一直维持在占 GDP 约 20%的水平。从 2002 年开始，我国出口从 26948 亿元迅速增长到 2007 年的 93455 亿元，增长了1.4 倍，年均增长达到 24%，占 GDP 比重也达到 37%。与此同时，我国劳动份额却加速下降，从 2002 年的 44.1%下降到 2007 年的 39.7%，5 年下降了 4.4 个百分点，下降幅度之大前所未有。制造业长期的低工资是中国产品具有较强国际竞争力和出口比较优势的主要源泉所在，而为了获得更大竞争力，厂商又希望持续维持现有的低工资水平，使得工资增长速度明显低于劳动生产率的增长速度。

五、结论与建议

中国目前正处于快速工业化过程中，但国民收入分配格局却出现了失衡的局面，突出表现为劳动报酬占 GDP 份额长期处于低水平。然而在过去的 100 多年中，那些成功工业化的国家劳动报酬占 GDP 份额要么长期保持高水平稳定，要么逐渐上升并最终在较高水平上趋于收敛。中国劳动报酬占 GDP 份额变化展现了和已经工业化国家不同的特征。与中国类似的状况不仅发生在那些陷入中等收入陷阱的国家如拉美的一些国家，也存在于那些尚处在工业化进程早期阶段的低收入国家如印度等国家。从这个意义上看，工业化虽然使中国的经济获得了巨大发展，并使中国迅速从低收入国家转变为中等收入国家，但从性质上来看，中国的工业化似乎仍然处在较低的层次上，这也意味着中国陷入中等收入陷阱的风险巨大。

劳动报酬份额占 GDP 份额水平低意味着劳动者的收入水平相对不足，这固然是中国劳动力成本优势的源泉，但也是造成中国消费需求不足的根本原因。而消费需求不足的后果是经济增长对投资和出口的过度依赖，因此，在中国经济面临的诸多结构性矛盾中，中国劳动报酬占 GDP 份额不足是问题的关键所在。

劳动报酬份额低是一种不利于劳动者的收入分配格局，它深深植根于中国的经济增长方式和固有的制度之中，反映了中国经济发展的阶段性特征，市场机制自身的力量从短期来看不仅不会扭转这样一种趋势，而且还将继续加剧这种不合理的趋势，这实际上代表了市场的"失败"。要改变目前初次收入分配格局不利于劳动者的局面，校正"市场失败"，就必须依靠政府的作用，要求政府改革当前的收入分配制度，建立一种相对更加公平的市场环境，从而让劳动者能够更加公平地分享经济增长的成果。

（一）改革初次分配制度，建立工资合理增长机制

中国劳动份额长期低水平稳定并未体现市场经济和工业化进程的一般规律，也反映出中国初次收入分配格局存在扭曲，中国仍然没有建立一个与社会主义市场经济制度相匹配的初次收入分配制度。在改革开放前和改革开放初期，物质资本相当贫乏，国家通过以农补工和压低城镇工资来增加物质资本积累，因而早期劳动份额较低与低消费、高积累的国家经济政策紧密相关。随着市场化进程深入，劳动力市场逐渐开放，中国开始构建以按劳分配为主、其他生产要素参与分配的多元收入分配制度，劳动报酬份额有所提升。但 20 世纪 90 年代经济全球化加速，国际贸易和 FDI 导致资本对劳动的强势地位，劳动报酬份额出现下降。

从前面的分析可以看出，我国当前劳动报酬份额低的局面主要是产业内劳动份额低造成的，产业结构的升级并不会明显提高总劳动报酬份额，相反，如果经济加速向金融、房地产等部门扩张还可能进一步降低中国劳动报酬份额。这意味着中国劳动报酬份额低确实是一个

收入分配问题，而不是通过经济结构转型可以改变的。要改变这种状况，就必须建立更加公平的收入份额秩序，增强劳动者在工资决定中的话语权，建立工资合理增长的机制。为此，首先，需要根据经济社会发展要求动态调整最低工资标准，建立和完善国有资本预算经营制度，合理确定国有垄断行业的资本与劳动分配比例；其次，加强劳动保护，严格执行劳动合同法，进一步完善劳动合同制度和劳动保护制度，加强劳动监督力度，完善保障工资增长的三方协调机制。另外，我国当前市场环境总体上对资本有利，各地大都采取各种吸引内外资的优惠政策，劳动者特别是非正规部门劳动者在劳动权利受到损害之后，往往得不到较好保护，迫切需要培养更加有利于劳动者、更加公平的市场环境。

（二）加快覆盖所有劳动者的社会保障制度建设

长期以来，我国社会保险将以农民工为主的非正规就业者排除在外。2008 年我国城镇就业者为 3 亿，农村就业者为 4.7 亿。城镇就业者中，仅有 1.66 亿参加了社会养老保险，1.5 亿参加了城镇职工医疗保险；农村就业者中仅有不到 5600 万参与了农村社会养老保险。大量就业者无法参与社会保险实际上意味着生产过程中本来应该用于缴纳劳动者社会保险，属于劳动者报酬的大量收入被其他部门（雇主和国家）所占有。

城乡就业者参加社会保险制度能够直接提高劳动收入份额。2008 年农民工人均收入为 1400 元，如果将未参加社会保险的城镇从业者都纳入社会保险体系，要求企业按照工资的 30% 缴纳社会保险金，则全社会以社会保险形式存在的劳动收入将增长 7200 亿元，从而使劳动收入份额提高 2.7 个百分点；同时，如果考虑到 2008 年企业社会保险金逃费超过 2000 亿元，扩大社会保险覆盖面、加强社会保险费征缴工作将使劳动收入份额提高 3~4 个百分点。而且，加强城乡社会保险制度的建设将对中低工资水平的劳动者更有利，因为正是这部分人没有被社会保险制度所覆盖。加强社会保障制度建设应该越来越成为中国收入分配制度改革的重要工具，这就要求加快统筹城乡社会保险制度，加快将流动人口，特别是收入相对较低的农民工以及城镇个体工商户等确实有效地纳入社会保障制度体系。

因此，改革目前以正规部门就业为模式的城镇社会保险制度，适当调整社会保险的参与条件和社会保险金领取资格，给就业者提供灵活的缴费标准和更有利的社会保险金领取资格，将有效提升社会保险覆盖面。同时，还要加强社会保险费的征缴工作，主要是加强非正规就业部门（中小企业）社会保险费的征缴工作，确实提高社会保险的覆盖面。

（三）加快个人所得税制度改革，提高个税起征点

作为调节收入分配的制度，个人所得税在发达国家收入分配中的作用非常重要，一些发达国家的个人所得税占总税收的 30%。但是，中国当前经济增长阶段和国民收入初次分配格局使我们在思考个人所得税问题时必须慎之又慎，因为在某种意义上讲，作为向劳动者所得征收的税种，征收个人所得税在一定程度上进一步恶化了我国劳动收入份额下降的收入分配格局。以 2007 年为例，个人所得税（3815 亿元）会使我国劳动收入份额再下降 1.2 个百分点，且由于近几年个人所得税的增长速度明显快于国民收入的增长速度，个人所得税对劳动收入份额的影响越来越大。因此，征收个人所得税对调节收入差距、确保社会公平具有重要意义，通过向高收入人群征税，可以降低收入差距，促进社会公平。但也必须看到，在现阶段我国劳动收入份额较低的情况下，个人所得税的起征点过低实际上使劳动收入份额下降的收入分配格局进一步恶化。

我国个人所得税起征点经过两次调整（2006 年从 800 元上调到 1600 元，2008 年又从 1600 元上调到 2000 元），但目前调整过的个人所得税起征点（2008 年为 2000 元）仍然明显低于全国职工平均工资（2008 年职工平均工资为 2436 元），也就是说大量中等以至于中等偏下收入的劳动者都必须缴纳个人所得税；对中等及中等偏下收入者征收个人所得税当然会导致劳动收入份额下降，但可能对缩小收入差距影响甚微。因此，我们认为目前向中等收入人群征收个人所得税的条件并不成熟，个人所得税征收的主要对象应该是中等偏上收入人群，起征点应该在职工平均工资之上，且随平均工资的增长而动态调节。

除了提高个人所得税的起征点之外，还需要加强高收入和收入多样化群体的监控机制、加大对偷逃个人所得税行为的处罚力度，建立一个综合协调配合、覆盖居民收入运行全过程的税收调控体系，从而完善个人所得税制度，既充分发挥税收在个人收入分配调控中的职能作用，又避免个人所得税对劳动收入份额带来大的不良影响。

除了改革个人所得税制度，还需要改革资本所得税制度，特别是国有资本所得税制度，设立国民年金专门账户，建立国有资产收益全体国民公平分享的机制。劳动收入份额下降意味着资本收益份额上升，但资本收益份额上升对我国而言并不完全是坏事，因为我国存在大量国有企业，资本收益上升也意味着国有企业盈利增加。理论上讲，国有资产的盈利应被全体国民公平地分享，但从目前的情况来看，我国尚未建立国有资产收益被所有公民公平分享的机制。我们的建议是利用国有资本的部分盈利设立国民年金账户，让全体国民公平地享受国有资产的收益。

2008 年我国国有企业的利润超过 1 万亿元，如果将利润的 30%上缴国家，并将其中的一半（1500 亿元）用于国民年金账户，则国民人均可得 110 元；而由于该年金账户每年能存入 110 元，它就可以为解决中国未来的养老问题提供极大帮助。如果将该年金用于投资，假设年收益率为 5%（拉美国家和发达国家职业养老金的收益率普遍高于5%），每个国民在 60 岁退休时账户资金将累积达到 44700 元。年金账户的资金可以作为最基本的养老金，这将极大地缓解现行养老金制度的不足，我国老龄化社会的养老需求也会得到基本保障。

（四）加强对劳动者保护，提高劳动者报酬水平

提高劳动者报酬，不仅是改善民生的客观要求，也是我国经济可持续发展、顺利实现工业化的重要基础和条件，我国应该适时启动工资增长计划。但需要把握住两点：一是在我国当前经济增长阶段只能保持工资增长要与财富增长和劳动生产率增长同步，不能操之过急，不顾财富总量和劳动生产率的增长情况而随意提高工资，否则不但不能维持工资持续增长，反而将加大通货膨胀的压力。二是当前应该主要通过引导市场来提高中低收入者的工资水平，而非政府直接干预。

当前我国工资速度慢增长并不是市场规律导致，反而恰好是由于市场分割、垄断等非市场因素使市场经济的工资决定机制未能有效运转，使工资增长速度低于劳动生产率的增长速度，因而当前应该消除市场分割、垄断因素，从而使得市场决定工资的机制有效运转，而非直接干预市场工资。

　　劳动者，特别是农民工缺乏谈判能力是导致农民工权利缺失、工资水平难以快速提升的一个重要原因。只有通过集体合同，才能真正加强劳动者与资方博弈的力量，建立劳动者维护劳动权利的正常渠道；同时，签订集体合同也有利于建立积极的劳资关系，在保护劳动者的同时维护企业正常生产经营秩序与社会稳定。当前一些企业的劳资关系趋于紧张，员工采取非常态手段维权的情况突出，如富士康员工连续跳楼事件和广州本田员工集体罢工事件。这种非常态的手段既无法持续、有效地保证劳动者工资水平提高和劳动条件改善，也不利于企业正常的生产经营秩序与社会和谐。这就要求政府加强《劳动合同法》等法律、法规的执行和监督力度，并落实国务院关于保障农民工和普通劳动者劳动权益的相关规章制度。而且，各级政府需要转变经济发展观念，综合考虑促进经济增长与保障劳动者劳动与报酬权利的平衡，既维护企业的正常权益，也重视并保障劳动者得到其应得的劳动成果。

　　要提高劳动者报酬水平，从根本上说就是提高农民收入水平。如前所述，我国主要劳动者的工资是由其在农业部门就业的收入所决定的，那么，持续、稳步提高农民的收入水平，将起到提高农民工的保留工资和工资预期，从而有效提高其工资水平的作用。因此，提高农业劳动生产率和农民收入是提升劳动报酬在国民收入中所占比重的重要条件。提高农民收入的途径主要包括提高农业劳动生产率和加快农村劳动力转移。提高农业劳动生产率的根本途径是实现农业的规模化、专业化、集约化生产经营，落实党中央、国务院各项兴农惠农的政策措施，加大公共财政对农业的投入力度，加快农村金融体制改革，走科技兴农之路。加快劳动力转移需要做两个方面的工作：一是继续千方百计扩大就业；二是加大农村劳动力的技能培训，提高转移农村劳动力的就业能力和工资水平。

参考文献

1. Andew T. Young, One of the Things We Know that Ain't So: Is U.S. Labor's Share Relatively Stable? Working Paper, April 2006, University of Mississippi.

2. Ben S. Bernanke Refet S. Gurkaynak is Growth Exogenous? Taking Mankiv, Romer and Weil Seriously, NBER Working Paper8365, 2001.

3. Carmen G. Ruiz, Are Factor Shares Constant? An Empirical Assessment from a New Perspective, Working Paper, November 2005, Universidad Carlos II . I .

4. D. Gale Johnson, The Functional Distribution of Income in the United States, 1850-1952, The Review of Economics and Statistics 1954, 36 (2): 175-182.

5. Ferguson, C. E. and Moroney, J. R. The Source of Change in Labor's Relative Shares: A Neoclassical Analysis. Southern Economic Journal, 1969, 35 (4): 308-322.

6. Gollin, D. Getting Income Shares Right. Journal of Political Economy, 2002, 110 (2), 458-475.

7. Gomme, Paul and Rupert, Peter. Measuring Labor's Share of Income, Policy Discussion Papers, Federal Reserve Bank of Cleveland, 2004 (Nov).

8. James W. Beck, An Interindustry Analysis of Labor's Share, Industrial and Labor Relations Review Vol. 11, No. 2, Jan., 1958: 231-246.

9. Kaldor N. Capital Accumulation and Economic Growth, in F. A. Lutz and D. C. Hague, eds., The Theory of Capital. New York: St. Martin Press, 1961.

10. Keynes, John M. Relative Movements of Real Wages and Output.Economic Journal, 1939 (March): 34-51.

11. Krueger, Alan B. Measuring Labor's Share. American Economic Review, 1999, Vol. 89 (2) (May): 45-51.

12. Paul Gomme, Peter Rupert Measuring Labor's Share of Income Nov. 2004 FRB of Cleveland Policy Discussion Paper No. 7.

13. Samuel Bentolila Gilles Saint-Paul, Explaining Movements in Labor Share. Contributions to Macroeconomics, 2003, 3 (1): 1-31.

14. Simon Kuznets, Modern Econmic Growth: Rate, Structre and Spread, New

Haven：Yale Univesity Press，1966：168-169.

15. Solow，R. M. A Skeptical Note on the Constancy of Relative Shares. American Economic Review，1958，48（4）：618-631.

16. Zuleta，H. Why Labor Income Shares Seem to be Constant？Working Paper，March，2007，Universidad del Rosario.

17. 白重恩、钱震杰、武康平：《中国工业部门要素分配份额决定因素研究》，《经济研究》2008 年第 8 期。

18. 白重恩、钱震杰：《谁在侵占居民收入——中国国民收入分配格局分析》，《中国社会科学》2009 年第 5 期。

19. 徐现祥、王海港：《我国初次分配中的两极分化及成因》，《经济研究》2008 年第 2 期。

20. 李稻葵、刘霖林、王红领：《GDP 中劳动份额演变的 U 型规律》，《经济研究》2009 年第 1 期。

21. 李扬、殷剑峰：《中国高储蓄率问题探究》，《经济研究》2007 年第 6 期。

22. 罗长远：《卡尔多"特征事实"再思考：对劳动收入占比的分析》，《世界经济》2008 年第 11 期。

23. 速水佑次郎：《发展经济学——从贫困到富裕》，李周译，社会科学文献出版社，2003 年。

24. 华生：《劳动者报酬占 GDP 比重低被严重误读——中国收入分配问题研究报告之二》，《中国证券报》2010 年 10 月 14 日第 A21 版。

25. 张车伟、张士斌：《中国初次收入分配格局的变动与问题——以劳动报酬占 GDP 份额为视角》，《中国人口科学》2010 年第 5 期。

强化中国社会保障体系的公平性与可持续性

经济研究所　朱　玲[*]

一、导　言

　　中国近 30 年来的快速经济增长，在显著减少贫穷的同时，伴随着令人瞩目的收入不均等程度的提高。1981 年，全国居民收入的基尼系数为 0.280，到 2006 年，达到 0.468。在影响收入分配格局的诸多因素当中，城乡差距的影响最大。对全国居民收入差距的贡献达 42.2%（朱玲、金成武，2009）。不仅如此，城乡之别还是解释不同地区和行业的收入差距以及教育和保健机会不均等的显著因素之一（李实、史泰丽、别雍·古斯塔夫森主编，2008）。

　　从理论上讲，社会保障体系能够通过提供安全网的方式，减少单个家庭和个人面临的投资和创新限制，从而有助于改变人们的机遇，防止当前的不平等固化并导致未来的不公平。社会安全网一般针对的是有工作的穷人、不具备工作能力的人以及特殊的脆弱群体。在一个有效的、普惠制的公共保险体系中，每一个受到负面冲击和生活水平跌落到预定标准以下的家庭，都有资格从国家获得某种形式的资助。（World Bank，2005）。在这个意义上，社会保障体系有助于校正收入和财富的初始分配状态。

---

　　[*] 金成武和王震承担了本文的图表绘制，张卓元、赵人伟、蒋中一、路爱国、李实、杨春学和魏众曾给予建设性的评论，陈少华、Andrew Watson、Barbara Harriss-White、Theodor Bergmann、周弘、郑秉文、张平、朱恒鹏、杨娟、吴朝峰、王小凡、王诚、陈端洁和姚宇提供了富有参考价值的文献和信息，笔者在此一并致谢。

在中国的现实中，当前的社会保障体系非但无助于缩小城乡差距，反而有扩大二者收入鸿沟的作用，其本身就存在着欠缺公平性的问题。2002 年，城市居民人均享有的社会保障的货币价值，相当于其可支配收入的 53%。如果把这部分货币价值加算到城镇居民收入上去，城乡收入差距就会从纯收入统计显示的 3.1~3.3 倍扩大到 4.5 倍以上；还会使基尼系数上升 10%左右（李实、罗楚亮，2009）。这种现象，反映的只是城乡户籍居民在社会保障享有方面的差距。事实上，仅就整个社会保障制度的覆盖面来看，地区之间、行业之间以及不同户籍、性别、职业和地位的人群之间，差别也非常大（中国发展研究基金会，2009）。特别是脆弱群体，包括大量农民工，至今依然保障不足（世界银行驻中国代表处，2008）。

进入 21 世纪以来，中国政府针对脆弱群体社会保障不足的现象采取了一系列强有力的措施，社会保障和公共服务有了显著的改善。[1] 2006~2007 年，中国政府明确提出，到 2020 年建成覆盖城乡居民的社会保障体系，并把基本养老、基本医疗和最低生活保障作为制度建设的重点。[2] 2008 年全球金融危机爆发，中国政府把强化社会保障体系的措施纳入了经济刺激方案，以求在促进经济增长和就业的同时，增强家庭和个人应对经济衰退冲击的能力。在政府行政系统的强力推动下，社会保险、社会救助和社会福利覆盖面迅速扩大。特别是"新农合"（新型农村合作医疗制度），覆盖的农村户籍人口在短短 3 年内（2006~2008）增加了 355%，2008 年底已达 8 亿多人，覆盖率将近 92%。2009 年，国家人力资源和社会保障部制定了将农民工纳入城市基本养老保险体系的政策。同年，"新农保"（新型农村居民社会养老保险制度）在全国 10%的县开始试点，计划覆盖农村人口 1.3 亿人。

这些制度和政策的实施，无疑有助于提高农村居民和农民工的社

---

[1] 中国社会科学院经济学部课题组：《我国"十一五"规划实施三年（2006~2008）情况分析报告》（下），第 6、9 页，《中国经济研究报告》（经济学部工作论文）2009 年第 111 期。

[2] 《中国共产党第十六届中央委员会第六次全体会议公报》（2006 年 10 月 11 日中国共产党第十六届中央委员会第六次全体会议通过），《胡锦涛在中国共产党第十七次全国代表大会上的报告》（2007 年 10 月 15 日），2010 年 5 月 4 日下载自：http://news.xinhuanet.com/politics/2006–10/11/content_5190605.htm；http://news.xinhuanet.com/newscenter/2007–10/24/content_6938568_7.htm。

会保障程度，有利于促进整个国家的社保公平。然而在项目推进过程中，一些新的政策问题也随之产生。最为突出的是：

第一，城镇职工社会保险项目的缴费率高、保险受益权携带性差，不适应大多数农民工收入低、缴费能力差和流动性强的特点。

第二，社保体系的城乡分割、职业分割和地域分割，不但妨碍劳动力流动，而且造成"撇奶油"现象。例如，健康和年轻的正规就业者进入职工养老和医疗保险，非正规就业者和年老体弱人群进入居民养老和医疗保险，削弱了社会保险的共济功能。

第三，地方政府在新农保实施中的"锦标赛"，导致保险覆盖面"大跃进"式地扩张。与此相伴随的是，参保人"逆向选择"、保险项目运行经费不足和粗放管理。这些现象都可能损及新农保的可持续性。

第四，不同地区最低生活保障制度的覆盖面和救助水平，取决于地方财政能力和财政资源在不同用途的分配（Ravallion，2009）。欠发达地区农村的最低生活保障制度覆盖面小、保障水平低，部分贫困人群的基本生存需求尚未得到保障。

鉴于此，本文提出的重点研究问题如下：其一，现有社保体系不公平的症结何在？其二，如何减少乃至消除这种不公平？其三，怎样在促进公平的同时维护社保项目的可持续性？

本文的第二部分将审视中国现有的社保体系，确认亟须改进的关键领域。第三部分聚焦于社会养老和医疗保险制度中的板块隔离问题，寻找组合或衔接同类保险板块并扩大保险覆盖面的方案。第四部分借助新农合与新农保政策实施中的案例，揭示地区间的福利竞赛对社保制度的可持续性造成的隐患。第五部分基于社保公平的理念，归纳政策性的结论。

本文的数据基础、参考文献和专题信息主要来自以下几个方面：①国际组织和中外学术机构有关社保理论、制度和政策措施的研究报告。②国内公布的法律法规、政府文件和统计资料。③中国社会科学院经济研究所课题组的专题数据积累和研究成果。④笔者在2009~2010年的案例研究，以及对美国、加拿大、英国、德国、挪威、匈牙利、爱尔兰、日本、澳大利亚、哥伦比亚、秘鲁、加纳和孟加拉等十多个国家的学者所作的访谈。

二、社保体系的板块分割及与之相关的不公平

从 20 世纪 80 年代到现在，社会保障概念的内涵和外延以及社保政策的作用范围，在全世界都出现了扩展的趋势。[①] 国际劳工组织的一份研究报告曾强调指出，社保的焦点从最低生活保障和应对疾病、年老、残疾、工伤、失业、生育和家庭主要劳动力死亡的风险，扩展到促进弱势群体发挥自身潜力和赢得发展机会的领域（García，Bonilla 和 Gruat，2003）。这就意味着，社会保障的防线前移，其功能不仅在于防止社会成员因遭遇意外而陷入贫困，而且还要降低风险乃至消除某些风险产生的根源。例如，采用卫生、教育、培训和就业促进等措施，辅之以消除社会歧视的公共行动，减少社会成员患病、失能和失业的风险，并由此而帮助贫困群体突破生活中的恶性循环并切断贫穷的代际传递。因此，除了社会保险和社会救助以外，社会增益产品（Merit goods）的提供，也被作为社会保障的一种政策工具。义务教育，便是这类产品和服务的典型。

中国的改革开放，恰好伴随着国际社会保障理念的进步。在此期间建立起来的社会保障体系，因而也包含着上述保险、救助和提供社会增益产品等全部功能。在"十一五"规划实施期间（2005~2010年），中国在社会保障方面的进步尤为显著。仅以社会保险为例，表 1 显示，绝大多数保险项目的覆盖率都在迅速提高。然而，农村居民和农民工的社会保险覆盖率依然很低。截至 2008 年底，农民工群体的养老和医疗保险覆盖率分别为 10.7% 和 18.9%，仅相当于城镇户籍职工覆盖率的 1/6 和 1/4；"老农保"（农村居民社会养老保险）的覆盖率还

---

①"社会保障（体系）"这一提法，目前在国际组织中通用的英文语汇是"social protection"，而非"social security"。从国际劳工组织、世界银行和国际货币基金组织的定义来看，前者的内涵包括后者。因此，有的中国学者用广义和狭义社会保障的概念将二者加以区分，后者只包括常规的社会保险和社会救助。此外，英文文献中的 Social Protection Schemes，可直译为社会保护计划。但为了避免与中国特有的"计划"概念相混淆，本文将各类社会保障措施统称为社保项目。

不足 10%。这样的覆盖程度，全都低于一般中等收入国家（人均 GDP 高于 1000 美元）社保覆盖率的下限（20%）。① 与此相对照，公务员和大量国有事业单位工作人员，依然享有从计划经济时代的公费医疗和养老保障制度中保留下来的特惠待遇。

表1   2005~2008 年期间中国各类社会保险项目的人口覆盖状况

保险项目及参保人群	2005 年（万人）	2006 年（万人）	2007 年（万人）	2008 年（万人）	2008 年基数**（万人）	2008 年覆盖率（%）	2010 年目标值（%）
机关单位就业人员	1071.0	1109.6	1128.6	1155.5	1155.5	100.00	—
事业单位就业人员	2591.4	2705.1	2741.8	2790.5	2790.5	100.00	—
城镇职工基本养老保险	13120.4	14130.9	15183.2	16587.5	26264.0	63.16	
参加养老保险的农民工 *	—	1417.0	1846.0	2416.0	22542.0	10.72	
农村社会养老保险	5442.0	5373.7	5171.5	5595.1	56867.6	9.84	
城镇职工基本医疗保险	13782.9	15731.8	18020.0	19995.6	26264.0	76.13	
参加医疗保险的农民工 *	—	2367.0	3131.0	4266.0	22542.0	18.92	
新型农村合作医疗	17900.0	41000.0	72600.0	81517.6	89061.0	91.53	80***
失业保险	10647.7	11186.6	11644.6	12399.8	26264.0	47.21	
参加失业保险的农民工	—		1150.0	1549.0	22542.0	6.87	
工伤保险	8478.0	10268.5	12173.3	13787.2	26264.0	52.49	
参加工伤保险的农民工	—	2537.0	3980.0	4942.0	22542.0	21.92	
生育保险	5408.5	6458.9	7775.3	9254.1	26264.0	35.23	

注：* 包括参加独立的农民工保险项目和城镇职工保险项目的农民工。

** 计算城镇职工基本养老保险、城镇职工基本医疗保险、失业保险、工伤保险和生育保险覆盖率时，采用的分母是城镇单位（不含事业、机关单位）职工数；计算新型农村合作医疗覆盖率时，采用的分母由参加者总数和参加率（通常称为"参合率"）推算而来；计算农民工的保险覆盖率时，采用的分母是农民工数；计算农村社会养老保险时，采用的分母是 16 岁及以上的农村人口。

*** 在"十一五"规划中，量化的社会保障目标值只有两个，即"城镇基本养老保险覆盖人数达到 2.23 亿人，新型农村合作医疗覆盖率提高到 80% 以上"。

资料来源：2005~2008 年期间人力资源（劳动）与社会保障部历年公布的《人力资源（劳动）和社会保障事业发展统计公报》以及国家统计局发表的《中国统计年鉴》。"—"表示没有可供使用的数据或尚未开展此类保险。表中数字均为相关年份的年末数值。

在整个社保体系中，养老和医疗保险是资金使用规模最大和涉及人口最多的项目，也是与劳动力流动联系最为紧密的项目。眼下，每一保险类别之下都并列着相互分割的几个板块，分别覆盖特定的人群（见图1）。每一个板块又进一步碎片化，基金统筹单位只是一个个独立的县或市。仅就城镇职工社会养老保险而言，全国就有 2000 多个统

① 参见国际劳工组织（ILO）专栏：《Social Protection》，www.ilo.org/global/About_the_ILO/Mainpillars/Socialprotection/lang—en/index.htm，2009 年 11 月 1 日下载。

筹单位。^①同一保险种类的板块之间互不连通，不同统筹单位之间的资金也互不调剂。

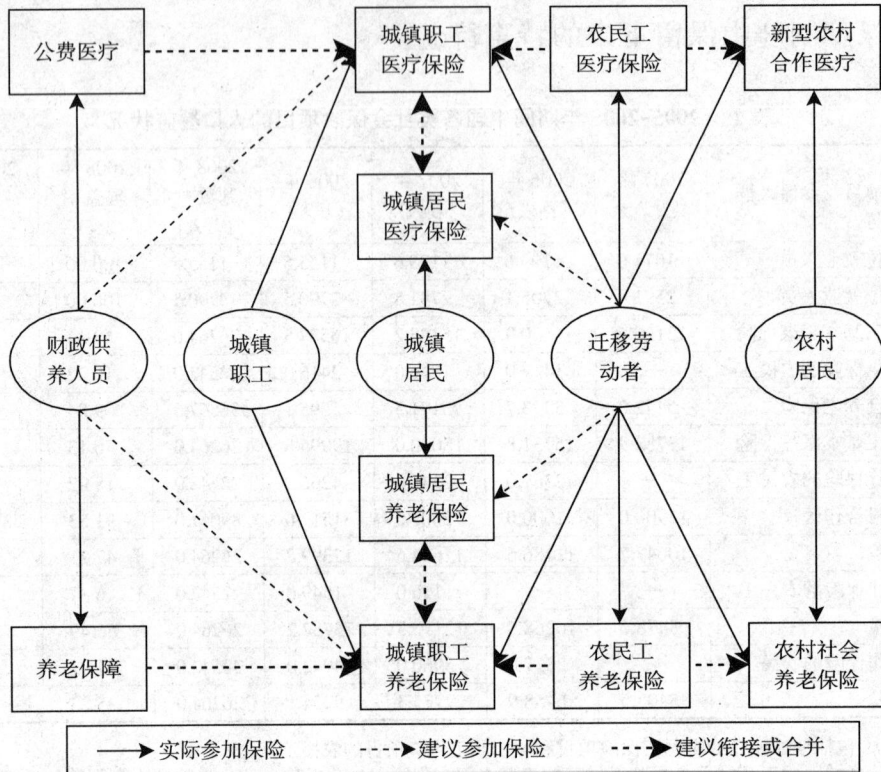

图1 中国社会养老和医疗保险结构调整

上述社保体系的板块分割和其中包含的不公平，或多或少地与以下事实相关：中国作为从计划经济转向市场经济的发展中国家，既有发展进程中的二元经济特征和显著的地区差别，又有计划经济体制遗留至今的城乡社会分离和职业分割。

首先，采用户籍制度分割城乡社会，而且城市政府只对本城市户籍人口的生存和发展负责，无疑是中国计划经济体系的一个特色。这一制度令城市人口在获得社会保障、公共服务和发展机会等方面享有优先权，故而也就使农村人口的脆弱性远高于城市人口。这一制度框架，至今依然是对城乡差距发生显著影响的因素之一。

---

① 郑秉文：《基本养老保险关系转移接续暂行办法规避了制度碎片化》，2010年1月21日，news.xinhuanet.com/politics/2010–01/21/content_12849349.htm，2010年9月13日下载。

其次，在公共部门中，获得国家人事编制的就业者，特别是公务员，享有特惠。在一般市场经济国家，公共部门与私营部门相比，通常工资水平较低但保障程度较高、就业稳定性较强。由此也就通过就业者的"自选择"的方式，保持全社会人力资源的公平分配。中国的情形与此相反，国家机关和事业单位既有就业稳定的吸引力，又有高工资和高福利的优势，因而不但造成人力资源配置扭曲，而且还引发社会不满甚至损害社会和谐。这既是一个历史遗留问题，又与这些国有单位就业群体的强大社会话语权有关。在中华人民共和国成立初期，机关事业单位即实行公费医疗和养老保障制度，企业职工实行劳动保险制度，农村则社会保险制度缺失。20世纪90年代的国有企业改革，促使企业劳保制度转向社会保险，公费医疗和养老保障制度却成了改革开放进程中几近于"被遗忘"的角落。最近的改革试点，只涉及事业单位，但由于阻力重重而进展迟缓。其中一个重要的原因，就是公务员例外，由此而加剧了事业单位就业者的攀比和"寻租"行为。

再次，与不同群体对社会保障和公共服务的可及状况相联系的是，中国的劳动力市场形成了三个层面的隔离现象：即城乡户籍隔离、公有体制内外隔离以及地方行政辖区隔离。20世纪80年代开始实行"市管县"的政府行政体制，使得城市政府把其公共服务责任扩展到本地农村人口。可是，这些地方政府却将农村迁移人口的公共服务需求，视为他们家乡政府的责任。在这种情况下，跨省/市就业的农村迁移劳动者（农民工和未获得城市户籍的农村高校毕业生），虽然为最近30年的工业化和城市化注入了旺盛的活力，却同时遭受三重歧视。其社会保护不足的状况，既是社会歧视的一个后果，又是歧视的一种表现。

最后，社会保险制度的碎片化状态是"瓶颈突破"式改革的一个结果。在中国的渐进改革路径中，每一个改革步骤，实质上都是在社会经济运行遭遇"瓶颈"时的突破。因此，同一社会保险项目下的不同板块，具有不同的制度安排。整个体系看起来似乎是一个完整的拼板，可不同板块之间却少有接口，故而既不利于劳动力流动，也不适应全球化中非正规就业快速增加的趋势。此外，碎片化的结构导致管理成本明显加大，加之社保资源的分配还有加剧收入不均等的作用，这就使得如今的社会保险体系在运行中不但有失公平，而且也损失效率。

鉴于此，中国社会保障体系建设的中长期目标，可以简单地表述为"人人享有社会保障"，即社会成员在其生命周期的任何阶段，一旦面临困境，便有社会保障可依。近期目标（今后5年），则应以"保基本、广覆盖"为原则，增强社保公平。"保基本"的含义，在于国家承诺的保障水平不低于城乡居民的收入（或消费）贫困线。[①] 以此为前提，将基于这一水平的社保措施，推广到全社会，这也就是"广覆盖"的意义所在。此外，国家可通过税收手段激励企业/机构和个人，为超出社会基本水平的保障需求，做出商业性的补充保险或储蓄安排。这里之所以舍去国内流行的"多层次"提法，是因为企业/机构提供的补充保险（保障）计划，以及社群、家庭或个人的储蓄及其他保障措施，尽管不乏国家激励，但并非国家责任。促进社保公平的政策着力点主要在于，缩小城乡之间、城市中的户籍人口与农村迁移人口之间、公共部门与非公共部门就业者之间以及地区之间的社保程度差别，并借此校正收入和财富的初始分配状态。

三、改善社会养老和医疗保险制度

社保制度的调整和改善，必将触及不同社会群体的利益。为了在调整中尽可能减少社会矛盾，可行的路径是逐步改良现有制度结构，平等参保人群权利，削减特权，补贴底层收入群体。本节将以社会养老和医疗保险为例，探讨如何通过消除同一保险项目下的板块隔离，改善社会保障体系的公平和效率。

1. 结构优化原则

优化现有社会养老和医疗保险制度结构的关键，是在承认城乡差别的基础上，以参保者就业方式的差异，即正规和非正规就业的区别，

[①] 美国的社会保险水平设定，即以不低于贫困线为原则。当前，社会保险计划使得全美65岁以上年龄组中40%的人口脱离了贫穷。换句话说，若无社会保险，这一年龄组中40%的人口就会陷入贫穷。

作为划分同类保险项目下不同板块覆盖对象的标准，分别对养老和医疗保险制度下相互分割的板块加以衔接、组合或连通（见图1），以提高养老保险待遇的携带性和扩大医疗保险的风险分散规模。这样，将不但使这两大保险制度有利于劳动力流动，而且还能节约社保管理资源。为此，需要改革与社会福利和公共服务获得权相关联的户籍制度，改革与国有单位人事编制相关联的公费医疗和养老保障制度，逐步消除计划经济体制遗留在社会保障领域中的城乡阻隔和行政特权。这将深刻地触及和削弱当前掌握公共资源及强势话语权的社会群体的利益，而且还需要辅之以进一步的财政体制改革、政府职能转变和社会管理方式的转变，因而属于一项近期亟待开始但可望在中长期才能最终完成的艰巨任务。

2. 提高农村居民和农村迁移劳动者的社会保障程度

采用财政资源"补贴底层"的因素，已经包含在新农合与新农保之中。这两种保险制度安排，将会有效提高农村居民的社会保障程度。相形之下，农村迁移劳动者，成为社保扩面的难点。其中一个重要原因，是这一群体的就业不稳定、流动性强。即使在同一城市，他们也会因为回应劳动力需求的变化，不得不在正规就业、非正规就业、失业和寻找工作等不同状态之间变换。因此，提高迁移劳动者社保覆盖程度的突破口，在于制定适应其就业特点和收入水平的政策措施，提供多种选择方案，使他们在不同境遇中都有社会保障项目可依。

第一，正规就业的迁移劳动者，可直接参加城镇职工社会养老和医疗保险。[1]

第二，非正规就业的迁移劳动者，可参加城镇居民社会养老和医疗保险。

第三，对于突遭意外（例如金融危机下的工厂倒闭）失业或陷入贫困的迁移劳动者，予以紧急救助，并封存其养老保险缴费记录，以备再就业时接续。

第四，对于城镇职工养老保险、城镇居民养老保险和新农保三大

---

① 人力资源和社会保障部：《关于〈农民工参加基本养老保险办法〉和〈城镇企业职工基本养老保险关系转移接续暂行办法〉面向社会公开征求意见的公告》（2009年2月5日），www.mohrss.gov.cn/mohrss/Desktop.aspx? path=mohrss/mohrss/InfoView&gid=7575d82c-0764-4b78-b459-c65d64e032b1&tid=Cms_Info，2009年5月1日下载。

板块，借助制定不同板块之间的养老金给付折算率，将三者连通起来，以便使包括农民工在内的劳动者，在变换就业状态时能够保持其缴费连续性，并保证其退休时能够根据不同就业阶段的缴费记录，获得相应的养老金给付水平。

第五，在农村工业化和城乡一体化发展较快的地方，城镇居民规模较小而农村居民规模较大，二者的收入水平已经接近，因而可以将新农合与城镇居民医疗保险合并。目前，在江苏和浙江两省已经出现这样的试点。

第六，与医疗保险的板块合并条件相似，合并新农保与城镇居民养老保险，并将其与城镇职工养老保险一起，逐步提高基金统筹层次，以便设置省级养老保险"基金池"。以此为基础，建立省际养老基金结算制度。这样，在资本市场发育不成熟的情况下，既可通过基金的余缺调剂提高养老基金使用效率，又能方便劳动者跨地区流动。

3. 削减公务员和国有事业单位就业人员的社保特惠

世界上大多数国家和地区，都经历过社保覆盖面逐步扩大的历史进程。政府公务员社会保障最先建立，其次才有公共部门中其他就业群体（军人、警察、教师、国企职工，等等）的社会保险，再次是覆盖私企工人的社会保险计划，社保覆盖面最后才扩展到其余居民（Pinheiro，2004；World Bank，2009）。这种与职业差异相联系的社会保险形成时序，与相关群体的社会权力的强弱相对应，并非意味着不同职业人群的社会保险安排天然就应当区分为不同的板块。例如，韩国和中国台湾地区的职业性医疗保险在财务不可持续的情况下，即被整合为"全民医疗保险制度"。[①]

自"二战"以后，公共部门单设保障项目的做法就遭到日渐强烈的社会批评。近年来，为了减轻公共部门待遇优厚造成的财政负担，强化劳动力流动，建设一个财务可持续的更加公平的社会保障体系，发达国家出现了将公共部门和私营部门的社会保险制度（特别是养老保

---

① 赖美淑：《公立私立医疗体系竞争下的合作很重要》，2010 年 9 月 8 日，http://finance.sina.com.cn/hy/20100908/12388623130.shtml，2010 年 9 月 15 日下载。

险）合二为一的趋势。有的国家虽然依然保持不同的保险板块，但是对不同职业人群执行同样的保险政策，例如澳大利亚便是如此。有的国家则将公共部门就业者纳入统一的国民社会保险体系，例如美国，自 1984 年以来，逐步将社会保险法的适用范围扩展到政府雇员、部长和总统。

中国历来有不患寡而患不均的文化传统，这也是社保改革设计中不可忽视的一个社会心理因素。因此，尽可能减少改革阻力的办法，是将公务员和事业单位工作人员同等地纳入城镇职工医疗和养老保险。出于同样的目的，还需要参照国企改革中的社保安排，根据"老人老办法和新人新办法"的原则确定过渡期。

4. 制定与社会保险结构调整相匹配的政策措施

"削减特惠、补贴底层"的改革设计，强调的是正向的收入再分配，而并非要拉平不同收入群体的保险待遇。对社会经济状况差异巨大的人群做无差别的保险制度安排，实际上只会导致不公平的结果。为了防止绝对平均主义式的不公平，还需要采取与社会保险结构调整相匹配的政策措施。这里着重列举与社会养老保险改革相关的措施如下：

第一，降低社会养老保险费率，以便吸纳低收入群体参保。也就是说，用降低门槛的办法实现广覆盖的目标。美国由雇主和雇员平均分担的社会保险税（养老、伤残和遗属保险），为工资收入的 12.4%。[①]如果以此为参照系，当前中国城镇职工社会养老保险的缴费率（28%）可以降低 126%。

第二，为包括国家机关和事业单位工作人员在内的非弱势群体，创造利用保险市场做出附加养老财务安排的空间。例如，采用"人口免税"的办法，不但激励企业/机构自愿为雇员提供商业性的补充养老和医疗保险计划，而且激励个人，为了相对舒适的老龄生活设立养老储蓄和投资账户（OECD，2009）。

第三，与降低社会养老保险费率和激励补充保险的发展相关，既要允许城镇职工养老保险的参保者将个人账户签约给商业保险公司经

---

① 根据美国社会保障署 2009 年 2 月寄出的保险清单第 3 页的说明，参保人除缴纳 6.2%的社会保险税以外，还缴纳 1.45%的老年医疗税（Medicare Taxes）；雇主以相同的税率为其匹配资金。其实，再加上雇主支付的失业和工伤保险，雇主和雇员双方共同缴纳的所有社会保险种类的税率合计不足 23.2%，远远低于中国企业雇主和雇员承担的社会保险费率。

营；又要允许其中的低收入者（例如农民工）不设个人账户；还要设立最低养老金保障线，对老龄人口中的低收入者实行养老救助，以保证他们领取的养老金不低于贫困线。这与当前的医疗救助项目有相似之处，即针对低收入人群的特殊困难提供专项帮助。依据现有的国际经验，最低养老金保障项目的受益者多为女性，这类项目有助于促进养老收入分配中的性别平等。

在此需要特别说明的是，全球性金融危机使各国养老基金不同程度地缩水，例如2008年度，OECD国家的养老基金平均缩水23%，从而导致邻近退休者和养老金领取者的收入水平大幅度下降。但由于人口老龄化的长期趋势未变，金融危机的发生并未扭转世界性的社保改革潮流，只不过促使各国政府更多地采用社会救助手段，并强化"多支柱"的保险方案，增加整个社会保障体系的弹性（Tapia，2009；Dorfman，Richard和Robalino，2008）。本节提出的政策建议，正是顺应了这一改革潮流。

四、强化社保项目的可持续性

在最近3~5年，中国的社保项目快速增加、覆盖面迅猛扩大，原有保障项目的待遇水平也在大幅提高。与此同时，社保项目管理粗放和地方财政不堪重负的现象已经显露。特别值得注意的是，新农合与新农保的推行未包含强制参加机制，参保人群的"道德风险"和"逆向选择"的行为日渐严重。[①] 这些问题如若不能及时解决，必将侵蚀社保项目的可持续性。本节将引入中国社会科学院经济研究所课题组在2010年1~4月农村调查中的部分发现，列举消除这些隐患的途径如下：

第一，防止地区之间的福利竞赛。地区间的竞争或竞赛，在世界范围内并不鲜见。但如果这种竞争设有比赛指标而且某些指标又和官员的升迁直接相关，就会促使负有领导责任的官员在政策实施中急于求成，甚至为了追求个人短期的政绩而忽视社会的长期利益。20世纪

---

① 梅格行：《养老基金投资组合需要越广泛越好》，2010年9月8日，http://finance.sina.com.cn/hy/20100908/09188621748.shtml，2010年9月16日下载。

50 年代的粮食和钢铁产量"大跃进"便是明证。当前，在推行新增社会保障项目的过程中，福利"大跃进"的倾向又现端倪。例如，有些省份在参保人信息系统尚未建立的情况下，便提出在几个月内实现新农保全覆盖的目标。结果，仓促上马的新农保项目不能保证 60 岁以上的老年人按月领取养老金。又例如，有的地方政府为了在合作医疗筹资水平上拔得头筹，5~6 年内数次提高筹资标准。在此期间，由于很难迅速提高个人缴费水平，政府将补助标准提高了 650%，以至于个人缴费比重下降至 25%，社会医疗保险向社会医疗福利转化（见表 2）。

表 2　2004~2010 年期间中国东部地区某县级市的合作医疗筹资标准

年份	合计（元）	市级财政资助（元）	镇级财政资助（元）	村集体扶持（元）	个人缴纳（元）	个人缴费比重（%）
2004	100	20	20	10	50	50.0
2005	100	20	20	10	50	50.0
2006	130	40	30	10	50	38.5
2007	200	70	60	10	60	30.0
2008	300	110	100	10	80	26.7
2009	300	110	100	10	80	26.7
2010	400	150	140	10	100	25.0

注：筹资标准以元/人/年计算，调研市的合作医疗制度覆盖 43.8 万名本地城乡户籍人口（该市户籍人口共计 106.5 万人）。2009 年，当地外来暂住人口约 76.9 万人，除正规部门就业者参加职工保险、在校生参加学生保险外，余者未被任何社会保险项目覆盖。

资料来源：调研市政府印发的《关于农村合作医疗的工作意见》（各年）。

根据国际货币基金组织（IMF）2006 年的统计，中国社会保障中的公共支出（含公共卫生支出）占一般政府支出的比重将近 28.3%，高于泰国、韩国、新加坡和中国香港的同类指标数值（见图 2）。相对于以往广受批评的公共社保支出比重过低的状态，这已是今非昔比。表 3 列举的苏州地区财政支出结构，也支持了这一估计。金融危机时期迅速增加的社保项目，还会加大公共社保支出在一般政府支出中的比重。浙江省桐江县最近两年的财政支出变化便是一个状态鲜明的案例（见图 3）。这就要求决策机构和公众，既要促进社保覆盖面的扩大，并且关注保障水平随经济增长而逐渐提高，又要警惕福利早熟，还要经常审视公共社保支出项目的资金来源以及分配和使用效率。特别是，避免以社保覆盖率的数值作为考核官员政绩的标准，同时要设

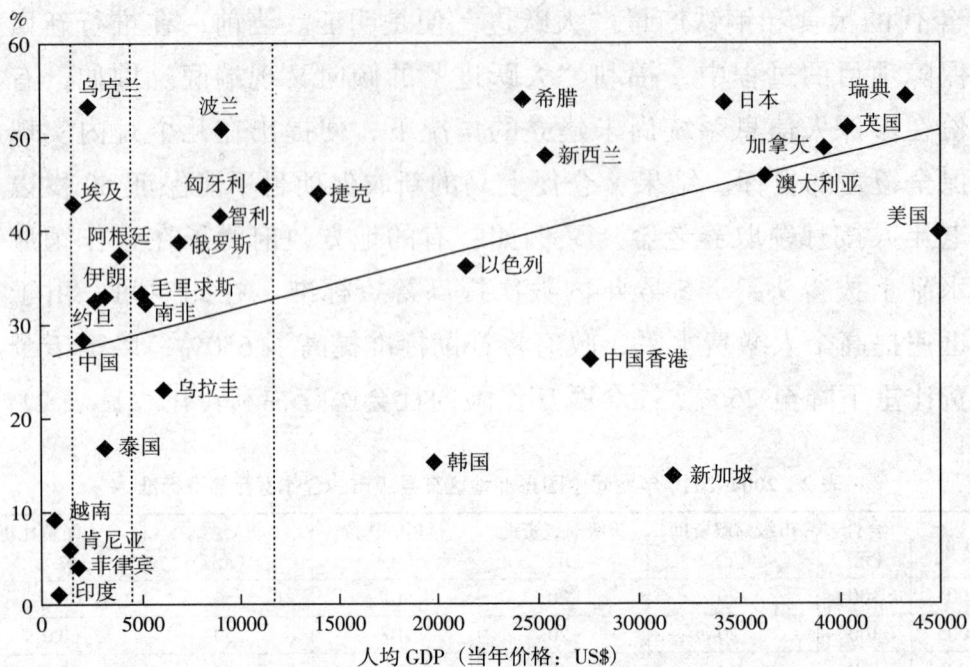

图2 部分国家或地区社会保障中的公共支出（含公共卫生支出）占一般政府支出的比重（%）

注：①图中国家或地区分为低收入国家或地区（人均GDP低于1000美元）、中低收入国家或地区（人均GDP在1000~4000美元）、中高收入国家或地区（人均GDP在4000~12000美元）和高收入国家或地区（人均GDP高于12000美元）。划分标准参照世界银行的划分方法（www.worldbank.org/data/countryclass/classgroups.htm）。②资料来源："部分国家或地区社会保障中的公共支出（含公共卫生支出）占一般政府支出的比重"来自IMF数据库，转引自ILO Social Security Expenditure Database（www.ilo.org/dyn/sesame/ifpses.socialdbexp）；人均GDP数据来自IMF：World Economic Outlook Database，October 2009 Edition（www.imf.org/external/pubs/ft/weo/2009/02/weodata/index.aspx）。③阿根廷、伊朗的数据为2004年数据；其他国家或地区的为2006年数据。④关于社会保障中的公共支出（Public Social Protection Expenditure）的计算口径，参见IMF，2001，Government Finance Statistics Manual。

表3 苏州地区2008年地方财政状况

行政区域	地方财政一般预算收入（亿元）		地方财政一般预算支出				
		税收	总预算（亿元）	教育（%）	医疗卫生（%）	社会保障（%）	合计（%）
苏州	668.91	587.08	622.37	13.86	3.90	7.50	25.26
常熟	70.15	56.51	64.37	16.08	4.46	7.60	28.14
张家港	103.98	77.52	94.23	12.72	3.69	4.09	20.50
昆山	115.69	106.51	96.90	11.84	3.38	9.61	24.83
吴江	60.16	53.36	53.09	16.91	5.31	10.28	32.50
太仓	50.18	39.56	47.14	14.93	3.44	6.39	24.76

资料来源：《江苏统计年鉴》（2009）（电子版），www.jssb.gov.cn/jstj/jsnj/2009/nj20/nj2018.htm，2010年2月5日下载。

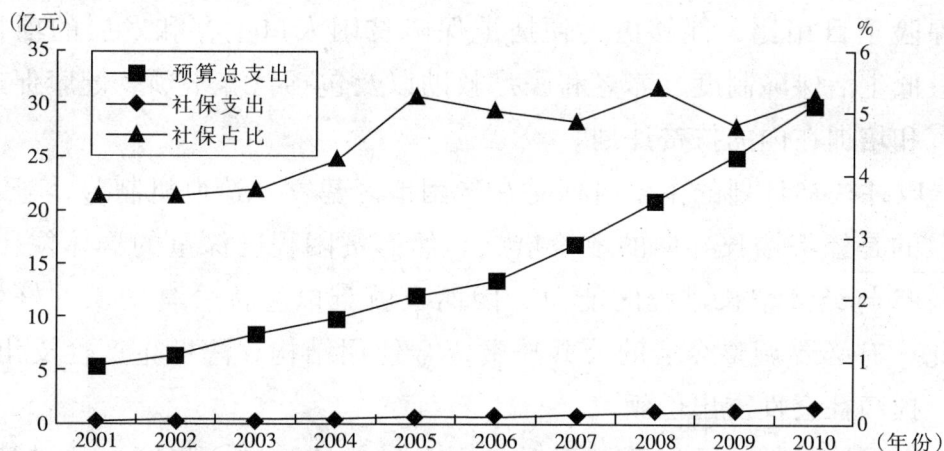

图3　2001~2010年浙江省桐乡市财政一般预算总支出与社会保障支出的变化

资料来源：浙江省桐乡市财政局提供（2011年1月15日中国社会科学院调研组座谈会）。

定官员纪律，避免他们随意许愿，推动福利"大跃进"。

第二，为了巩固现有社保成果，需要为实现精细管理提供人员、经费和技术保证。在农村新增社保项目中，例如新农合与新农保，中央政府承担对参保人群的补助，并要求地方政府匹配补助金，而且还承担制度和物质基础设施投资及管理经费。中低收入地区的财力薄弱，地方政府的对策，必然是采用粗放管理方式。解决问题的出路，在于中央政府承担社会保障项目的基础设施例如信息系统建设投资，并对中低收入地区的项目管理提供经费补助。

第三，在欠发达地区，优先加强社会救助和社会增益产品的提供，而非快速推广社会保险。世界银行采用2005年的平价购买力重新换算的国际贫困标准，为每人每日平均消费（或收入）1.25美元。据此估算，当年的中国农村贫困发生率为26%，城镇贫困发生率为2.2%。2006年，二者分别降至24.5%和1.4%。[1] 就贫困人口的分布来看，全国一半以上的贫困人口居住在西部地区。[2] 对于贫困地区，社会保险制度过于昂贵。加之这类地区的社会管理能力薄弱，与个人缴费为基础

---

[1] 资料来源：《世行发展研究部的报告》"World Development Indicators 2009"和网址 PovcalNet http://web.worldbank.org/WBSITE/EXTERNAL/EXTDEC/EXTRESEARCH/EXTPROGRAMS/EXTPOVRES/EXTPOVCALNET/0, contentMDK：21869523~menuPK：5280556~pagePK：64168445~piPK：64168309~theSitePK：5280443, 00. html。

[2] 据国务院扶贫办2010年1月提供的信息："2006~2008年，五个民族自治区加云南、贵州、青海三省的贫困人口占全国贫困人口总数的39.6%……（在）西部地区国家扶贫工作重点县，少数民族贫困人口占46%。"

的保险项目相比，能够更为便捷地保障贫困人口生存和发展的项目，是最低生活保障制度、养老和医疗救助以及包括营养干预、健康促进、教育和培训在内的扶贫计划。

以往扶贫计划的主要目标是在贫困地区建立"造血机制"，实质上采取的是经济增长导向的政策措施。然而贫困程度深重的群体往往不具备参与经济增长进程的能力，因而也就难以直接分享增长的好处。因此，有必要调整今后的公共扶贫资金使用结构，降低生产性支出比重，提高社会性支出份额。

中国的最低生活保障制度对贫困人口的"瞄准"程度，超过其他发展中国家的同类项目，即低保金领取者皆属贫困群体。但是，中西部城市中仍有相当一部分贫困人口尚未被覆盖（Ravallion，2009）。本课题组在西部地区的农村调研中，也注意到类似的情况。产生这种现象的主要原因，仍然是这些地区贫困人口数量众多但地方财政资源不足。扩大"低保"覆盖面的关键，当为加大中央财政的专项支出。

第四，推进财政改革，保证地方政府的财政收入水平与支出责任相匹配。1994年实行分税制以后，地方政府获得的税收比例以及收入水平，与其后不断增加的社会保障和公共服务支出责任已经不相匹配，加之生产性和行政性支出过大，造成财政入不敷出。2005年，中央与地方政府在社会保障和医疗事业支出中所占的比重分别为7.37%和92.63%。2008年，这两个比率变为4.09%和95.91%。同年，东、中、西三大区域省级财政支出与收入的比率分别达到130%、232%和276%。且不论省级政府的财政状况一般优于地市级和县级，中西部省级政府如此之大的财政支出缺口，既暴露出财政体系的隐患，又凸显了欠发达地区对中央财政转移支付的需求。因此，财政改革的方向在于，一方面增加中央政府的社会支出责任，另一方面强化财政转移支付，保证欠发达地区的政府拥有足够的财政资源，用于支付国家承诺的社会保障和公共服务项目，以缩小地区之间的社保差别。

第五，加快社会保障立法，增强社保项目运行的透明度和社会监督力度。

五、政策性结论

以上研讨表明，为了增强现有社保体系的公平性和可持续性，需要着重采取以下政策措施：

第一，通过扩大社会保险覆盖面、强化社会救助和针对农村贫困群体的社会增益产品及服务供给，缩小城乡之间的社保差别，特别是提高低收入群体的社会保障程度。

第二，在承认城乡差别的基础上，以参保者就业方式的差异，即正规就业和非正规就业的区别，作为划分同类保险项目下不同板块覆盖对象的标准，分别对社会养老和医疗保险制度下相互分割的板块加以衔接、组合或连通，以提高养老保险待遇的携带性和扩大医疗保险的风险分散规模。同时，针对农村迁移劳动者群体的不同就业状态和收入水平，设计相应的社保方案，使他们能够获得与城镇户籍就业者同等的基本社会保障。

第三，降低社会养老保险费率，以便吸纳低收入群体参保。既要允许城镇职工养老保险的参保者将个人账户签约给商业保险公司经营；又要允许其中的低收入者例如农民工不设个人账户；还要设立最低养老金保障线，对老龄人口中的低收入者实行养老救助，以保证他们领取的养老金不低于贫困线。

第四，改革计划经济体制遗留的公费医疗和养老保障制度，缩小公共部门与非公共部门就业者的社保差别。与此同时，借助税收减免措施，激励企业/机构自愿为雇员提供商业性的补充养老和医疗保险，即通过强化"多支柱"的保险方案，增强整个社会保障体系的弹性。

第五，调整公共扶贫资金使用结构，降低生产性支出比重，提高社会性支出份额。同时，扩大"低保"制度对贫困人口的覆盖面。

第六，推进财政改革，加大中央政府的社会支出责任，保证地方政府的财政收入水平与支出责任相匹配。强化财政转移支付，保证欠发达地区的政府拥有足够的资源承担社会支出责任，从而缩小地区之间的社保差别。

参考文献

1. Dorfman，M.，H.Richard and D. Robalino，2008，The Financial Crisis and Mandatory Pension Systems in Developing Countries：Short －and Medium －term Responses， http：//mpra.ub.uni －muenchen.de/12254/1/MPRA_paper_12254.pdf，2009 年 11 月 19 日下载。

2. García，A. Bonilla and J.V. Gruat，2003，Social Protection：A Life Cycle Continuum Investment for Social Justice，Poverty Reduction and Development，Social Protection Sector，ILO，Geneva：www.ilo.org/public/english/protection/download/lifecycl/lifecycle.pdf，2009 年 11 月 7 日下载。

3. OECD，2009，Pensions at a Glance 2009：Retirement－Income Systems in OECD Countries，www.oecd.org/els/social/pensions/PAG，www.oecd.org/dataoecd/31/9/43547091.pdf，2009 年 12 月 18 日下载。

4. Pinheiro，V. C.，2004，Pension Funds for Government Workers in OECD Countries，A Paper Presented in the December 2004 Session of the OECD Working Party on Private Pensions. http：//www.oecd.org/dataoecd/63/56/35802785.pdf，2009 年 12 月 15 日下载。

5. Ravallion，M.，2009，Decentralizing Eligibility for a Federal Antipoverty Program：A Case Study for China，in The World Band Economic Review，Vol. 23，No. 1：1-30.

6. Tapia，W.，2009，Impact of the Financial Crisis on Pension Systems in LAC，A Presentation in OECD/IOPS Global Forum on Private Pensions：Pension Reform and Developments in Latin America，Rio Janeiro，Brazil，14－15 October. www.oecd.org/dataoecd/32/5/43921352.pdf，2009 年 11 月 10 日下载。

7. World Bank，2005，World Development Report 2006：12，http：//www－wds.worldbank.org/external/default/WDSContentServer/IW3P/IB/2005/09/20/000112742_200509 20110826/additional/841401968_200508263001833.pdf，2010 年 4 月 9 日下载。

8. World Bank，2009，Administrative & Civil Service Reform："Pension Arrangement"，

http://web.worldbank.org/WBSITE/EXTERNAL/TOPICS/EXTPU-BLICSECTORANDGOVERNANCE/EXTADMINISTRATIVEANDCIVILSERVICEREF-ORM0, contentMDK: 20132999~menuPK: 1919393~pagePK: 210058~piPK: 210062~theSitePK: 286367, 00.html，2009 年12 月 15 日下载。

9. 李实、罗楚亮：《我国公共政策对收入分配影响评价》，《中国社会科学报》2009 年 11 月 12 日第 7 版。

10. 李实、史泰丽、别雍·古斯塔夫森主编：《中国居民收入分配研究Ⅲ》，北京师范大学出版集团，2008 年版，第 1~33 页。

11. 世界银行驻中国代表处：《中国第十一个五年规划中期进展情况评估》，2008 年，第 53~102 页。2009 年 2 月 13 日下载自：http://siteresources.worldbank.org/EXTEAPCHINAINCHINESE/Resources/China_11th_Five_　Year_Plan_main_report_chn.pdf。

12. 赵人伟等主编：《中国的经济转型和社会保障改革》，北京师范大学出版社，2006 年版。

13. 中国发展研究基金会：《构建全民共享的发展型社会福利体系》，中国发展出版社，2009 年版，第 9~33 页。

14. 朱玲、金成武：《中国居民收入分配格局与金融危机应对》，《管理世界》2009 年第 3 期，第 63~71 页。

医药价格管制的后果

经济研究所　朱恒鹏

一、卖方垄断和差别定价

（一）公立医院在医疗服务和药品零售市场上具有垄断地位

公立医院在医疗服务市场上的垄断地位及其在药品零售环节的双向垄断地位根源于管办不分的医疗体制。作为医疗行业监管者的卫生行政部门同时又是公立医疗机构的行政主管部门，其根本不能客观中立地行使医疗行业监管职能、维护公平竞争，而是一味地偏袒公立医疗机构，有意无意地对社会资本进入医疗行业设置有形无形的行政壁垒，为公立医疗机构谋取了行政垄断地位。正是由于这个原因，使得尽管中央政府明确提出"鼓励社会资本进入医疗行业"政策已经20多年了，但公立医疗机构依然一统天下，民营医疗机构依然少得可怜、弱得可怜。

由于绝大多数医院是公立医院，公费医疗和医疗保险定点医院也就绝大多数是公立医院，而且这种定点资格很难被取消，这进一步强化了公立医院的行政垄断地位。由于医院垄断着处方权，只要控制处方不外流，它事实上就垄断了处方药零售业务。处方药销售占国内整个药品零售额的75%左右，因此公立医院事实上控制了绝大多数药品零售业务，这使得公立医院成为药品市场上的双向垄断者：面对众多的药厂，医院处于买方垄断地位。面对患者，医院处于卖方垄断地位。

有些人不承认公立医院具有上述行政垄断地位，本文无意争论此事。只给出两个众所周知的典型事实：

第一个事实是，近 10 年来中央数部委三令五申公立医院采购药品后必须在 60 天内向医药企业支付采购款，但是迄今为止几乎没有医院执行这一政策。医院购药回款期基本都在半年以上，相当一部分甚至长达一年。如此长期拖欠货款，医药企业还不得不继续向其供应药品。中央如此三令五申却始终置若罔闻，公立医院在药品购销市场上的强势地位由此一目了然。

第二个事实是，公立医院的药品零售价是其实际采购价（不是名义采购价或开票价）的数倍甚至数十倍，医院的药品销售利润非常高，远高于全社会的平均利润水平，并且近 20 年来一直如此。可以佐证这一点的是近 20 年公立医院的发展速度，一方面，近 20 年来财政对公立医院的投入很少，平均只占公立医院运营费用的 5% 左右；另一方面，公立医院的大部分医疗服务项目是亏本的。然而，在政府投入很少，医疗服务提供又亏本的情况下，近 20 年来公立医院在固定资产建设方面突飞猛进，唯一合理的解释就是药品零售这一部分产生了很高的利润。① 经济学的基本原理是，在一个竞争性市场上，能够长期维持的价格只能是等于供给成本的价格。供给成本包括生产、运输、储存成本以及税费等。换句话说，长期内竞争充分的市场没有超额利润。如果一个市场长期存在超额利润，该市场肯定是缺乏竞争的垄断性市场。因此，公立医院的药价高企，药品利润丰厚，只能是因为公立医院在药品零售环节缺乏竞争，存在垄断。

严格讲，说今天的公立医院拥有垄断即市场独占地位并不准确。是的，公立医院尤其是大型三甲医院尽管竞争压力很小，但是绝非没有竞争。因此，严谨的说法是其拥有"寡头"地位或者说中国的医疗服务市场是"不完全竞争市场"。这类市场主体能够实施下面所讲的差别定价，能够获取到大部分消费者剩余。但是他们很难实施完全的差别定价，很难获取所有消费者剩余。或者说，他们可以把收费水平定

---

① 近年来，设备检查费和医用耗材成为另外两个暴利来源。和药品暴利一样，它们实质都来自于公立医院在医疗服务上的行政垄断地位。

在一个远高于竞争性价格（即通常所讲的成本加平均利润）的水平上，但是尚不能定在垄断独占性价格水平上。问题是，尽管用寡头理论或不完全竞争理论进行分析将会更加严谨和准确，但是文字阐述将会变得相当复杂。因此，两害相较，本文以损失部分严谨为代价换取通俗易懂。但是，这种妥协并不影响文中结论的成立，恰恰相反，如果使用更为严谨的寡头理论或不完全竞争理论，文中有些结论将会变得更为"触目惊心"。比如，下文讲到，在公立医院处于"寡头"地位或者说现有医疗服务市场是不完全竞争市场但非垄断独占市场的情况下，"药占比管制"和"打击商业贿赂"不仅不能降低还会提高患者医疗费用！

（二）差别定价

如果没有价格管制，具有市场垄断地位的商品或服务供应商将会尽可能实施差别定价。所谓差别定价，大致说来，指的是垄断性供应商在出售同样的产品（服务）时，对不同的顾客索取不同的价格的现象，也称为价格歧视。显然，对于商品或服务提供者来说，差别定价比统一定价能够获得更高的利润。从社会角度看，在实施差别定价的情况下，垄断的效率损失会小一些，社会福利水平会更高一些。

实施差别定价需要满足三个条件：首先，商品或服务提供者必须能够自己制定价格而不是被动地接受既定的市场价格，这意味着差别定价只能在不完全竞争市场中实施。其次，商品或服务提供者必须能够清楚地把消费者区分不同的群体，并且不同群体的支付意愿不同，即其必须能够分清向谁索取高价，向谁只能索取低价。最后，这些商品或服务，购买者不能倒卖套利，即支付低价的顾客无法把低价买到的商品或服务倒卖给愿意支付高价的顾客。满足这三个条件，商品或服务供给者就能够实施差别定价，并从中谋取到更大的利润。

只要拥有市场垄断地位，供给者就会想方设法通过差别定价的方式来谋求最大利润，不管是营利性机构还是非营利性机构皆是如此。正如下面所讲到的，政府的价格管制包括禁止差别定价类的价格管制措施，往往只能改变差别定价的具体形式，却根本无法消除差别定价。

拥有市场垄断地位的医院和医生恰恰具有上述实施差别定价的三

个条件。第一个条件具有市场垄断地位正是我们这里要分析的问题；患者的支付能力不同是很自然的事，富人支付能力高，穷人支付能力低；而商品或服务不能在购买者之间倒卖套利这一条件医疗服务天然满足。因此，医院、医生完全能够实施差别定价，也一定会实施差别定价。

可能有人会提出质疑，医生如何判断患者的支付能力及支付意愿？事实上，医生这个职业很容易大致判断患者的支付能力。患者的穿着打扮和个人气质中往往包含着其支付能力的信息，当然医生也可以通过交谈来了解患者的支付能力，最直截了当的问法是"你今天带了多少钱？"或者问："你是公费还是自费？"一个医生曾告诉过我一个不露痕迹的提问方式"你最近几天吃什么了？"医生询问患者饮食合情合理，饮食信息既包含着诊断病情所需的信息，同时也传达了患者的支付能力，如果患者回答"前天吃的鲍鱼，昨天吃的龙虾，还喝了两瓶茅台"，富人！如果患者回答，"最近半年一直在街头吃三元五角的盒饭"，穷人！

事实上，从一些历史资料、故事或影视作品中，比如《神医喜来乐》和《大宅门》，我们可以看到，传统社会的医生在向患者收费时，采取的是典型的差别定价法。同样的疾病，一个贫穷的患者只需要支付几个鸡蛋或者一只老母鸡就可以，一个小康之家则需要支付一两个大洋，而达官贵人往往需要送给医生数十个大洋的红包。①

如果医生只能统一定价，不能差别定价，医生将会把收费标准确定在一个能够使其收益最大化的价格水平上。比如一次出诊五个大洋，在这样的定价水平下，穷人是看不起病的。

当然，如果医生的数量很少，满足富裕家庭的看病需求还忙不过来，医生会提高收费标准，只满足富人的看病需求。

公立医院及其医生的行为模式包括收费模式和这些传统社会的中医并没有什么区别，只要是拥有垄断地位，总会千方百计谋求垄断收益。没有价格管制的情况下，公立医院及其医生会以成本最低的方式

---

① 传统社会支付医生的酬金就被称为"红包"（周弘、张浚，2004）。

（也就是社会效率最高的方式）实现垄断利润，即将诊疗费（医疗服务价格）定在最优垄断定价上，也就是患者的最高支付意愿上。

在此种情况下，若非诊疗必须，医生不会用药，因为药的成本大于零，更不会过度用药。

但是，一旦医生诊疗费受到管制，无法实现最优垄断定价，当然也无法实现医疗服务的差别定价，他就只能通过卖药来获取垄断利润，就只能通过所处方药品的品种和数量的差异从而卖药利润的差异来实现差别定价。事实上，给富裕患者处方高价药、给贫穷患者处方低价药既是传统中医的通行做法，也是今天医生的通行做法。

我们这里可以给出国内公立医疗机构及其医生通过药品实施差别定价的一个典型证据。国内药品市场的一个显著特征是医疗机构所购销的药品品种及对应的药品价格在不同地区之间、不同规模和层次的医疗机构之间，呈现明显的梯度性分布：大城市、大型综合性医院和高校教学医院销售的多为进口药、外资药企的原研药以及一些合资企业和少部分内资企业生产的单独定价的仿制药，均为高价药，疗效类似的低价药在这些城市和医院很难买到。二、三级城市以及发达市县城市，医疗机构常用的药品主要是由合资或国内企业生产的单独定价的仿制药。这种药品的价格低于上述大城市的药品价格，但高于流通于农村地区的药品价格。农村地区流通的绝大多数是低价药。这些药品多为国有企业生产的低价仿制药，在医药行业中被称为"普药"。国内药品销售及药品价格之所以形成上述这种市场分布格局，并不是源自患者的治疗需要，也不是源自不同地区的疾病谱差异，更不是源自药品使用的自然生命周期，而是完全源自患者的经济支付能力及相应的支付意愿。

举例说明，有三个感冒患者，分别为富人、中产者和穷人，到一家具有市场垄断地位的医院看病。假设三人的疾病类型和严重程度完全相同。从医学上讲，三人的最优治疗方法也完全相同，如回家多喝水，休息好，3~5天自然痊愈。这一点医生完全清楚，而病人不知道，所谓信息不对称。

当然，三个患者的支付能力不同，富人的最高支付意愿是1000

元，中产者的最高支付意愿是 500 元，而穷人的最高支付意愿是 50 元。如上所述，这一点医生有办法大致摸清楚。

如果没有政府管制，医疗服务完全自由定价，医生诊断后，将会分别向富人、中产阶级和穷人收取 1000 元、500 元和 50 元的诊疗费，并且给出同样的诊疗意见"回家多喝水，多休息，3~5 天自然痊愈，5 天后如果没有痊愈，再来找我，我会免费给你诊治"。

当然，为了体现收费差异，也许会在服务上呈现出一些差异，将富人引导到特许门诊，不用等候；中产阶级引导到专家门诊，要排队，但时间较短；穷人则到普通门诊，排队时间很长。

也许，高水平医生的供给有限，同时也为了防止三类病人放在一起不容易实施差别定价，因此，医疗机构会自然分层，高档医院（在很大程度上是收费高档的医院）面向富人，中档医院面向中产阶级，平价医院面向穷人。这是没有价格管制，医生自由定价的自然结果。

下面我们逐步引入政府管制，这些政府管制没有一个是笔者虚构，全部来自中国的现实。

二、管制的后果

（一）管制医疗服务价格

现在政府开始管制医疗服务价格，但不管制药价。政府规定，诊疗费用（挂号费）只能是统一的 5 元，不准高于这个标准。上述具有垄断地位的医生（医院）为了实现垄断收益，为了实施差别定价，在收取 5 元挂号费之外，就会给富人处方一盒价格 995 元的药品（医院采购价 50 元），给中产者开一盒 495 元的药（采购价 30 元），给穷人开一盒 45 元的药（实际采购价 5 元），这就是所谓的"以药养医"体制。三个患者的医疗费用没有任何下降，还是 1000 元、500 元和 50 元。医院（医生）的实际收入则下降了，总共下降了（50 + 30 + 5）= 85 元，这 85 元是完全的社会资源浪费，因为患者本不需要吃这些药品，自然也本不需要生产和配送这些药品。

　　上述文字是为了说明，政府管制医疗服务价格以后，拥有市场垄断地位的医院和医生将会：①通过卖药实现垄断收益；②通过药品的差异来实现差别定价。

　　行文至此，已经阐明医院和医生可以利用药品实施差别定价，差别定价的问题下面就不再专门强调了，只以一个患者（比如那位富人患者）为例说明其他政府管制的后果是什么。自然，下文对这位富人患者就诊状况的分析结论同样适用于那两位中产者和穷人患者，除了支付的费用不同（即差别定价依然存在）之外。

（二）管制药品最高零售价

　　现在不但诊疗服务价格被政府管制在 5 元，政府同时开始管制药品最高零售价。比如，上述那种医院自主定价为 995 元的药品，政府规定最高零售价不准超过 200 元。

　　如果没有新的高价药品替代，现在医生将给富人患者处方五盒上述药品，并将该药品定价为 199 元/盒，没有超过政府规定的最高零售价。自然，患者的医疗费用依然没有下降，还是 1000 元。医院的收入下降了 50 元 × 5 = 250 元，社会资源浪费增加到 250 元。

　　政府管制药品最高零售价后，过度用药、滥用药现象开始出现并泛滥。①

　　如果此时医药企业开始向医院提供一种单独定价的新药，医院可以将其定价为 497.5 元，而且其采购价格不超过 125 元，那么医院（医生）将会给富人患者处方这种新药两盒，患者的医疗费用依然没有下降，还是 1000 元，医院（医生）的收入下降幅度较小，社会资源浪费也较少。

　　这正是中国近十多年来发生的事情，一旦一些药品的最高零售价被政府强制降低，药企总能够利用新药审批和单独定价政策给医疗机构及医生提供新的高价药品供其处方。

　　需要指出的是，公立医院充分利用了在药品采购方面的买方垄断

---

　　① 实证研究证实了这里的说法，孟庆跃等（2004）的调研表明，为了应对政府的药品降价行动对售药收入的影响，医院采取了调整患者用药、扩大患者用药量的办法。

地位，隔绝来自药店在零售环节的价格竞争，以维持其药品零售的垄断高价。受制于公立医院的买方垄断地位，医药生产企业主动或被动地配合医院将医院和药店分割成相互隔离、没有竞争的两个市场：同一种药品（相同的有效成分，相同的化学名或通用名）但是不同的商品名（生产厂家不同，品牌不同），医院购销其中的高价药，这类药品医院不允许在药店销售，因此药店不能和医院进行价格竞争，医院处方的药品患者很难在药店买到，也就很难进行价格比较，由此有效地维持了医院的药品零售卖方垄断地位。也使得政府监管部门包括招标部门很难进行价格比较，从而无法有效打压药品最高零售价和政府集中招标价。将药品推销给医疗机构，医药企业称之为"做临床"，相应地，卖给医疗机构的药品被称为"临床用药"。将药品销售给药店，医药企业称之为"做市场"，相应地，这样的药品被称为"市场用药"。①

（三）管制医疗机构的购销加价率

现在，政府不但管制医疗服务价格和药品最高零售价，还进一步管制医院药品的购销加价率，规定其不能超过15%。这意味着，采购价50元的药品过去能够卖到199元，现在不可以了，最高只能卖到57.5元。如果该药零售价要达到199元，采购价就要达到173元。利用在药品采购上的买方垄断地位，医院和药品供应商合谋抬高药品采购价，把过去50元的采购价提高到173元，②然后医院加价15%以199元的零售价销售，依然向那位富人患者处方并销售5盒药。而那虚增的123元采购价并不会归药品供应商所有，其中大部分比如100元以返利和回扣的形式返还给医院及医生。注意，此时开始出现返利（返点）和回扣了。返利（返点）和回扣的泛滥，加价率管制是罪魁祸首

---

① 问题的严重之处在于，分别盛行于两个市场的两种药品批发配送模式在很大程度上不兼容，主要原因在于：首先，面向公立医院的药品批发模式具有环节多、效率低、成本高的特征，这是规避政府管制的一个必然结果，医药代表的面对面药品推介活动和回扣活动，本身要求隐蔽性，本身就是低效率、高成本的。而面向药店的药品批发配送模式则具有环节少、效率高、成本低的特征。其次，两个市场流通的是不同的药物，批发配送业务也没有兼容的需要。在这种局面下，同一家药品批发配送企业很难把两种批发配送业务有效整合在一起，因为两种业务需要的是两种完全不同的、互不兼容的模式，面向公立医院的需要一种庞大的医药代表队伍，而这支营销队伍对另一个市场没有价值；由于配送的是不同的药品，两项业务放在一家公司做，并不能在药品仓储、运输、管理方面产生规模经济。因此，这样一种市场结构极大地制约了国内药品批发配送业务向高效率、少环节、适度集中方向的发展。

② 比如央视2010年5月曝光的那个药品芦笋片，实际出厂价是15.5元，但名义采购价却高达185元。

之一。返利和回扣存在并泛滥的根本原因我们后面会专门论述。

这里需要注意的是，抬高的123元批发价不能全部以返利和回扣的形式返给医院及医生，由于名义批发价提高，药品供应商要么需要多缴税，要么需要倒卖发票以偷税漏税，同时由于返利特别是回扣需要以现金形式支付，因此医药企业需要洗钱以获得现金，同时送回扣需要大量的医药代表，这些医药代表也要拿取报酬。因此，上述虚增药品批发价，然后以返点和回扣形式给医院（医生）返钱的药品购销模式显著抬高了药品配送成本。所以，抬高的123元最多只能有100元返给医院（医生）。另外23元消耗在医药公司的倒票、洗钱和支付医药代表报酬上了。总之，加价率管制的结果是，患者的医疗费用并没有下降，而医院（医生）的收入下降了，社会资源浪费得更多了。

（四）实施差别加价率

时间久了，政府也发现在统一的加价率（如15%）管制下医院及医生偏好虚增药品采购价格、偏好购销高价药，于是政府决定"改进"加价率管制方法。在上述所有管制措施依然保留的情况下，将原来的统一加价率改为差别加价率：低价药高加价率，高价药低加价率。比如采购价30元以下的药品加价率可以达到30%，而采购价150元以上的药品加价率只能是10%。政府期望这样的差别加价率政策能够诱导医院医生购销低价药品。

医院（医生）和医药企业规避这一管制措施的一种办法是，医药企业为医院提供所谓的低价药：原来20粒一盒的药品采购价是173元，现在缩小包装为3粒一盒，采购价为30元，原来给患者处方一盒，现在给患者处方六盒。原来一支注射剂有效成分为1毫克，一次注射一支，150元一支；现在一支有效成分0.2毫克，一支30元，一次注射五支；"低价药"出现了，医院（医生）可以堂而皇之地执行高加价率。可是患者的药费负担一点也没有下降，社会资源浪费得更多了（小包装成本高）。

国内某地区卫生局据称为了降低患者药费负担，规定医生处方中廉价药（30元以下）比重不能低于70%。医院（医生）和医药企业采取的也是上述规避办法，医生处方中廉价药比重完全满足70%的要求。

让人哭笑不得的事情是，该类小包装药品专供该地区。

（五）禁止折扣

若干年前，药品公司向医院支付返点（即业内所讲的明折明扣）是合法的。现在政府规定折扣返利不合法。这一管制政策听起来很有道理：既然100元采购的药品医药公司愿意返点20%，即返给医院现金20元，何不直接将采购价定为80元更为干脆利索。然而，这看似干脆利索的方法却不符合医院利益，因为在15%的购销加价率管制下，采购价100元的药品医院可以卖到115元，再拿到药品公司返点20元，医院的卖药收益是35元。如果直接将批发价降到80元，医院的零售价最高只能卖到92元，医院的卖药收益就只有12元，减少了23元。医院怎么会愿意！

再啰唆一句，返点（折扣）返利的泛滥，加价率管制是罪魁祸首。

现在明折明扣不允许了，暗折暗扣（返点）违法，医院就不要返利了吗？当然不是！医药公司还是要向医院返利，只是返利的形式变了，由过去的直接返现金改为隐性返利。隐性返利不再是以药品折扣的形式。具体有多少种形式？很少有人说得清，因为这是机密。不过，零星的我们也了解了一些，比如医药企业资助医院盖大楼、买设备，资助医院的医生培训和学术交流，资助医院领导和医生出国，资助医院的科研活动，一些三甲医院同时是医科大学的附属医院，医科大学的教授同时是附属医院的主任医师，药企资助医科大学教授搞科研名正言顺。

还有一种返利方式人们熟视无睹，没有意识到那是医药公司在向医院返利。众所周知，医院拖欠药企药品采购款往往长达半年到一年，也就是无偿占用医药企业资金一年左右，一年期银行贷款成本是多少？10个百分点左右。一年期民间信贷成本是多少？30个百分点左右。医院无偿占用医药公司资金一年，意味着医药公司为医院贴息一年。补贴医院的这10~30个百分点的利息事实上是在隐性返利。

笔者还听到一种返利方式，医药公司减免医院的药款欠债，医院拖欠医药公司1000万元药款，医药公司为其减免10%，只要900万元。

当然，所有的这些间接返利（隐性返利）都不如直接的现金返利效率高，总是带来资源浪费。比如说，当药企资助医院召开员工联欢会时，药企租宾馆、付餐费、每人一件礼物（比如 5000 元的手机），总共支付了 50 万元，可是在院长和医生们看来，这个联欢会也许只值20 万元，因为一桌 5000 元的酒席对于医生来说不如拿到 2000 元现金实惠，一部价格 5000 元的手机对于医生来说同样不如 3000 元现金实惠。

同样，由于医院尤其是三甲医院现金流非常充裕，即使需要银行贷款，银行也会给其较优惠的利率。比如，医院一年期的银行贷款利息不过 10% 左右，但是医药公司没有能力从银行得到如此优惠的贷款，从民间资本市场上融资成本在 20%~30%。这样，医院无偿占用医药公司货款一年，不过节约 10 个百分点的银行贷款利息，而医药公司为此付出的借贷利息却是 20~30 个百分点。

总之，隐性返利下，医药公司付出很多，医院获得不多。当然，隐性返利成本高于直接的明折明扣，医药公司要生存下去，高出的成本只能加在药品批发价中。

（六）管制单处方开药量和均次费用

为了降低患者经济负担，上述管制措施之后，政府进一步增加管制，开始限制单处方开药量，医院（医生）的应对措施是增加处方数，原先一个处方开六种药，现在一个处方只开两种药，但是给你开三个处方。

于是政府又进一步限制均次门诊费用，医院（医生）的应对措施是，此前没有均次费用限制时，一次给患者开一周的用药量（慢性病患者甚至一次开一个月的用药量），现在一次只给你开两天的用药量。因此，均次门诊费用管制前，患者一周（或一月）去医院一次就可以；均次门诊费用管制后，患者一周需要去三次医院。患者实际支付的医药费用一点也没有减少，麻烦和辛苦却增加了。

（七）管制药占比

为了遏制医院（医生）过度用药，降低患者医药费用，政府又开始管制医疗费用中药品费用所占的比重，简称药占比。比如规定医疗费用中药占比不能超过 50%。没有这个管制前，医生收患者 5 元挂号费，开 995 元的药，药占比达到了 99.5%；有了这个管制后，医生收患者 5 元挂号费，开 495 元的药，然后让患者做一个 500 元左右的检查，比如做个 CT。① 患者支付的费用还是 1000 元。

但是，实际情况比这里所讲的要更为严重。笔者访谈中，有数位医生、院长、社保机构的官员说到针对这个规定，医院（医生）的应对措施是不减少药品销售额，但增加医疗检查费从而增加总医疗费用，由此来降低药占比。我将之称为："不能降低分子，就提高分母。"比如，过去一个阑尾炎手术患者支付的总医药费用为 8000 元，其中药费 6000 元，药占比达到 75%。现在政府规定药占比不能超过 50%，医院（医生）不能通过把药费降到 2000 元的办法满足这一要求，这是不可能做到的，而是依然维持 6000 元的药品，但是增加 4000 多元的医疗检查，比如做几次核磁共振、CT，等等，把总医疗费用提高到 12000 多元，从而使得药占比降到 50% 之下，也就是说，政府的这个规定不但没有降低反而增加了患者的医疗负担。

尽管上述说法来自于医生、院长和社保官员，但是有一个逻辑上的冲突需要解开：既然对一个阑尾炎患者的收费水平能够提高到 12000 元，或者说既然患者能够支付 12000 元的医疗费用，此前医院（医生）为什么不直接把医疗费用提高到 12000 元而仅仅收取 8000 元？为什么要等到政府规定了药占比的上限后才将医疗费用提高到这个水平？②

其原因在于：在公立医院处于"寡头"地位或者说现有医疗服务市场是不完全竞争市场但非垄断独占市场的情况下，尽管有限，但是毕竟还存在的一点竞争使得公立医院不能把收费水平定在患者的最高支付能力上。因此，没有药占比管制之前，医院只能把收费标准定在 8000 元上，没有能力把收费标准提高到 12000 元。由于已有的（医院）支出水平和医生收入水平存在巨大刚性，根本不可能下降（经济学中称为"棘轮效应"），因此，引入"药占比管制"后，所有医院（医生）

---

① 现实中过度检查的原因比这里讲到的原因要复杂，比如医院（医生）对病人实施一些并不必要的检查，目的可能不仅仅是赚钱，还为了防范可能出现的医疗纠纷，即一部分过度检查是一种防卫性诊疗行为。当然，这并不改变文章有关管制后果的结论。

② 我的同事韩朝华教授帮我解开了这个疑惑。

均不可能通过减少药品销售收益来满足这个管制要求，而只能通过增加检查费的办法也就是提高医疗总费用的办法来应对这个管制措施。也就是说该管制的引入消除了本来就有限的竞争，起到了促成"价格联盟"的作用。[①] 医院想做却做不到的事，政府帮他们做到了！

也就是说，"药占比管制"不仅不能降低还会提高患者医疗费用！在这种情况下，富裕患者的医疗费用进一步增加，而处于刚刚看得起病的边缘的患者（经济学术语"边际上的患者"）却因为医疗费用的上升而被排除在就诊之外。换句话说，这个管制使得富人的医疗负担提高，较穷的人开始看不起病！

（八）政府集中招标采购

由于药费居高不下，药品购销领域不正之风泛滥，政府决定剥夺医院的药品自主采购权，实施药品政府集中招标采购。采购什么药品、以什么价格采购不再由医院说了算，而是由政府招标办说了算。这样做的隐含逻辑是：医院的院长靠不住，医院的药剂科主任靠不住，政府招标办靠得住。一个疑问是，一个地级市，公立医院二三十家，共有院长、副院长、药剂科主任上百人，如果这些由政府组织部门任命的医院管理者靠不住，为什么招标办那不足十个工作人员就靠得住？换一种问法，如果药企能够收买上百名院长、副院长和药剂科主任，为什么就不能够收买市招标办那不足十个工作人员？一个看似合理的解释是，政府监管十来个招标办工作人员比监管上百名医院管理者容易。这个解释成立的前提是，政府集中招标采购能够彻底剥夺医院的药品采购和议价权，实施政府集中招标采购制度后，纪检部门只需要监管招标办，不需要继续监管医院管理层和医生。这个前提成立吗？

实际的药品政府集中招标采购实践对上述疑问给出了明确的答案：药品市级政府集中招标实施了六七年，药品价格没有任何实质性下

[①] 韩朝华教授的说法是："政府的一项管制措施引发被管制对象的同步应对，而这种同步应对行为又导致实际供给价格水平的显著上涨，则需求方只能要么退出、要么挨宰。于是，出现政府管制悖论——本意是抑制价格水平的管制，反导致价格水平的整体变相上涨。由此派生的后果之一是边际需求者（支付能力最低或需求愿望最弱，其实是最弱势的需求者）退出市场。像最高房租管制导致最穷的人租不到房子、最低工资法管制导致最缺技能的劳动者找不到工作等现象即缘于这类逻辑。"

降，①药品费用逐年快速上升，返点回扣等不正之风不仅没有减少，反而更加泛滥起来。医药公司公关的对象除了医院管理层和医生外，又增加了招标办和管着招标办的政府官员。

不幸的现实是，政府集中招标的过程不是降低药品费用的过程，不是减少返利回扣等不正之风的过程，而是相关政府部门参与药品利益分配的过程。在这个过程中，患者的医疗负担不但没有下降反而继续连年快速上升。医院（医生）的行为是受到了很大制约，但是高收费行为没有丝毫改变。

以政府集中招标采购政策为契机，一些地方政府开始深度介入药品采购。出现了由相关政府部门（主要是地方卫生局）统一采购药品，统一收受药品返利（返点）资金，集中使用的做法。其中最为典型、众所周知的案例是所谓的"闵行模式"。按照上海闵行区卫生行政部门的说法，采取这种做法的初衷是保护公立医院院长及其医生。此前闵行区出现了数起公立医院管理者因收受药品回扣而被绳之以法的案件。取消下属公立医疗机构自主采购药品的权力，将其集中到卫生行政部门手中，以此消除公立医疗机构管理层收受药品回扣的可能。对于这种做法是否能够真正消除医药企业公关医院相关人员的动机我们姑且存疑，一个上文已经提到过的疑问在这个地方依然存在，如果由政府部门任命的公立医院管理者因拥有药品采购权而很容易被药企拉下水，那么实施闵行模式以后，集中了所辖地区所有公立医疗机构药品采购权的行政部门为何就不能被药企拉下水？

相关调研报告认定闵行模式可以提高药品配送效率，降低药品配送成本。对这种说法我们存有疑问：由于与个人利益无关，实际掌握药品集中采购权力的行政部门缺乏择优汰劣的足够动力，与此同时，却面临着设租寻租的强烈诱惑。有位政府官员对此说得很透彻：行政部门集中招标采购药品缺乏择优汰劣、降低药品采购价的动力机制。

---

① 在药品政府集中招标采购中，医药企业并不是根据自己的成本确定投标价，而是按照"最高零售价/1.15"的办法确定投标价，这显然是为了配合公立医院，使其零售价达到政府制定的最高零售价，这是一种挺普遍的投标方法。业内将最高零售价和投标价的比率称为"扣率"。

由行政部门集中采购药品、集中收受药品返利①的这种做法，实质是药品回扣政府化、药品回扣合法化。这种做法意味着卫生行政部门以合法形式正式参与分享药品收益，这恐怕无助于抑制药价。②要知道政府部门支出具有刚性，一旦收入增加导致了支出增加，就很难再降下来，一旦政府主管部门正式参与分食卖药收益，再让它承担抑制药价、控制药品费用的职能恐怕是与虎谋皮了。同样的逻辑，在目前体制下公立医院已经达到的收入水平一旦因为行政部门参与分食而出现下降可能，医院很可能会进一步调整药品种类、抬高药价并扩大患者用药，以维持已有收入水平，因为其支出水平也是刚性的。

事实上，所谓闵行模式并非闵行独有，全国不少地区如上面提到的重庆、浙江、内蒙古等地的市县级卫生局，在 2004 年前后，采取了和闵行具体形式有所差异但实质相同的做法。当中央政府决定实施下面讲到的药品省级集中招标采购制度，取消市级集中招标采购制度时，这些做法开始浮出水面，这些地方的卫生局开始质疑省级集中招标制度的合理性。

（九）药品省级政府集中招标采购

不知是基于什么考虑，政府决定将药品政府集中招标采购从地市级上升至省一级，从 2009 年开始实施药品省级政府集中招标采购制度。这里的问题是，六七年市级政府集中招标采购没有做到的事情，为什么省级集中招标就能做到？和上一节同样，但是比上面更为明显的问题是：如果药企能够把一个省数百家公立医院的院长、副院长、药剂科主任拉下水，能够把十来个市级招标办拉下水，为什么就不能把省招标办那十多个人拉下水？

现实再次不幸被上述疑问言中。在 2009~2010 年各省份实施的药品省级集中招标采购中，中标药品的价格依然没有实质性下降，尤其是首次进行的基本药物省级集中招标，中标价大多数明显高于此前基

---

① 当然，这种由药品供货商贡献的资金各地各有不同称呼，如"卫生建设费"等，而最终的资金去向并不透明，据说有的用于补贴公立医疗机构，也有用于弥补新农合赤字的说法。
② 对闵行模式推崇备至的相关研究报告也未敢把降低药价作为该模式的主要成就。显然，在降低药价方面，闵行模式乏善可陈。

层医疗机构的采购价，甚至相当一部分明显高于此前基层医疗机构的零售价。不少省份的地方卫生局，比如甘肃、重庆、江苏、浙江、内蒙古等地，甚至公开披露或者向上级部门反映了这一信息，作为下级的地方卫生局公开批评省卫生厅的招标结果，这种非常罕见的现象相当耐人寻味，也让上级卫生主管部门的领导很是恼火。对于市县卫生局自曝上级主管部门家丑这一行为的动机，多位卫生主管部门的官员作如下剖析：这些反映省级药品招标价高于此前地方采购价的市县卫生局，都是在此前的市级政府集中招标采购中形成了既得利益，为了保住这份既得利益，以上述理由反对阻挠省级集中招标。这种说法是否完全符合事实我们姑且不论，卫生主管部门官员的这种说法至少表明他们承认此前的市级药品政府集中招标让市县卫生部门参与了药品分利。闵行模式是一种典型的代表。本文的疑问是，既然市级政府集中招标会使市级相关卫生行政部门参与药品分利，形成既得利益，省级政府集中招标有何措施避免这种结果呢？

省级政府集中招标的实际运转模式是：首先，省级集中招标确定中标药品品种和价格，业内称之为"招标"；然后，市级卫生行政部门还要在省级中标品种中再次进行遴选，甚至进行"二次议价"，确定本市公立医院可以采购的品种和价格，业内称之为"确标"；最后，医院的管理层再在市级卫生局圈定的品种中选定本院实际采购的品种和非常隐性的"再次议价"，业内称之为"勾标"。

招标、确标、勾标后，我们依然没有看到药品价格的实质性下降，没有看到患者医疗负担的下降，看到的却是医药企业负责政府公关的部门越来越庞大，负责政府公关的专职人员越来越多，投入到政府公关的精力和资金越来越多。内资企业尤其是中小企业专业化程度不高，往往仅仅是增加负责政府公关的工作人员和资金投入，其机构设置并无明显增加。而外资药企由于规模巨大，也由于其专业化分工水平较高，在传统的政府事务部之外，近几年纷纷又增加了一个规模颇为庞大、级别也很高的商务部，外资药企商务部的首要任务就是对各地区的招标办和卫生行政部门进行公关。对于越来越多的公关投入，医药企业不胜其烦，怨声载道。

（十）最极端的购销加价率管制：零差价

为切断卖药和医生处方行为之间的利益链，政府采取了更为严厉的管制措施：零差率政策。对于这一管制政策医院（医生）如何应对？第一种措施是抬高药品中标价，按此价格采购、按此价格销售，然后以返利和回扣形式"暗箱"获得卖药收益，是为"零差价"！这不过是此前应对15%加价率管制政策的简单扩展，并没有多少技术含量。[1] 还有就是医务人员在卫生院门口开办药店，诱导患者到自家药店买药！在某实施药品零差价地区调研时，笔者还听说了几种规避措施。一种是减少口服药使用量，尽可能诱导患者打吊瓶，尽管药品实行了零差价，但是吊瓶费、观察费和打吊瓶的耗材是盈利的，本来吃三四十元钱的口服药能够治好的疾病，患者现在却要花一二百元钱打吊瓶。另外一种是卫生院的医生在办公室抽屉中藏着非基本药物，患者来看病时，诱导其现金购买这些私售的非基本药物。还有一种技术含量颇高，卫生院和药品配送商合谋，在政府集中招标采购平台上下订单采购的是零差价的基本药物，配送商实际送到的是非基本药物，当然卫生院医生处方的也是这种非零差价的非基本药物。这种做法于卫生院、于医生、于配送商皆有利，三者只要相互配合，此事没有难度。至于负责考核管理卫生院的卫生行政部门是否能够发现这种做法，发现了是否会睁一只眼闭一只眼甚至主动配合，我们不得而知。2011年1月26日中央电视台《焦点访谈》节目播出的《安徽怀远层层截留卫生经费造假档案完成指标》也许能够给我们一些启示。

调研中，我们还发现实施药品零差价制度后，基层卫生行政部门或卫生院要求药企捐助卫生事业建设费的案例。

既然卫生行政部门宣称基本药物零差价制度可以切断医生处方行为和卖药利益之间的关系，消除了基层医疗机构卖药牟利的动机。那么我们不如直接按照"十七大"确定的改革原则，在社区卫生服务中心实施医药分开，取消社区卫生机构的门诊药房，把药品零售的任务交给社区药店。尤其是政府新投资举办的社区医疗机构，不应该再浪

---

① 参见笔者调研报告《零差价的后果》。

费有限的财政资金开设门诊药房。既然零差价制度下社区中心卖药没有收益，不建药房不卖药社区中心应该也不会反对。很有意思的是，对于这样的政策建议，卫生行政部门非常反感，坚决不同意，让人不得不去想："这是为什么？"

（十一）禁止"二次议价"

为维护政府集中招标采购的严肃性，相关政府部门明确规定，政府集中招标后，公立医疗机构必须按照中标价采购药品，禁止地方行政部门和公立医院"二次议价"。

一个不得不指出的事实是，省级集中招标提高了制药企业的价格维持能力，即单个药品供货商维持药品高价的能力，也提高了药企形成"价格联盟"的能力，即多个药品供货商共同维持药品高价的能力。禁止"二次议价"进一步提高了制药企业的这一能力。这一点对于外资药企尤为明显，外资药企特别反感地方卫生部门和医疗机构的二次议价行为，也极为反感国内一些药品配送商的窜货行为，强烈支持政府出台的禁止"二次议价"的政策。

也许政策设计者没有考虑到的是，政府集中招标和禁止"二次议价"这样的政策，事实上是政府利用其垄断性行政强制权将公立医院在药品零售市场上的垄断地位部分让渡给药品供应商，使其获得了一定程度的药品供应垄断权，这种垄断供应权会形成垄断租金。当然，这一垄断租金不一定归获得垄断供药权的药品供货商所有，如果这种垄断权是通过竞争性竞价获得的，这是招标的本来含义，相当一部分垄断租金会以某种直接或者间接的方式落到招标者手中。[①] 垄断租金最终归谁所有取决于实际的招标规则。但是能够确定的是，这种招标提高了中标供货商的价格维持和价格联盟能力，使得药品价格更加难以下降。

从理论上讲，由于效率最高的供货商才能支付最高的招标竞价（指竞争中标的付费，不是指药价），所以政府这样做的结果也可能有

---

① 比如，政府通过公开竞标的方式拍卖一块黄金地段的土地，出价最高的开发商获得了该地，从而获得了该地商品房的垄断供应权，但是这种垄断权带来的垄断租金并没有归该开发商所有，而是大部分以土地拍卖款的形式流入政府手中。

助于实现供货商的优胜劣汰，走向市场集中。这个结论成立的第一个前提是药品质量容易判别和监督，从而使得制药企业不能以降低质量为手段来降低成本；第二个前提是招标的实际规则是付费最高者中标。

目前，公立医院和相关行政部门都很清楚，在药品实际出厂价和中标价之间，存在着巨大的差价空间，如果真正禁止了"二次议价"，这块巨大的利益就完全落到了药品配送商手中。对于这种局面，一些地区的相关行政部门或公立医院采取了以下应对办法。一种办法是相关政府部门自办药品配送公司或者选定一些现有的药品配送公司，[①] 另一种办法是公立医院自办药品配送公司，[②] 这些公司均获得了公立医疗机构所采购药品的垄断配送权。该类公司直接从药厂以实际出厂价采购药品，然后按照政府招标价将药品直接配送到公立医疗机构。巨大的差价收益在初次分配环节落到了这些公司手中。当然，这些超额利润最终的流向我们不得而知。很有意思的是，行政部门自办或者行政指定医药公司的这种做法，有政策依据支持。按照相关政策规定，省级集中招标不仅要求集中招标采购，还要求统一配送。因此相关政府部门不仅必须通过集中招标选定中标药品，也可以以此作为政策依据行政指定全省统一配送企业。而且这种做法完全符合相关政府部门目前已经推行或者正在推行的、据说是有助于降低药价的政策："禁止二次议价"、"减少药品流通环节"、"两票制"。[③]

也许有人会认为，上述做法减少了药品流通环节，减少了倒卖增值税发票、走票、洗钱，提高了配送效率。实际情况并不支持这种乐

---

① 这可以看做是闵行模式的升级版。不过，需要指出的是，此前已经有卫生行政部门隐性开办医药公司的现象。

② 这可以看做是南京"药房托管模式"的升级版。兴起于南京的医药公司托管医院药房的做法，可以帮助医疗机构和医药公司规避现有的多种政策管制，一定程度上也可以提高药品配送效率，但是它无助于降低药价。原因很简单，正如文中所讲，只要公立医院在药品零售环节的垄断地位不除，其高价卖药的能力就始终存在，医院自愿将药房托管给医药公司，意味着如此做医院的卖药收益没有下降，医药公司自愿托管医院药房，意味着其药品分销利润不能下降，如此看来，何来药品降价空间？有人认为，这种做法可以减少大量的医药代表从而节约费用，我们姑且接受这种说法，问题是，作为商家的医药公司和实质也是商家的医院为何要把这节约的费用让利于患者而不留在自己手中？

需要指出的是，公立医院自办药品公司背后还是需要行政力量支撑，否则难以成功。

其实，此前已经出现公立医院管理层隐性开办医药公司并且成为本院主要药品供应商的现象。

③ 所谓"两票制"指的是药品从生产厂家到医院只能出现一个流通环节，从而只能开出两次增值税发票：药厂给配送商开一次，配送商给医疗机构开一次。该制度兴起于广东省的药品政府集中招标采购。

观的想法，由于是制药企业参与政府集中招标采购，中标价即名义出厂价，也是医院名义采购价，因此名义上配送商只能赚取4~5个百分点的配送费。实际的巨大差价还是需要通过倒卖发票、走票、洗钱等手段来实现。如果仅仅是赚取那4个百分点左右的毛利，谁会有积极性自办药品公司？

行政部门或者公立医院自办医药公司这种做法，实质是在公立医院的药品零售垄断权力受到政府管制的情况下，通过纵向一体化措施实施垄断权转移和垄断利润的转移，这种办法降低了整个医疗医药行业的效率，却无助于降低药品价格。

现实的案例最能说明问题，某中部省份，在集中招标的同时，相关政府部门还行政指定了配送商，该配送商并不是该省份许多公立医院此前的药品配送商，它也没有给全省公立医院配送药品的能力。获得垄断性配送权后，该配送商采取的配送办法是委托此前给公立医院配送药品的配送商继续配送，但是现在这些配送商必须交给它8~10个百分点的委托费。而这些"被委托"的配送商干的还是过去的业务，供应的还是过去的客户，现在却不得不交这笔数额不低的委托费了，因为他们没有配送权！这家政府指定的配送商实质做的是什么？不是配送，而是通过转让行政特许权分享药品利益。显然，这种"统一配送"不但没有减少流通环节，不但不可能降低流通费用，反而增加了流通环节，抬高了流通费用。实际在配送药品的配送商、医院（医生）和患者的利益受到了损害。唯一受益的是这家行政指定的全省"统一配送"商。赋予这家配送商垄断配送权的相关政府部门是否参与分利我们不得而知。

（十二）单一货源承诺（一品一规一厂）

正如一些人所讲的，10年药品政府集中招标，并不是真正意义上的招标。因为它事实上只确定采购价格，不确定也确定不了采购数量，中标药品仅仅是获得了进入招标地区公立医院的资格，公立医院会不会采购、采购多少，还需要医药企业进行营销和公关。

针对上述情况，有人提出实行在政府集中招标中引入"量价挂钩"制度、"单一货源承诺"制度，后者的另一种说法是"一品一规一厂"。

所谓"量价挂钩"，也就是招标前公布投标药品的采购数量，生产企业可以按照数量进行报价，并获取独家供货的权利。

所谓"单一货源承诺（一品一规一厂）"，是指一种药品的品规只中标一家药品生产企业，且该企业独家供应全省或某划定区域内所有公立医疗机构，以确保中标企业获得指定区域内全部的市场份额，确保每个公立医疗机构使用的该药品（具体到规格）有且只有一家企业供应。

两者实质相同，但前者缺乏可操作性。后者政府只要愿意做，可操作性没有问题。后者意在用行政手段取代市场竞争，以一省（或划定区域）的市场来换取低价。

在最新出台的基层医疗机构基本药物集中采购制度中，相关政府部门正式引入了这些制度。[①] 有人宣称，实施了"量价挂钩"、"单一货源承诺"或"一品一规一厂"后药品招标才成为真正的招标。

的确，此前的药品政府集中招标不是真正的招标。然而认为实施"量价挂钩"、"单一货源承诺（一品一规一厂）"就可以将药品政府集中招标变成真正的招标，显然是没有弄清楚药品政府集中招标采购不能成为真正的招标的根本原因：首先，从法律上讲，医院是药品的真正采购和买单方，"谁采购，谁招标"，"谁买单，谁招标"，也就是说采购买单方决定招标规则，决定谁中标，这是招标的基本原则，也是医院作为独立法人的基本权利，背离了这一原则，招标就不可能是真正意义的招标。政府剥夺医院这一药品采购方和买单方的招标决策权，却又期望医院执行招标结果，纯属一相情愿。有人拿政府办公用品和公共工程的政府集中招标采购来类比药品政府集中招标，这完全是毫不相干且没有可比性的两件事。要知道前者是政府购买、财政买单，政府集中招标采购天经地义，后者是医院采购、医院买单，怎么能由政府进行招标采购？

其次，药品的处方权，也就是用什么药、用多少量的权力，是医生（进而延伸到医院）的天赋权力，任何人剥夺不了，政府可以用强

---

① 国办发〔2010〕56号文，即《规范政府办基层医疗卫生机构基本药物采购机制指导意见的通知》。

制性的行政权力剥夺医院的药品采购权，但是不可能剥夺医生的处方权。用什么药、用多少量只能由医生说了算，院长也干涉不了，何况政府官员？如果政府确定的药品品种和采购量不符合医生的利益，医生不可能执行，你奈其何！

是的，行政部门可以剥夺医院的定价权，也可以剥夺医院的品种选择权，还可以（用药品目录）限制医生用什么药品的权力，可是行政部门怎么可能剥夺医生不用什么药品的权力？怎么可能剥夺医生决定用药量的权力？[①] 有人讲，基本药物乃临床必需，医生必须用的。什么临床必需？世界卫生组织确定的临床必需基本药物超过 300 种（西药），我们不是给削减成 205 种了吗？即便是临床必需，医生建议患者到药店去买不可以吗？

简言之，医生用药自主权不可剥夺，只要医疗服务价格管制不消除，只要药品承担着养医院、养医生的职能，就只有那些能够给医院医生带来收入的药品才能被采购、被处方。

因此，意图利用单一货源承诺获得药企大幅度降低供货价从而挤出药价中的水分的做法，也许会在第一次实施时在某些药品上出现，但是不会在大部分药品上出现。多年打交道，大部分药企清楚地知道医院要什么、医生要什么。无法给医院医生带来收益的药品医院是很少采购的，即使医院采购了，医生也很少处方。那些在第一次实施该制度时大幅度降低药价获得招标地区整个市场的垄断供货商地位的医药企业将会悲哀地发现，如果他们的中标药价已经低得没有足够的返利和回扣空间，他们得到了整个市场，但是却得不到期望中的销量。这种现象西方人称为"赢者的诅咒"，而中国的医药行业则有一个专门的说法：中标即"死标"。

如果药品的中标价使得医疗机构已经没有获利空间，医疗机构的采购量会大幅度下降甚至不采购，毕竟绝大多数药品是存在替代品的，

---

① 有一个典型案例：汶川地震期间，各地医药企业向汶川地区捐献了价值 20 多亿元的药品，抗震救灾中使用了一部分，还剩余了价值 10 多亿元的药品，当地政府免费分配给了当地的公立医疗机构，其中相当一部分药品因为医生拒绝处方而最终被闲置浪费掉。捐赠药品因为没有回扣而被医生拒绝处方在全国已经发生多起，媒体也有过多次报道。

医生可以处方其他药品。况且，在中国，医生处方的相当一部分药品本就对患者的治疗毫无裨益，即所谓的过度用药、滥用药问题，[①] 医生之所以处方这些药品，仅仅是为了拿到药品回扣，这些药品一旦没有了回扣空间，医生怎么可能还处方它？损害患者利益能够带来经济收益，医生可能会干；损害患者利益得不到任何好处，医生怎么会干？

安徽 2010 年的基本药物招标中，有部分药品中标价格明显降低，其中有些药品降价幅度之大，引起医药行业震惊，"药价虚低"的说法一段时间在各类媒体中高频率出现。

但是，我们可以预期的是，如果真的没有了返利和回扣空间，这样的低价药品医生是不会处方的，医院又怎么可能成批量采购？如此中标者，除了得到一个没有实际意义的"单一货源承诺"外，已经得罪了医药同行和医疗机构。它不是和一家企业在作对，而是和整个行业在作对；它不是和一家医疗机构在作对，而是和所有医疗机构在作对，这样的中标者是不会得到什么市场的，更不会得到利润。一个在招标中如此取胜的"赢者"，将会成为市场上不折不扣的失败者。这样的结局，将会让那些曾经幻想用低价换得市场的医药企业望而却步。

因此，可以预期的是，"量价挂钩"或者"单一货源承诺"制度的推行不会实质性降低药价，它会进一步消灭一批低价药。

再则，还必须考虑到的是，当基层医疗机构和二、三级公立医院这两个市场互不相干的时候，二、三级医院购销高价药，基层医疗机构采购通用名相同但商品名不同的低价药，两者互不干扰，相安无事。但当基层医疗机构的药品也要实施政府集中招标采购时，并且其中标价将会成为二、三级医院的药品招标价的标杆时，那些力图两个市场都要占领的医药企业将会为了保住二、三级医院市场而抬高基层医疗机构用药的中标价。而在零差价制度下，那些用于基层医疗机构的药品为了留出返利和回扣空间，以及自己巨大的营销成本空间，将会不

---

① 在 2010 年 12 月 24 日举行的十一届全国人大常委会第十八次联组会议上，国家发展和改革委员会副主任朱之鑫表示，2009 年我国医疗输液 104 亿瓶，平均到 13 亿人口，相当于每个中国人一年里挂了 8 个吊瓶，远远高于国际上 2.5~3.3 瓶的平均水平。输液最多的是抗生素和中药注射剂，据卫生部有关统计显示：国人人均消费抗生素为美国的 10 倍。中国每年约有 20 万人死于药物不良反应，其中滥用抗生素造成的死亡占 40%。如果美国的抗生素使用水平是合理水平，那意味着国内使用的抗生素 90% 左右本不该使用。

得不抬高基本药物的中标价。

去年安徽推行的基本药物招标采购模式是一种较为新型的集中招标采购制度。但是，只要公立医疗机构的垄断地位不除，只要医疗服务价格的管制不除，已经形成利益同盟的医药行业和医疗机构会很快适应这个新的制度，会很快找到新的维持虚高中标价格的做法的。

各地基层医疗机构强烈要求本省份增补基本药物目录，增加基本药物，一个重要原因就是通过扩大品种目录范围来增加高价中标品规的数量，创造更多隐性交易的机会。那些最早实施零差价制度的地方已经形成了这种格局。

所以我们不得不说的是，基本药物零差价制度不会降低基层医疗机构的实际药品价格，不会降低患者的医疗负担。唯一的作用是再次消灭一部分低价药。

好在还有药店和民营诊所，老百姓还能在那里买到低价药。一个很有意思的情形出现了，仅仅是一年前，零售药店很担心基本药物零差价制度会挤压掉他们的生存空间。但当这个制度真的来了，一些药店惊喜地发现，他们的销量增加了！患者之所以弃社区中心药房而奔药店，或者是因为社区中心药价太高，或者是因为品种不全。

我们还能够断定的是：凡是那些药品购销两旺的基层医疗机构实施的不可能是真正的零差价制度，正如我们的二、三级医院的实际药品加价率从来都不是 15% 一样。

（十三）严厉打击药品回扣等商业贿赂行为

在坚持上述管制措施之外，政府同时开始严厉打击回扣等商业贿赂现象。[①] 假设政府的这一做法相当坚决彻底，致使院长、药剂科主任和医生真的不敢再拿回扣，那么医院和医生如何应对？开低价药？降低患者医药费用，当然不会！既然患者愿意支付 1000 元，为什么只让他支付 500 元？既然不能拿回扣了，那就尽可能开高价药，反正可以加价 15%，药价越高，合法加价越大，卖药收益越大。

---

① 近几年全国各地有许多医院院长、药剂科主任、医生为此锒铛入狱。比如，2010 年，珠海市九家公立医院药剂科主任被捕。

三甲医院的院长、副院长，多为名医大家。在严厉打击商业贿赂的情况下，他们不愿拿自家声誉和身家冒险，可是医院医生已经达到的收入水平存在巨大刚性，根本不可能下降，因此卖药收益不能减少，然而又不能触上商业贿赂这个高压线，两个硬约束放在一起，唯一的应对措施就是增加药品销售额，以获得更多的合法卖药加价。可是，比如一个感冒患者，医院不可能通过处方几十盒低价药品的办法做大销售额，可行的办法是处方高价药。进口药、外资药（原研药）多为高价药，最近数年来，三甲医院用药中，进口药、外资药、原研药比重越来越高，内资药比重被逐步压缩。外资药企依靠自身力量做不到的事情，政府帮他们做到了。[1]外资药质量优于内资药当然是一个说得过去的解释，但是对于许多普通患者，对于许多常见疾病，国产青霉素和进口的高档抗生素之间是否有实质性的疗效差异恐怕没有几个医生说得清。我们知道的是，医生给自己家人用药时偏好使用低价的国产仿制药，显然不是因为贪图其便宜。

医院（医生）的另一种规避办法是降低开药量，但增加医疗检查量，患者的医疗费用没有下降，医院（医生）的收益也没有下降。这个办法上面已经提到过了。能够支持这一说法的事实是，近年来在三甲医院的业务收入中，药费比重在下降，检查费比重在上升；另一个事实是，近年来各级公立医院引进新型检查设备的兴趣居高不下，大型新型设备的普及率越来越高。

此前分析"药占比"管制的结论完全适用于"打击商业贿赂"管制：在公立医院处于"寡头"地位或者说现有医疗服务市场是不完全竞争市场但非垄断独占市场的情况下，尽管有限，但是毕竟还存在的一点竞争使得公立医院不能把收费水平定在患者的最高支付能力上。然而，在既有收入不能下降的刚性约束下，"打击商业贿赂"的做法消除了公立医院的这点有限竞争能力，使得他们全部只能通过提高患者医疗费用来满足管制要求！它起到了促成"价格联盟"的作用。医院

---

① 一个有意思的案例，中国外商投资企业协会药品研制和开发行业委员会（RDPAC）明确表态支持15%的加价率管制政策。2009年该协会听说有关方面建议中央政府取消这一政策后，迅速完成了一份调研方法和逻辑上问题很多的研究报告，用一系列破绽很多的理由，明确建议中央政府继续保留该政策。

想做却做不到的事，政府帮他们做到了！

在这种情况下，富裕患者的医疗费用进一步增加，而处于刚刚看得起病的边缘的患者却因为医疗费用的上升而被排除在就诊之外。换句话说，这两个管制使得富人的医疗负担提高，较穷的人开始看不起病！

为防止有意无意的误读，必须申明一句，我并非反对打击商业贿赂。这里只是说明一个简单的道理：扬汤止沸远不如釜底抽薪。

（十四）"收支两条线"

所有上述管制措施皆无效，政府采取了最为严厉的管制措施，"收支两条线"，即卫生院的所有业务收入全部上缴财政专用账户，卫生院的所有支出由政府主管部门核准后由财政统一支出。通俗地讲，卫生院收入的每一分钱都交到财政，而其支出的每一分钱，包括药品采购款和医务人员工资，由财政统一支付。据说这个做法"真正切断了医生处方和卖药收入之间的利益链，消除了以药养医制度"。政府主管部门是否能够对卫生院实施真正彻底的"收支两条线"？这个问题我们存疑① 不论。姑且相信政府真的能够做到这一点。那么，一旦做到了真正的"收支两条线"，医务人员的收入水平也就必然变成平均主义大锅饭的工资水平。② 换句话说，在"收支两条线"制度下，医务人员就陷

① 正如前面提到的卫生院及其医生的那些应对措施：门口自办药店，抽屉里放药，拿取药商返利和回扣等，这些做法的收入显然不可能进入财政账户。

而且，另外一个现实也使我们有理由对此持怀疑态度。众所周知，对于政府部门和财政全额拨款的国有事业单位，我们国家实施的也是"收支两条线"制度，但是这些政府行政事业单位的"小金库"却是屡禁不止。说到底，政策是靠具体的个人来执行的，那些实际执行并监督"收支两条线"制度的政府官员，要么来自于基层单位，要么和基层单位有密切关系，要么需要基层单位支持才能干好工作，有些事何必较真儿呢?!

其实，在2007年的文章《药品定价扭曲与医疗改革困境》中，笔者已经指出，返利和回扣本来就是脱离行政监管的幕后交易，在当前体制下政府已经无力监控，显然也没有能力收缴财政。还有，药品销售对于包括医生在内的这些拿回扣的个人来说，本来就是"收支两条线"的，卖药的钱全部上缴医院账户，并不流入医生手中。医生的工资和奖金也由医院统一发放，并不来自于医生截留卖药收入。医生开高价药、开大处方的激励来自药厂的回扣和医院对医生的奖励，"收支两条线"管理并不能切断回扣渠道。

所以，真正实施"收支两条线"，政府必须有办法彻底切断返利和回扣渠道。我们真的怀疑政府有能力做到这一点。至少一个符合逻辑的判断是，如果连数量有限、集中在大中型城市的三甲医院的返利和回扣现象政府都无能为力，对于数目众多、分散在广大农村地区的卫生院政府何来能力消除其返利和回扣现象？

② 在实施基本药物制度前，全国各省市基层医疗机构之间、医务人员之间的竞争激烈，一些医术一般的医生和经营管理不善的医疗机构则被市场所淘汰，经营管理好的医疗机构得以生存发展，一些医术好的医生也得以在基层医疗机构生存发展并可以拿到在当地属于高薪的报酬。实施"收支两条线"和零差率政策后，以财政养医，部分被市场淘汰的医生又回来上班了，所有的基层医疗机构所有的医生都拿上了旱涝保收基本相同的工资。

入"干多干少一个样、干好干坏一个样"的局面,[①] 如果多付出不能增加收入,医务人员会如何应对?人类的基本特征是如果多干不能增加收入、少干不会减少收入,增加个人福利的做法就是把劳动付出降到最低水平,医生也是如此,没有什么例外!过去之所以一天看三四十个病人是因为多看一个人多得一份收入,过去之所以见到重病人愿意接诊是因为接诊这样的病人能够增加收入,过去之所以愿意冒险做手术是因为这样做能够增加收入。现在这样做不能增加收入了,为何要多看?为何要接诊疑难病人?为何要冒险做手术?一天看七八个就可以了,简单的就看看,疑难的就建议其到县医院,手术也建议其到县医院去做。患者更多挤到县医院看病,看病更难了,也更贵了。

另外,一些医生开展私下行医活动,以弥补改革给自己带来的经济损失,加剧了老百姓的就医风险。

政府也许能够在基层医疗机构实施"收支两条线",财政为其兜底![②]但是政府没有办法在二、三级医院实施"收支两条线"制度,财政绝无能力为其兜底。若不取消对医疗服务价格的管制,以药养医体制不可能消除。

总之,只要公立医疗机构拥有垄断地位,他就会按照这个垄断地位收费,患者的医疗费用就会是垄断付费。不消除垄断地位,所有的管制措施无非是让医疗机构及相关利益方采取五花八门的方式规避管制,尽最大可能获取垄断租金。在这个过程中,租金会分散到所有参与者中去,会浪费在各种规避措施上,但是最终的结果是不会改变的。患者的医疗费用不会下降,反而社会资源被极大浪费。

---

① 关于政府部门实施并考核的所谓公立医疗机构绩效工资制度的不可行性,笔者会专文论述,此处只给出结论。

② 经济发达省份也做不到这一点。比如,某经济发达省份为了避免挫伤好卫生院好医生的工作积极性,也为了规避在所有卫生院实施基本药物零差价制度带来的财政负担,将相当比例的卫生院改为县级医院。笔者认为这是很恰当的做法,不能拒绝一种设计不当的制度,那就想办法规避。古语道:"小杖则受,大杖则走,非不孝也。"古人尚且有此智慧,何况今人。

三、一个并非不相干的故事

笔者调研访谈中，听到多个医生、院长和相关政府官员讲到当前公立医院（医生）的用药模式：来了一个患者，并不需要注射抗生素，或者最多注射一种抗生素就可以了，可是我们的大夫毫不犹豫地给其开出三种抗生素同时吊上，抗生素用多了伤害了患者的肝脏，于是再吊上一瓶保肝药，结果保肝药又伤害了患者的肾脏，那就再吊一瓶护肾药，结果护肾药又伤害了患者的胃，于是再吊一瓶养胃药，吊水太多，患者身体出现虚肿，再吊一瓶利尿药，利尿药导致患者电解质紊乱，于是再来一种药调节电解质……患者花了好多钱，被治疗得七荤八素。

正确的治疗方法是什么？当然不是不断地加药，而是直接去掉那三种抗生素。这样做，患者立马就好。可是在现行医疗体制尤其是在上述一系列监管措施下，这样做不符合医院及医生的利益。一句话，在上述一系列监管措施下，医院（医生）和患者的利益是冲突的。

我们政府部门的行为模式和上述公立医院的行为模式可以说是一模一样！引入一个监管措施，弊端丛生，于是再引入一个监管措施进行纠正，结果新的监管措施滋生新的弊端，于是再进一步引入一个新的管制措施进行纠正，于是又滋生更多的弊端……管制越来越多，弊端越来越多，医院（医生）和医药企业被管制得七荤八素，不得不拿出更多的精力智力应对规避管制……患者负担不但没有减轻还有增加，社会资源极大浪费。

正确的办法是什么？从源头上取消管制。我们不需要"收支两条线"，不需要零差价，不需要政府集中招标采购，不需要加价率管制，不需要药品最高零售价管制，也不需要医疗服务价格管制。

四、回扣的根源

既然已经讲了这么多，那就不妨讲个透彻，这一小节我们讲一讲医院（医生）回扣泛滥的原因，以及如何根除。

在 2008 年完成的一篇研究报告《药品供应体系应该完全市场化》中，笔者讲道："正是加价率管制政策导致了医疗行业药品回扣行为的产生和泛滥。"一位看过这篇研究报告的卫生部门官员不同意这一观点，他认为："药品回扣是对医生处方职业特权的贿赂，和加价率管制没有任何关系。只要医生有开具处方的职业特权，药品生产流通企业就有收买医生的激励。"① 初看起来这位官员的说法很有道理，由于医生的处方决定了药品的销售量，因此药企有收买医生的激励。但是药企有给回扣的激励并不必然意味着医生有收回扣的激励。正如我们在第一节中讲到的，如果医疗服务价格未被管制，医院、医生有自由定价的权力，医院（医生）绝无过度卖药的激励，如果患者的最高支付能力（意愿）是 1000 元，尽可能以诊疗费用的方式收取这 1000 元显然是净收益最大化的方法，医院（医生）不但没有多卖药的积极性，反而更倾向于少卖药，因为多卖一粒药也会减少医院（医生）的收益，毕竟药品是有成本的。

但是，医疗服务价格管制仅仅是导致医生收受回扣的必要条件但绝不是充分条件。没有购销加价率管制，医生依然没有收受回扣的激励。在医疗服务价格被管制的情况下，医院（医生）是产生了通过卖药获取垄断收益的激励，但是如果没有加价率管制，将药品采购价尽

---

① 这位官员还讲道："要注意医生和医院是两个不同的利益主体。"我理解他的意思是说医生收受回扣多开药尽管可能会降低医院的收益，但是会增加自己的收入，所以有激励拿回扣。事实上，正如我们上面讲到的，如果没有医疗服务价格管制，没有加价率管制，医生过度处方药品的行为会明显减少医院的净收益。在这种情况下，医院完全能够利用内部自发的监督机制和合理设计薪酬制度来消除医生拿回扣的激励。比如在没有医疗服务价格管制的情况下，一个很有效的方法是将医疗服务收费的一定比例（比如 20%）作为报酬归医生个人所有，但是药品销售收入与医生个人收入无关。在这种收入分配制度下，医生没有激励以降低医疗服务收费为代价收受药品回扣。在存在医疗服务价格管制但是没有购销加价率管制的条件下，医院可以采取如下收入分配措施：医院将药品销售收入的一个固定比例（比如 60%）留归医院所有，剩余部分扣除采购成本后全部以奖金形式发给处方该药的医生。在这种收入分配制度下，医生没有激励以抬高药品采购价为代价收受药品回扣。

可能压低到最低水平、同时把药品零售价提高到最高水平（患者能够接受的最高水平或者政府确定的最高零售价水平）以获得最大的药品购销差价，显然是实现医院（医生）收益最大化的最优途径，任何回扣的出现都会抬高药品采购价从而降低购销差价，从而损害医院和医务人员的利益。所以在没有购销加价率管制的情况下，医生没有收受回扣的激励，并且医院存在很强的抑制回扣的内部监督制衡机制。[1]

只有在实施购销加价率管制的情况下，医院（医生）才会愿意和药品供应商合谋抬高药品采购价格，在获取更高的合法加价收益的同时，再以返点和回扣的形式获得更多的卖药收益，以此来突破加价率管制的约束。

本质上，返利和回扣不过是医院（医生）垄断租金的一种实现形式，并且是一种成本颇高的形式。如果能够以诊疗费或者批零差价的形式充分实现这一垄断租金，医院（医生）断不会选择回扣这一高成本模式。

因此，我们讲，公立医院在药品零售环节拥有垄断地位的情况下，医疗服务价格管制和购销加价率管制合在一起构成回扣产生的充分必要条件，所以我说"正是加价率管制政策导致了医疗行业药品回扣行为的产生和泛滥"。

上面我们讲到的回扣是指医生处方药品拿取的回扣。在医院工作人员收受的回扣中还有另外一种形式的回扣，那就是医院拥有药品采购（决策）权的管理人员如院长、主管院长或药剂科主任收受的回扣。这种回扣产生的根源是公立医院的"公立"性质，这一性质使得拥有药品采购（决策）权的人并不是药品采购款的实际支付者。在这种情况下，药品采购者就存在抬高采购价同时收受回扣的激励。事实上，政府部门和国有企事业单位都存在这个问题。[2] 20世纪八九十年代国有

---

[1] 在政府只管最高零售价的政策下，医生收受回扣明显有损于医院的利益，特别是有损本科室医生和护士的利益，由于医生的处方信息无法对科室内同事隐瞒，更不可能对药房和医院管理层隐瞒，因此，医生收受回扣现象会得到有效遏制。

[2] 在中国，家用空调的核心竞争力是技术、质量、成本和服务。在家用空调的销售中，回扣基本不是一种可选择的营销手段。这很容易理解，居民自家买空调，不会拿回扣的，而是关注技术、质量、成本和服务。但是商用空调尤其是中央空调的核心竞争力却是关系和回扣。原因也很简单，拥有中央空调采购权的是个人，支付采购款的却是单位。

— 253 —

企业的管理者和原材料（即机器设备、零部件）采购人员收受回扣的现象也曾相当普遍，当国有企业在产品市场上拥有一定的垄断地位，产品的利润空间很大时，国企负责人及原材料（零部件）采购者收受采购回扣就相当容易，而且不容易被发现。收受回扣会抬高原材料和零部件价格，从而降低企业利润，只要企业利润空间足够大从而全厂职工的工资和奖金不受影响，这种做法就不太容易被发现，即使被发现也容易得到容忍。但是当大量的民营企业进入该行业，导致产品市场竞争激烈、产品价格不断下降、国企利润空间急剧缩小时，原材料、零部件采购价上下几个百分点差异影响的不再仅仅是企业利润空间的大小，而是企业到底是盈利还是亏损时，影响的是全厂员工能否拿到奖金甚至是能否按时发放工资时，国企负责人及采购人员的吃回扣行为就会很容易被发现，也不会被全厂职工所接受。在这种情况下，国企负责人和采购人员的回扣行为就受到了很大的内部制约。简言之，当民营企业大量进入，产品市场出现激烈竞争时，国企的回扣现象就显著减少了。要么是因为竞争导致利润空间大大缩小已经没有了原材料零部件采购的回扣空间，要么是相关人员继续拿回扣导致企业亏损最终倒闭也就再也没有了回扣的机会。

国企的这段经历，事实上也告诉了我们公立医院负责人及相关药品采购者收受回扣的根源。一个原因是公立性质导致：回扣归自己，由此抬高的采购价由"单位"承担。但是这只能是个必要条件，并非是充分条件。如果没有市场垄断地位，利润空间很小，回扣空间就会很小。即使有收受回扣的动机，也没有收受回扣的空间。①

说到这里，我们的结论就自然出来了，药品回扣，不管是负责采购药品的医院负责人或药剂科主任收受的部分，还是负责处方药品的医生收受的部分，能够存在的根本原因是公立医院在医疗服务市场进而药品零售市场上的垄断地位，如果没有这一垄断地位，公立医院就

---

① 在公立医院目前拥有垄断地位的情况下如何遏制医院管理层收受回扣的动机？没有加价率管制的条件下，提高采购价格意味着医院卖药收益的减少，意味着全体医务人员收入的减少，因此院长收受回扣的做法会显著损害全体医务人员的利益，医务人员有积极性监督制约院长的这种行为。所以消除这种现象的关键制度设计在于完善公立医院内部的制衡和监督机制，简单地说，就是强化全院医务人员的监督制衡能力，在医院内部公开药品采购信息是强化这种能力的有效手段。

没有能力高价卖药，药品的批零差价空间就会非常小，比如说小到不足 15%，在这种情况下，相关人员即使有收受回扣的动机，也没有收受回扣的利润空间。

换句话说，只要医院仍然拥有药品零售环节的双向垄断地位，它就依然可以在这一边向患者高价卖药，在另一边向药厂索要回扣。只要垄断卖方地位不改，患者就没有选择权更遑论讨价还价能力，只能接受高价。同样，只要垄断买方地位不变，医院的处方决定药企生死的局面就不会改变，药企就必须努力配合医院、满足医院的各种要求。

知道了回扣产生的根源，也就知道了根除回扣的有效办法。通过严刑峻法打击商业贿赂的办法来消除回扣现象事倍功半。短期内最有效同时成本也非常低廉的办法是取消加价率管制。①

当然，长期且根本的措施是消除公立医疗机构在医疗服务市场上的垄断地位并走向医药分开。

五、政策建议

全文的结论和政策建议到此已经水到渠成：只要公立医院的行政垄断地位不除，它就会千方百计地谋取垄断利润。直接、间接的价格管制措施尽管会约束并降低医院及医生的收入，却丝毫不会降低老百姓的医疗负担。不但不会降低往往还会抬高。由于管制会导致医院、医生及相关利益者规避管制的行为，这会导致大量的社会资源浪费以及严重的效率损失，社会福利水平由此进一步下降。

我们不怀疑政府不断强化管制的动机是为患者着想。然而我们不得不说的是，这些管制措施损害了医院（医生）的利益，却没有给患者带来一点好处。2007 年，在《折翼的天使》一文中，笔者写了这样一句话："从某种意义上说，现在许多人看不起病正是源于政府为了把

---

① 当然，取消医疗服务价格管制也可以消除医院（医生）收受药品回扣的激励，但是由于取消加价率管制并不影响药品零售价格和患者的看病负担，并且会得到医疗机构和医药企业（尤其是大中型医药企业）的支持，因此不会产生负面的社会反响。而取消医疗服务价格管制则不同，该政策会导致医疗服务价格上涨，极容易在短期内产生强烈的负面社会反响。

医疗费降到大多数人可以承受的范围而做的种种努力。"

如果真的打算同时解决"看病难"和"看病贵"的问题，唯有消除公立医院垄断一条途径。

在消除公立医院垄断地位之前，唯一一个控制医疗费用的有效措施是完善医保付费机制，利用垄断反垄断。在建立了全民医保制度的情况下，在医保付费成为公立医院的主要收入来源的情况下，医保付费方就成为医疗医药市场上的垄断购买方，如果医保付费机构能够形成较为完善的法人治理结构，医保付费方式可以形成一个有效控制医疗费用的机制。

考虑到消除公立医院垄断地位需要较长时间，近期需要采取并且会较快见效的政策是消除各类价格管制政策，包括集中招标采购制度。尽管这样做并不能降低患者的经济负担，但是取消管制尤其是取消加价率管制的作用是使得医院、医生不再依靠返利（返点）和回扣牟利，医药公司不再依靠商业贿赂卖药。它使得医院管理层和广大医生可以很大程度上摆脱目前这种普遍都是受贿者的困境，同样它也使得我们的医药企业很大程度上摆脱目前这种几乎家家都是行贿者、家家都是偷税漏税者，几乎家家都要作假账的困境。一句话，它使得我们的众多院长、众多药剂科主任、众多医生可以坦坦荡荡地工作、清清白白地做人。同样，它也使得我们的医药企业公公平平地竞争、堂堂正正地做生意。同时还能够提高医院和医生的收入，激励更多的社会资本进入医疗行业，激励更多的优秀人才做医生。①

它最深远的影响将是，医药行业可以展开公平有效的竞争，医药行业可以实现优胜劣汰，可以做大做强，适度集中。②

---

① 近十多年来，许多优秀的医生辞职离开了医生这个职业，一家国内著名的三甲医院的人事处处长告诉了我他们医院的这个数据。我也曾听过数位卫生部门官员讲过，80%左右的医生不准自己的子女考医学院。这种局面应该改变。

② 在目前的加价率管制政策约束下，公立医院在选择配送商时，首要的标准不是哪家效率高选哪家，不是哪家配送成本低选哪家，当然也不是（同一）药品哪家价格低选哪家，而是哪家能够安全地进行返利和回扣选哪家。配送效率和配送成本，不是主要的考量因素。在这种情况下，医药流通行业无法实现优胜劣汰，加之返利和回扣需要大比例的现金，生产或配送规模较大的医药企业反而很难洗出如此高比例的现金。因此，中国的医药行业长期处于一种"多、小、散、乱"局面，根本无法通过优胜劣汰走向产业集中。一个市场总量到2010年也不过4000多亿元的产业竟然有13000多家流通企业，甚至可能是16000家，这种局面已经持续了十多年。关于这个问题，笔者有专文分析。

取消各类医药价格管制政策包括集中招标采购制度这样的政策建议，许多人会认为太极端，很难被政府接纳采用。次优的政策建议是：取消加价率管制、放开二次议价。

应该取消加价率管制，这已经成为许多人的共识。许多人包括一些政府官员问过笔者："取消加价率管制能够降低药价吗？"我的回答是："不能。"取消加价率管制后，药品批发价会下降，医院的药品购销加价率会上升到100%~500%，但是这种上升无非是目前盛行的返利回扣的显性化罢了，它不会导致药品零售价上升，更不会导致患者的药品费用增加。当然我们也需要认识到，取消加价率管制并不能明显降低药品零售价，也不会消除过度用药现象，也不能降低患者的医药费用。

取消加价率管制的具体做法可以是这样的：公立医院用药均明确规定以省级招标价作为最高零售价。在此价格水平之下，医疗机构自主确定零售价。允许二次议价，实际的药品采购价由医疗机构与药品供应商自主谈判确定，政府不做干预。批零差价收益完全归医疗机构所有。对于医院的卖药收益，政府明确承诺，"多不征、少不补"。

上述做法的核心是政府用集中招标制度控制药品最高零售价，同时放弃对批零加价方面的管制，以及对医疗机构和医药供货商之间议价权的管制。在这种做法下，导致医疗机构偏好购销高价药，以及返利和回扣等商业贿赂行为泛滥的加价率管制政策被自然取消。

上述办法实际上是建议保留政府集中招标采购，并且以其中标价作为最高零售价。是否有保留最高零售价管制的必要？本文第二节已经说明，尽管最高零售价管制会降低药价，但是它无助于降低患者的医药费用，而且还会导致过度用药现象泛滥。我们知道，相比较多花一些医药费而言，对于某些群体，主要是富裕群体，过度用药比如抗生素滥用的危害更大。所以最高零售价管制也是有害无益的。

在我此前的一些文章中，我同意继续保留最高零售价管制，但是坚决要求取消加价率管制。之所以如此，原因在于，许多人已经认识到取消加价率管制的必要性和紧迫性，但是很少有人认识到最高零售价管制的无意义。在提出政策建议时，求同存异是一种策略，许多时候也是必须的，一个人不能走得太远，如果没有同行者，政策建议很难获得共鸣，更遑论支持和实现?

参考文献

1. 张五常:《经济解释》，香港花千树出版有限公司，2002 年版。

2. 周弘、张浚:《医疗卫生行业中"红包"现象的社会史分析》,《中国人口科学》2004 年第 1 期。

3. 孟庆跃、成刚、孙晓杰:《药品价格政策对药品费用控制的影响研究》,《中国卫生经济》2004 年第 4 期。

4. 夏皮罗、瓦里安:《信息规则:网络经济的策略指导》(中译本)，张帆译，中国人民大学出版社，2000 年版。

5. 朱恒鹏:《医疗体制弊端与药品定价扭曲》,《中国社会科学》2007 年第 4 期。

6. 朱恒鹏:《基本药物供应体系应该完全市场化》,《比较》2009 年第 44 期。

7. 朱恒鹏:《零差价制度的后果》，研究报告，2010 年。

8. Barzel, Yoram, Economic Analysis of Property Rights (2nd Edition), Cambridge University Press, 1997.

9. Cheung, "A Theory of price control", Journal of Law and Economics, 1974, Vol.17: 53-71.

10. Cheung, "Roofs or Stars: The Stated Intents and Actual Effects of a Rents Ordinance", Economic Inquiry, 1975, 13: 1-21.

11. Cheung, "Rent Control and Housing Reconstruction: The Postwar Experience of Prewar Premises in Hong Kong", Journal of Law and Economics, 1979, Vol.22: 27-53.

12. Stigler, G., Theory of Price, New York: Macmillan, 1987.